W0175496

DER HANDWERKS MEISTER

Buch 2: Berufs- und Arbeitspädagogik

Begründet von Rudolf Möller unter dem Titel **»Was jeder Handwerker wissen muß!«**

Verfasser:

Ass. Torsten Einhaus
Dipl.-Volksw. Josef Omert
Hans-Osten Pielenz

Das Handwerk hat sich ein neues Zeichen gesetzt, in Farbe*) und Form die unverkennbare Weiterentwicklung des bisherigen Achtecks. Dreidimensional gestaltet, entspricht es den Bedürfnissen der modernen elektronischen Medien.

Das neue Handwerkszeichen ist geschützt, Copyright: Zentralverband des Deutschen Handwerks, AKTION MODERNES HANDWERK. Es ist in seiner geschützten Form frei für alle Handwerksbetriebe, die gesamte Handwerksorganisation, die wirtschaftlichen und sonstigen Einrichtungen des Handwerks. Andere Verwendungen bedürfen der Zustimmung von ZDH / AKTION MODERNES HANDWERK.

*) Originalfarbe Orange, wie auf dem äußeren Buchumschlag

Die Deutsche Bibliothek – CIP-Einheitsaufnahme

Der **Handwerksmeister:** Was jeder Handwerker wissen muss! – Hamburg: Feldhaus.
NE: Was jeder Handwerker wissen muss!
Buch 2. Berufs- und Arbeitspädagogik / Torsten Einhaus . . .
   – 14. Aufl. – 1992
   ISBN 3-88264-122-3
NE: Einhaus, Torsten

ISBN 3 88264 **122** 3
Alle Rechte vorbehalten
Nachdruck und fotomechanische Vervielfältigung, auch auszugsweise, verboten
© Copyright 1992 by FELDHAUS VERLAG, Postfach 73 02 40, 2000 Hamburg 73
Druck BRAMSTEDT, Elmshorn

Vorwort

Fast sieben Jahrzehnte begleitet das Werk „Was jeder Handwerker wissen muß!" – nach seinem früheren, langjährigen Herausgeber meist kurz „der Möller" genannt – die Berufsbildung im Handwerk. Was als kleiner, nützlicher Ratgeber begann, hat sich längst zu einem anerkannten Standardwerk zur Vorbereitung auf die Meisterprüfung und zu einem wertvollen Nachschlagewerk für die Praxis entwickelt.

Autoren aus verschiedenen Bundesländern arbeiten fortlaufend an der Aktualisierung, Weiterentwicklung und Verbesserung des Werkes. Etwa jährlich erscheint eine neue, durchgesehene Auflage.

Inhalt und Gliederung entsprechen den Anforderungen der Allgemeinen Meisterprüfungsverordnung im Handwerk (AMVO). Das Buch 1 umfaßt die Bereiche „Rechnungswesen, Wirtschaftslehre, Rechts- und Sozialwesen", Buch 2 das Thema „Berufs- und Arbeitspädagogik". Eine Sammlung von Prüfungsfragen in jedem Buch dient der Lernkontrolle und ermöglicht eine systematische Prüfungsvorbereitung.

In den diesjährigen Neuauflagen wurden die inzwischen eingetretenen Änderungen berücksichtigt. Wesentlich sind hierbei das Rentenreformgesetz und das Steueränderungsgesetz 1992. Die besonderen Bedingungen in den neuen Bundesländern werden ausführlich dargestellt.

Im Jahre 1991 sind die Verlagsrechte des Gesamtwerkes auf den Feldhaus Verlag in Hamburg übergegangen, der dem Handwerk durch Erzeugnisse für die Berufsausbildung seit langem verbunden ist. Sowohl der neue Verlag als auch die Autoren werden die Arbeit in bewährter Weise fortsetzen, so daß eine kontinuierliche Weiterentwicklung des Werkes gewährleistet ist.

Dennoch gibt es eine augenfällige Veränderung:

Um seine heutige Bedeutung angemessen zum Ausdruck zu bringen, erscheint das Werk mit der vorliegenden 57. Auflage (Buch 1) und der 14. Auflage (Buch 2) unter dem Titel

DER HANDWERKSMEISTER

Der neue, anspruchsvolle Titel soll als eine Verpflichtung verstanden werden, sowohl die lange Tradition des Werkes zu pflegen, als auch die neuen Entwicklungen und Anforderungen der Gegenwart sorgfältig zu beobachten und dem Handwerk in einer für Ausbildung und Praxis angemessenen Form zu vermitteln.

Hamburg, im Mai 1992   FELDHAUS VERLAG

INHALTSÜBERSICHT

Verordnung über gemeinsame Anforderungen
in der Meisterprüfung im Handwerk   10

1.   Grundfragen der Berufsbildung

1.0.   Aufgaben und Ziele der Berufsbildung im Bildungssystem

1.0.0. Begriff der Bildung   15
1.0.1. Begriff der beruflichen Bildung   16
1.0.2. Das Berufsbildungssystem in Deutschland   20
1.0.3. Die Eingliederung (Integration) der berufsbildenden Schulen
        in das System der allgemeinbildenden Schulen   24
1.0.4. Chancengleichheit, Durchlässigkeit, Mobilität und Aufstieg   29
1.0.5. Bedeutung von Arbeitskraft und Arbeitsleistung   33
1.0.6. Zusammenhänge zwischen Berufsbildung und Arbeitsmarkt   34

**1.1.   Betriebliche, überbetriebliche Einrichtungen und berufliche
        Schulen als Ausbildungsstätten im System der beruflichen Bildung**

1.1.0. Berufsausbildungssysteme   35
1.1.1. Die Berufsausbildung in der Bundesrepublik im
        internationalen Vergleich   31
1.1.2. Berufsausbildung in den Betrieben   42
1.1.3. Die berufsbildenden Schulen   44
1.1.4. Der tertiäre Bereich   51

**1.2.   Aufgaben, Stellung und Verantwortung des Ausbildenden
        und des Ausbilders**

1.2.0. Eignung des Ausbildenden und des Ausbilders   53
1.2.1. Die Aufgaben des Ausbilders   54
1.2.2. Die Stellung des Ausbilders   55
1.2.3. Menschenführung   56

2.   Planung und Durchführung der Ausbildung

2.0.   Zielsetzung

2.0.1. Ziel und Aufgabe der betrieblichen Ausbildung   58
2.0.2. Vom Sinn und Wert der Arbeit   59

2.1.   Der Ausbilder – Entscheidender Träger der Berufsausbildung

2.1.0. Seine Aufgabe aus pädagogischer Sicht   61
2.1.1. Seine Stellung im Ausbildungsbetrieb   62
2.1.2. Seine Verantwortung in der Ausbildung   63

Wir machen den Weg frei

Zukunftsweisende Ideen

Nehmen Sie sich die Freiheit, auch außergewöhnliche Einfälle und mutige Pläne zu verwirklichen. Natürlich mit unserem guten Rat, unserer Erfahrung und den nötigen Mitteln. Vor allem aber mit Voraussicht und der richtigen Strategie. So geben wir Ihren Ideen Zukunft.

ⓋⓍ **Volksbanken Raiffeisenbanken**

Die Volksbanken Raiffeisenbanken arbeiten im FinanzVerbund mit regionalen ZENTRALBANKEN, DG BANK, Bausparkasse Schwäbisch Hall, DG HYP Deutsche Genossenschafts-Hypothekenbank, DIFA Deutsche Immobilien Fonds AG, Münchener Hypothekenbank eG, R+V Versicherung, Union Investment, VR-Leasing

2.2. **Der Auszubildende – der Lehrling**

2.2.0. Mögliche Wege, geeignete Auszubildende zu finden 64

2.2.1. Wie kann man die Eignung eines Bewerbers um einen
Ausbildungsplatz feststellen? 66

2.2.2. Was will man vom Bewerber erfahren? 68

2.2.3. Die Probezeit als Eignungskontrolle 68

2.3. **Ausbildungsinhalte**

2.3.0. Die Ausbildungsordnung 70

2.4. **Die betriebliche Ausbildungsplanung**

2.4.0. Grundlegende Bemerkungen 76

2.4.1. Was bedeutet planen? 76

2.4.2. Die inhaltliche Ausbildungsplanung 77

2.4.3. Die zeitliche Ausbildungsplanung 78

2.4.4. Die methodische Ausbildungsplanung 80

2.4.5. Schema für die Ausbildungsplanung 81

2.5. **Lernen in der Ausbildung**

2.5.0. Was heißt Lernen? 82

2.5.1. Lernbereitschaft und Lernfähigkeit 84

2.5.2. Lernarten 85

2.5.3. Lerntypen 86

2.5.4. Lernziele 88

2.5.5. Lernzielbereiche 89

2.5.6. Lernzielstufen 90

2.5.7. Der Phasenverlauf des Lernprozesses 91

2.5.8. Die Lernmotivation 93

2.5.9. Lernhilfen 96

2.6. **Das Lehren in der betrieblichen Ausbildung**

2.6.0. Lehr- und Unterweisungsgrundsätze 98

2.6.1. Grundlegende Lehrverfahren 100

2.6.2. Die wesentlichen Formen betrieblichen Lehrens und Lernens 102

2.6.3. Die Vier-Stufen-Methode der Unterweisung (TWI) 106

2.6.4. Das Einprägen und Üben 109

2.6.5. Die Arbeitszergliederung 111

2.6.6. Ausbildungsmittel 114

2.6.7. Ausbildungserfolgskontrolle 114

2.6.8. Beurteilen und Bewerten 117

3. Der Jugendliche in der Ausbildung

3.0. Zielsetzung
3.0.1. Notwendigkeit und Bedeutung einer jugendgemäßen
Berufsausbildung 121
3.0.2. Die individuelle Lebenssituation des Jugendlichen 123

3.1. Mensch und Umwelt
3.1.0. Die Anlagenbereiche des Menschen 125
3.1.1. Begabung und Fähigkeiten 128
3.1.2. Die menschlichen Bedürfnisse 130

3.2. Das Wirken der Umwelteinflüsse auf den Jugendlichen
3.2.0. Die Familie... 135
3.2.1. Die Berufsschule 135
3.2.2. Die Medien 136
3.2.3. Die betriebliche Umwelt 137

3.3. Der jugendliche Entwicklungsprozeß
3.3.0. Der Status als Abgrenzungsbegriff 141
3.3.1. Drei Entwicklungsphasen des Jugendalters 143

3.4. Jugend und Gesellschaft
3.4.0. Der sogenannte Generationskonflikt 147

3.5. Gruppenverhalten von Jugendlichen
3.5.0. Gruppenpsychologische Grundlagen 150
3.5.1. Gruppenbildung im Betrieb 154

3.6. Führung und Betreuung von Jugendlichen
3.6.0. Der Erziehungsauftrag des Ausbilders 156
3.6.1. Der Ausbilder – ein Leitbild der Jugendlichen 158
3.6.2. Menschentypen 159
3.6.3. Erziehungsmittel in der Ausbildung 161
3.6.4. Entstehen und Erkennen von Erziehungsschwierigkeiten 164
3.6.5. Planmäßiges Vorgehen bei Erziehungsschwierigkeiten 167

3.7. Führungsverhalten des Ausbilders
3.7.0. Führungsstile in der Ausbildung........................... 170
3.7.1. Anerkennung und Kritik –
wichtige Führungsinstrumente in der Ausbildung 175
3.7.2. Gesundheitliche Betreuung des Jugendlichen................ 182

4.0. Rechtsgrundlagen für die Berufsbildung

4.0. **Einführung zum Berufsbildungsrecht**
4.0.0. Funktion des Rechts 184
4.0.1. Formen des Rechts 186

4.1. **Grundlegende Bestimmungen**
4.1.0. Wesentliche Bestimmungen des Grundgesetzes 189
4.1.1. Wesentliche Bestimmungen des Berufsbildungsgesetzes 195
4.1.2. Wesentliche Bestimmungen des 2. Teils der Handwerksordnung . 204
4.1.3. Öffentlich-rechtliche Regelung
und Überwachung der Berufsausbildung 208
4.1.4. Meistertitel – Meisterprüfung (Handwerksordnung, 3. Teil) 212

4.2. **Für die Berufsausbildung wesentliche Bestimmungen
des Arbeits- und Sozialrechts**
4.2.0. Arbeitsvertragsrecht des Auszubildenden 216
4.2.1. Der Auszubildende und das Betriebsverfassungsrecht 217
4.2.2. Tarifvertragsrecht des Ausbildungsverhältnisses 219
4.2.3. Arbeitsförderungs- und Ausbildungsförderungsrecht 220
4.2.4. Jugendarbeitsschutzrecht 221
4.2.5. Unfallschutzrecht 228

4.3. **Rechtliche Beziehungen zwischen Ausbildenden,
Ausbilder und Lehrling (Auszubildenden)**
4.3.0. Einstellungsbefugnis 229
4.3.1. Ausbildungsbefugnis 230
4.3.2. Ausbilder 231

PROGRAMMIERTE FRAGEN

1. Grundfragen der Berufsbildung

1.0. Aufgaben und Ziele der Berufsausbildung 234
1.1. Betriebe, überbetriebliche Ausbildungsmaßnamen
und berufliche Schulen als Ausbildungsstätten 237
1.2. Aufgabe, Stellung und Verantwortung des Ausbildenden
und Ausbilders 237

2. Planung und Durchführung der Ausbildung

2.0. Zielsetzung 240
2.1. Der Ausbilder – entscheidender Träger der Berufsausbildung 240
2.2. Der Auszubildende – der Lehrling 241
2.3. Ausbildungsinhalte 242
2.4. Die betriebliche Ausbildungsplanung 242
2.5. Lernen in der Ausbildung 244
2.6. Das Lehren in der betrieblichen Ausbildung 249

3. Der Jugendliche in der Ausbildung

3.0. Zielsetzung 255
3.1. Mensch und Umwelt 256
3.2. Das Wirken der Umwelteinflüsse auf den Jugendlichen 257
3.3. Der Jugendliche im Entwicklungsprozeß 260
3.4. Jugend und Gesellschaft 261
3.5. Gruppenverhalten von Jugendlichen 262
3.6. Führung und Betreuung von Jugendlichen 263
3.7. Führungsverhalten des Ausbilders 266

4. Rechtsgrundlagen der Berufsbildung

4.1. Grundlegende Bestimmungn 269
4.2. Für die Berufsbildung wesentliche Bestimmungen
des Arbeits- und Sozialrechts 276
4.3. Rechtliche Beziehungen zwischen dem Ausbildenden,
dem Ausbilder und dem Lehrling (Auszubildenden) 280

Richtige Antworten 282

Gewerbe, die als Handwerk betrieben werden können.... 287

Berufsfelder 289

Fremdwörterverzeichnis 295

Stichwortverzeichnis 300

Verordnung über gemeinsame Anforderungen in der Meisterprüfung im Handwerk

– Auszug –

(Allgemeine Meisterprüfungsverordnung – AMVO)
vom 12. Dezember 1972 (BGBl. I S. 2381)

Erster Teil
Gemeinsame Vorschriften

Auf Grund des § 45 Nr. 2 der Handwerksordnung in der Fassung der Bekanntmachung vom 28. Dezember 1965 (Bundesgesetzbl. 1966 I S. 1), zuletzt geändert durch das Berufsbildungsgesetz vom 14. August 1969 (Bundesgesetzbl. I S. 1112), wird im Einvernehmen mit dem Bundesminister für Arbeit und Sozialordnung verordnet:

§ 1 Gliederung und Inhalt der Meisterprüfung

(1) Die Meisterprüfung in Gewerben der Anlage A zur Handwerksordnung umfaßt folgende Prüfungsteile:

1. die praktische Prüfung (Teil I),

2. die Prüfung der fachtheoretischen Kenntnisse (Teil II)

3. die Prüfung der wirtschaftlichen und rechtlichen Kenntnisse (Teil III) und

4. **die Prüfung der berufs- und arbeitspädagogischen Kenntnisse (Teil IV)**

(2) Die Prüfungsanforderungen in den Teilen I und II bestimmen sich nach den für die einzelnen Gewerbe der Anlage A zur Handwerksordnung gesondert erlassenen Rechtsverordnungen oder nach den gemäß § 122 der Handwerksordnung weiter anzuwendenden Vorschriften. Für die Prüfungsanforderungen in den Teilen III und IV gelten die §§ 4 und 5.

Wir sind stets fürs Handwerk da, wenn es darauf ankommt, mit Versicherungs- und Vorsorgelösungen nach Maß zu helfen.

Nehmen Sie uns beim Wort! Unsere kompetenten Mittelstands-Experten beraten Sie individuell und umfassend. In Sachen Lebens-, Kranken-, Unfall- und Sachversicherungen aller Art verhelfen sie Ihnen zu maßgeschneiderten, zukunftsorientierten Vorsorgelösungen. Die Spezialisten der IDUNA/ NOVA sind aber auch zugleich fachlich versierte Bauspar- und Geldanlageberater. Vertrauen Sie auf die Kompetenz und das Leistungsvermögen einer großen Allfinanz-Dienstleistungsgruppe. „Ihren" Mittelstands-Experten finden Sie im Telefonbuch unter I und N. Oder wenden Sie sich direkt an die IDUNA/NOVA-Gruppe:

Hauptverwaltung Dammtor
Telefon: 040/41 24-0
Neue Rabenstraße 15–19
2000 Hamburg 36

IDUNA // NOVA

Aktiv im Rahmen Ihrer Ziele.

Versicherungen   Altersvorsorge   Bausparen   Investment

Zweiter Teil

Prüfungsanforderungen in den Teilen III und IV der Meisterprüfung

§ 5 Prüfung der berufs- und arbeitspädagogischen Kenntnisse (Teil IV)

(1) In Teil IV sind die für den Handwerksmeister als Ausbilder notwendigen Kenntnisse in den folgenden vier Prüfungsfächern nachzuweisen:

1. Grundfragen der Berufsbildung:

a) Aufgaben und Ziele der Berufsbildung im Bildungssystem, individueller und gesellschaftlicher Anspruch auf Chancengleichheit, Mobilität und Aufstieg, individuelle und soziale Bedeutung von Arbeitskraft und Arbeitsleistung, Zusammenhänge zwischen Berufsbildung und Arbeitsmarkt;

b) Betriebe, überbetriebliche Einrichtungen und berufliche Schulen als Ausbildungsstätten im System der beruflichen Bildung;

c) Aufgabe, Stellung und Verantwortung des Ausbildenden und des Ausbilders, Menschenführung.

2. Planung und Durchführung der Ausbildung:

a) Ausbildungsinhalte, Ausbildungsberufsbild, Ausbildungsrahmenplan, Prüfungsanforderungen;

b) didaktische Aufbereitung der Ausbildungsinhalte:

    aa) Festlegen von Lernzielen, Gliederung der Ausbildung;

    bb) Festlegen der lehrgangs- und produktionsgebundenen Ausbildungsabschnitte, Auswahl der betrieblichen und überbetrieblichen Ausbildungsplätze, Erstellen des betrieblichen Ausbildungsplanes;

c) Zusammenarbeit mit der Berufsschule, der Berufsberatung, dem Ausbildungsberater und dem Lehrlingswart;

d) Lehrverfahren und Lernprozesse in der Ausbildung:

    aa) Lehrformen, insbesondere Unterweisen und Üben am Ausbildungs- und Arbeitsplatz, Lehrgespräch, Demonstration von Ausbildungsvorgängen;

    bb) Ausbildungsmittel;

    cc) Lern- und Führungshilfen;

    dd) Beurteilen und Bewerten;

    ee) Mitwirkung von Fachkräften in der Ausbildung;

    ff) Lern- und Arbeitsgruppen.

3. Der Jugendliche in der Ausbildung:

a) Notwendigkeit und Bedeutung einer jugendgemäßen Berufsausbildung;

b) Leistungsprofil, Fähigkeiten und Eignung;

c) typische Entwicklungserscheinungen und Verhaltensweisen im Jugendalter, Motivation und Verhalten, gruppenpsychologische Verhaltensweisen;

d) betriebliche und außerbetriebliche Umwelteinflüsse, soziales und politisches Verhalten Jugendlicher;

e) Verhalten bei besonderen Erziehungsschwierigkeiten des Jugendlichen;

f) gesundheitliche Betreuung des Jugendlichen einschließlich der Vorbeugung gegen Berufskrankheiten, Beachtung der Leistungskurve, Unfallverhütung.

4. Rechtsgrundlagen für die Berufsbildung:

a) Die wesentlichen Bestimmungen des Grundgesetzes, der jeweiligen Landesverfassung, des Berufsbildungsgesetzes und der Handwerksordnung, insbesondere deren zweiter und dritter Teil;

b) die wesentlichen Bestimmungen des Arbeits- und Sozialrechts sowie des Arbeitsschutz- und Jugendschutzrechts, insbesondere des Arbeitsvertragsrechts, des Betriebsverfassungsrechts, des Tarifvertragsrechts, des Arbeitsförderungs- und Ausbildungsförderungsrechts, des Jugendarbeitsschutzrechts und des Unfallschutzrechts;

c) die rechtlichen Beziehungen zwischen dem Ausbildenden, dem Ausbilder und dem Lehrling (Auszubildenden).

2) Die Prüfung ist schriftlich und mündlich durchzuführen.

(3) Die schriftliche Prüfung soll in der Regel insgesamt fünf Stunden dauern und aus mehreren unter Aufsicht anzufertigenden Arbeiten aus den in Absatz 1 Nr. 2, 3 und 4 aufgeführten Prüfungsfächern bestehen.

(4) Die mündliche Prüfung soll die in Absatz 1 Nr. 1 bis 4 genannten Prüfungsfächer umfassen und je Prüfling in der Regel eine halbe Stunde dauern. Außerdem soll eine vom Prüfling praktisch durchzuführende Unterweisung von Lehrlingen (Auszubildenden) stattfinden.

(5) Mindestvoraussetzung für das Bestehen des Teils IV sind ausreichende Leistungen in den in Absatz 1 Nr. 2, 3 und 4 aufgeführten Prüfungsfächern.

1. Grundfragen der Berufsbildung

1.0. Aufgaben und Ziele der Berufsbildung im Bildungssystem

1.0.0. Begriff der Bildung

Um die Aufgaben der beruflichen Bildung zu verdeutlichen, gilt es zuerst den Versuch zu machen, den Begriff „Bildung" zu definieren. Die Auseinandersetzungen um die verschiedenen Reformen in Schule und Berufsausbildung kann man nur verstehen, wenn man die Entwicklung der Berufsbildung kennt. Der Glanz der kaufmännischen und handwerklichen Bildung verblaßte zum Ende des 18. Jahrhunderts. Wilhelm von Humboldt gab nicht nur den Anstoß zur allgemeinen Schulpflicht und der Entwicklung des dreigegliederten Schulsystems, sondern läutete mit seiner „Idee vom Menschen" das Zeitalter der klassischen Bildung ein. Bildung wurde häufig mit Wissen gleichgesetzt und die auf Nützlichkeit ausgerichtete Berufsausbildung unterbewertet.

In der Diskussion mit Kursusteilnehmern kommt häufig die Frage auf: Was verstehen Sie unter dem Begriff Bildung? Die Antwort der Teilnehmer: „Bildung ist die Addition von Wissen. Je größer die Summe dieser Addition ist, um so größer ist automatisch die Bildung!" Daher erklärt sich das zum Teil noch vorhandene Gefühl der Unterlegenheit des Handwerkers gegenüber dem Akademiker. Daher erklärt sich ebenso die Bevorzugung der Reformen auf dem Sektor der allgemeinbildenden Schulen gegenüber den berufsbildenden in unserer heutigen Zeit.

Erst um die Wende zum 20. Jahrhundert begann die bis heute andauernde Diskussion um die Einbindung der Berufsbildung in die Bildungslehre.

Der Bildungsbegriff ist nirgendwo festgelegt. Er gehört zu den „unge-nauesten Fachausdrücken in der Pädagogik" (Weber, E.). R. Dahrendorf prägte 1965 die Formel „Bildung ist Bürgerrecht". Die Väter des Grund-gesetzes haben in Artikel 2 Abs. 1 des GG verankert:

> „Jeder hat das Recht auf die freie Entfaltung seiner Persön-lichkeit, soweit er nicht die Rechte anderer verletzt und nicht gegen die verfassungsmäßige Ordnung oder das Sitten-gesetz verstößt".

Das bedeutet, daß jeder die objektive Möglichkeit erhalten muß, die eigene Persönlichkeit seinen subjektiven Fähigkeiten gemäß auszu-bilden.

Bei dem Begriff Bildung geht es um das Streben des einzelnen nach Selbstverwirklichung, die Bereitschaft zur Fort- und Weiterbildung, die den einzelnen befähigt, urteilsfähig zu werden und sich von Vorurteilen zu befreien.

1.0.1. Begriff der beruflichen Bildung

Im § 1 Abs. 1 des am 14. 8. 1969 verabschiedeten Berufsbildungsgeset-zes unterscheidet der Gesetzgeber unter dem Oberbegriff Berufsbil-dung die Begriffe:

- Berufsausbildung
- berufliche Fortbildung
- berufliche Umschulung.

Berufsbildung umfaßt also nicht nur die Berufsausbildung, obgleich der Schwerpunkt des Gesetzes in der Festlegung der Bestimmungen der Berufsausbildung liegt.

ON LINE MIT DEM RICHTIGEN BERATER

Wenn Sie als Unternehmer alle Hände voll zu tun haben, ist es gut zu wissen, daß es Leute gibt, die in Ihrem Sinne denken und handeln: die Firmenberater der Sparkasse. Sie haben das Know-how aus vielen Branchen, sind täglich am Ball und daher beweglich.

Bilanzanalyse, Finanz- und Liquiditätsplanung? Rationalisierung, Diversifikation, Investition, Kooperation? Ihre Sparkasse ist in vielen Bereichen versiert und on line für Sie programmiert.

Kennen Sie die aktuellen Datenbankdienste und Beratungsprogramme der Sparkassen?

Ihr Firmenberater stellt Ihnen gerne ein spezielles Servicepaket zusammen. Und berät Sie so, als wäre Ihr Unternehmen sein Unternehmen.

wenn's um Geld geht – Sparkasse

Ein Unternehmen der ﾩ Finanzgruppe

Nach dem Berufsbildungsgesetz „vermittelt die Berufsausbildung in einem geordnetem Ausbildungsgang eine breit angelegte berufliche Grundbildung und daran anschließend die für die Ausübung einer qualifizierten beruflichen Tätigkeit notwendigen fachlichen Fertigkeiten und Kenntnisse. Sie hat ferner den Erwerb der erforderlichen Berufserfahrungen zu ermöglichen".

In der Berufsausbildung steht im Vordergrund der Lernprozeß. Der Bildungsprozeß wird vom Ausbilder angeregt und während der Dauer der Berufsausbildung begleitet. Grob schematisiert könte man die Ausbildung einteilen in:

Geplante und zielgerichtete Bildung (Man spricht auch von **intentionaler** Bildung).

Der Ausbilder vermittelt geplant und zielgerichtet Fertigkeiten und Kenntnisse, die im bundeseinheitlichen Ausbildungsrahmenplan als Mindestinhalte vorgeschrieben sind. Sie führen zum Fachwissen.

Funktionale Bildung

Sie entsteht durch Wirkungen, die unbeabsichtigt zustande kommen. Der Ausbilder übernimmt hier eine überragende Rolle. Sein Verhalten, sein fachliches Können und sein Einfühlungsvermögen gegenüber dem jugendlichen Lehrling befähigen ihn, **unbeabsichtigt** Bildung zu vermitteln.

Selbstbildung

Ziel der Berufsausbildung sollte es sein, den Lehrling zur Selbständigkeit anzuhalten, ihm das Gefühl zu geben, daß er den gestellten Aufgaben gewachsen ist und sie sicher beherrscht.

Berufliche Fortbildung

Sie soll es ermöglichen, die beruflichen Fertigkeiten und Kenntnisse zu erhalten, zu erweitern, der technischen Entwicklung anzupassen (Anpassungsqualifikation) und beruflich aufzusteigen (Aufstiegsqualifikation).

Die Vorbereitung zur Meisterprüfung war bisher das einzige Angebot des Handwerks zur Fortbildung im Bereich der Unternehmensführung. Bedingt durch den technischen Fortschritt, den Zwang zur Rationalisierung und die zunehmende Größe der Handwerksbetriebe wurden und werden Akademien zur Förderung der Unternehmensführung gegründet, wie in Hamburg, Bayreuth, Mannheim, Nürnberg und Stuttgart. Das Angebot umfaßt Existenzgründungslehrgänge, Seminare über das „ABC" der Betriebsführung und Unternehmensführung für Führungskräfte im Handwerk. Ein Ziel ist die Prüfung zum Betriebswirt des Handwerks.

Es ist an der Zeit, darüber nachzudenken, Handwerksgesellen Aufstiegschanchen durch Zusatzqualifikationen zu ermöglichen. Dabei muß die Initiative von den Innungen und Fachverbänden ausgehen. Es genügt nicht, Abiturienten neue Bildungswege im Handwerk aufzuzeigen und einzurichten. Die Handwerkskammern können helfen, für Gesellen Bildungsangebote zu realisieren.

Berufliche Umschulung

Das Ziel der beruflichen Umschulung ist, Erwachsene auf eine andere berufliche Tätigkeit vorzubereiten. Das kann geschehen aus arbeitsmarktpolitischen Gesichtspunkten, zur Überwindung von Arbeitslosigkeit oder zur Verbesserung der beruflichen Situation. Die Durchführung dieser Maßnahmen obliegt der Bundesanstalt für Arbeit und wird über die zuständigen Arbeitsämter abgewickelt.

Die Rehabilitation dient der Wiedereingliederung von körperlich, geistig oder seelisch Behinderten. Ziel dieser Maßnahmen ist, die Erwerbsfähigkeit der Behinderten entsprechend ihrer Leistungsfähigkeit zu erhalten, zu bessern oder wiederherzustellen und sie auf Dauer in das Berufsleben einzugliedern. Kostenträger dieser Maßnahmen können sein: die zuständige Berufsgenossenschaft, die Bundesversicherungsanstalt oder die Landesversicherungsanstalten. *LVA - BFA*

1.0.2. Das Berufsbildungssystem
in der Bundesrepublik Deutschland

Die historische Entwicklung des Handwerks

Bevor auf die Systeme der Berufsbildung eingegangen wird, soll ein Rückblick auf die historische Entwicklung des Handwerks den Blick schärfen für die Vorteile und Nachteile unseres heutigen Ausbildungssystems. Es ist verwunderlich, wie wenig der Handwerksmeister mit der beinahe tausend Jahre alten Geschichte seines Berufsstandes vertraut ist. Auch in unserer schnellebigen Zeit ist der Handwerksmeister eingebunden und umgeben von Sitten und Gebräuchen, deren Wurzeln weit zurückreichen. Dazu gehören: die ehrenamtliche Tätigkeit von Handwerksmeistern in Innungen und Handwerkskammern, die Freisprechungen von der Lehre, die Überreichung der Meisterbriefe in Meisterfeiern, die Fertigung von Gesellen- und Meisterstücken, die Überwachung durch Schaumeister, das Gesellenwandern in den Bauberufen sowie der ständige Kampf der Kammern gegen die Schwarzarbeit. Die Aufzählung kann man noch fortsetzen. Sie sind lebendige Zeugnisse einer langen und ungebrochenen Tradition.

Im frühen Mittelalter (800 bis 1000 n. Chr.) entstand auf den Fronhöfen und geistlichen Grundherrschaften eine gewisse Arbeitsteilung. Es entwickelten sich im Laufe des 11. bis 13. Jahrhunderts aus den Marktflecken kleine Städte, in die die unfreien Bauern und Handwerker zogen. „Stadtluft macht frei" entstand aus dem Grundsatz, wer Jahr und Tag dort gelebt hat, galt als persönlich frei. In den reichsfreien Städten war die Grundlage gegeben für das Entstehen eines selbständigen Handwerks. Der Handwerker arbeitete entweder im Hause des Bestellers („auf der Stör") oder daheim, wenn er z.B. als Leineweber seine Arbeitsgeräte nicht mitnehmen konnte. So entstand das Lohnwerk, weil nur der Lohn vergütet wurde. Das eigentliche Handwerk entstand bei der Verwendung des Geldes als Tauschmittel im 13. und 14. Jahrhundert. Aus dem Lohnwerk wurde das Preiswerk, auch Handwerk genannt. Der Handwerker lieferte auch den Rohstoff und erhielt für seine von Hand hergestellte Ware einen Preis. Die freien Handwerker, die die stärkste Klasse der städtischen Bevölkerung bildeten, wurden entweder von den Stadtherren zu Verbänden, sog. Ämtern, zusammengeschlossen oder bildeten von sich aus „Einigungen", die mit Zwangsrechten ausgestattet wurden. So entstand der Zunftzwang. Die Zünfte waren gewerbliche Körperschaften, die sich eine strenge Verfassung gaben. Die ältesten Zünfte im Sinne dieses Wortes waren die Zunft der Weber in Mainz (1099), der Fischer in Worms (1106), der Schuhmacher in Würzburg (1128), der Drechsler in Köln (1180), der

Schilderer in Magdeburg (1197) und der Goldschmiede in Braunschweig (1231). Die Zünfte erhielten eine eigene Gerichtsbarkeit. Das Leben von Meistern, Gesellen und Lehrlingen unterlag strengen Regeln. Lehrling konnte nur werden, wer aus einem „ehrbaren Hause" kam. Er wurde in die Familie des Zunftmeisters eingegliedert, lernte in der Werkstatt 4 bis 6 Jahre, fertigte sein Gesellenstück an und begab sich nach einer feierlichen Lossprechung auf eine längere Wanderschaft. Diese führte ihn oft durch ganz Europa. Der Geselle vertiefte und erweiterte sein fachliches Können. Das Gesellenwandern prägte die Persönlichkeit des Zunftgesellen und machte ihn zu einem tüchtigen und gebildeten Mitarbeiter.

Wer Meister werden wollte, hatte es schwer. Eine lange Wanderschaft, „charakterliche und sittliche Sauberkeit" sowie hohes fachliches Können bildeten die Voraussetzungen, um in den Kreis der Zunftmeister aufgenommen zu werden. Das Meisterstück mit hohen Anforderungen wurde vorgeschrieben. Die unscharfe Trennung unserer Zeit zwischen Kunst, Kunsthandwerk und Handwerk gab es im Mittelalter nicht. Zunftmeister waren der Maler Albrecht Dürer, der Uhrmacher Peter Henlein, der Erzgießer Peter Vischer, der Holzschnitzer Tilman Riemenschneider und der Schuhmacher Hans Sachs. Die Blütezeit des Handwerks fällt in das 13. bis 16. Jahrhundert. Die Dome und Münster, die kunstreichen Zunft- und Rathäuser sind Zeugnisse eines künstlerisch und kulturell hochstehenden Handwerks. Die Zunftmeister spielten in den reichsfreien Städten im politischen Bereich eine herausragende Rolle.

Der Verfall der Zünfte vom 16. bis 19. Jahrhundert wurde sowohl durch die Übertreibung des Zunftzwanges als auch durch wirtschaftliche und politische Verhältnisse herbeigeführt. Während bisher die Handwerksbetriebe sich auf wenige Gesellen und Lehrlinge beschränkten, hielten nun die reichen Meister eine große Zahl von Gesellen und Lehrlingen. Die Bevorzugung von Meistersöhnen, die Einführung von Lehrgeldern, die Verlängerung der Gesellenzeit und überhöhte Anforderungen beim Meisterstück raubten den Gesellen häufig die Aussicht auf künftige Selbständigkeit und drückten sie zu bloßen gewerblichen Mitarbeitern herab. Die Folge war, daß sich Gesellen zu einem eigenen Stand zusammenschlossen und die gegensätzlichen Interessen zu Zusammenstößen mit den Meistern führten.

Im wirtschaftlichen Bereich brach der Staatsgedanke allmählich mit dem Einsatz seiner Machtmittel die Vorherrschaft der Städte. Die von den Landesfürsten gegründeten Manufakturen und das Entstehen der Volkswirtschaft machten die Zünfte mit ihrer starren Verfassung zu einem Hemmschuh des wirtschaftlichen Fortschritts. Die durch die französische Revolution (1789) das aufstrebende Bürgertum begeisternden Ideen wie Freiheit, Gleichheit und Brüderlichkeit und das schnelle Anwachsen der 1. industriellen Revolution entzogen dem Handwerk mehr und mehr die

wirtschaftliche Basis. Verzweifelte Abwehrkämpfe, wie der Weberauf-
stand 1844 in Niederschlesien, schienen die düsteren Prognosen zu bestätigen. Daß sich das Handwerk trotzdem behaupten konnte, zeigte damals schon die Leistungskraft und Wettbewerbsfähigkeit des Handwerkers. Der technische Fortschritt schuf neue Handwerksberufe, und Dienst-
leistungsbereiche wurden entwickelt. Auch die junge Industrie erkannte,
daß sie auf das Handwerk nicht verzichten konnte. Einzelteile, Modelle
und Arbeitsvorrichtungen lieferte das Handwerk.

Politisch führten die (revolutionären) Ideen der französischen Revolution
zur Aufhebung des Zunftzwanges. Die 1810 in Preußen eingeführte Gewerbefreiheit gestattete den Zünften nur noch freie Vereinigungen.

Die folgenden Daten dokumentieren die Entwicklung des Handwerks
bis heute:

1869: Die Gewerbeordnung des Norddeutschen Bundes brachte die
nahezu unbegrenzte Gewerbefreiheit.

1871: Die obige Gewerbeordnung wurde auf das neu entstandene
Deutsche Reich ausgedehnt.

1897: Nach langen Bemühungen im Deutschen Reichstag brachte das
Handwerksschutzgesetz die Einführung von wahlweisen
Zwangsinnungen, die Errichtung von Handwerkskammern und
die gesetzliche Regelung der Führung des Meistertitels.

1908: Einführung des „kleinen Befähigungsnachweises". Nur Handwerker mit Meisterprüfung dürfen Lehrlinge ausbilden.

1929: Die Handwerksrolle wurde eingeführt, die selbständige Handwerker zwang, Mitglied der Handwerkskammer zu werden.

1935: Die Selbständigkeit im Handwerk wurde abhängig gemacht
vom Bestehen der Meisterprüfung. Die Ausbildungsberechtigung wurde abhängig von der Vollendung des 24. Lebensjahres.
Die Handwerkerkarte wurde Ausweis für natürliche und juristische Personen nach Eintragung in die Handwerksrolle.

1953: Mit dem Gesetz zur Ordnung des Handwerks (Handwerksordnung) wurde die Rechtseinheit auf dem Gebiete der berufsstän-
dischen Organisation des Handwerks im Bundesgebiet wieder
hergestellt.

1969: Verabschiedung des Berufsbildungsgesetzes und damit Änderung der Handwerksordnung im Bereich der beruflichen Bildung.

1990: Übernahme der Handwerksordnung in den neuen Bundesländern. Am 22. 7. 1990 in Kraft gesetzt.

Die Bedeutung des Handwerks heute

Nach der Handwerksordnung zählt in der Bundesrepublik Deutschland ein Gewerbebetrieb dann zum Handwerk, wenn er handwerksmäßig betrieben wird. Die Anlage A der Handwerksordnung führt 125 anerkannte Ausbildungsberufe auf. Das Handwerk hat sich den wirtschaftlichen Herausforderungen seit dem 2. Weltkrieg gewachsen gezeigt. Wenn auch Engpässe, hervorgerufen durch die allgemeine Wirtschaftslage, Sorgen bereitet haben und weiter Sorgen bereiten werden, so können Handwerksbetriebe dank ihrer überschaubaren Struktur und ihrer arbeitsintensiven Produktionsweise sich rasch neuen Markttrends anpassen.

Hinsichtlich der Beschäftigtenzahl und des Umsatzes ist das Handwerk nach der Industrie der stärkste Wirtschaftsbereich in der Bundesrepublik. Sorgen bereiten muß jedoch die politische Umsetzung dieser wirtschaftlichen Bedeutung in den gesetzgebenden Organen. Im Bundestag und in den Landtagen und Bürgerschaften der Bundesländer ist das Handwerk kaum vertreten. Hier muß die Handwerksorganisation schnell eingreifen, ungeachtet der vielen Probleme, die damit behaftet sind.

In der „Staatsbürgerkunde", eingebaut in den Hauptteil IV der Meisterprüfung, zeigt sich, daß der zukünftige Meister politisch desinteressiert ist. Es werden nicht nur politische Zusammenhänge der Gewaltenteilung nicht erkannt, sondern jede politische Tätigkeit abgelehnt. Hier gilt es, Vorurteile abzubauen. Verständlich ist die Abneigung gegen eine politische Betätigung. Der Aufbau der Existenz, hohe zeitliche und finanzielle Belastung, Druck der Konkurrenz mit ständiger Einbeziehung in die betriebliche Ausbildung und Produktion lassen keinen Raum für allgemeine Aufgaben. Trotzdem wird die Handwerksorganisation nicht umhin können, junge aufgeschlossene Unternehmer zu motivieren, in die politische Laufbahn einzusteigen. Das kann nicht nur durch kurzfristige Seminare erreicht werden, sondern nur über den langen und mühsamen Weg durch die politischen Parteien. Die vom Zentralverband des Deutschen Handwerks eingeleitete „Aktion freier Handwerksunternehmer" scheint einen Weg zu weisen, um den Handwerksmeister durch Entlastungsmaßnahmen abzusichern.

Ein ähnliches Problem besteht in der ehrenamtlichen Tätigkeit in den Gremien der Kammern und Innungen. Mit dieser ehrenamtlichen Tätigkeit steht und lebt das Handwerk. Junge Unternehmer werden gebraucht!

1.0.3. Die Eingliederung (Integration) der berufsbildenden Schulen in das System der allgemeinbildenden Schulen

Die Entstehung des „vertikalen Schulsystems"

Das Handwerk stellt mit Überraschung fest, daß der Abiturient seit 2 bis 3 Jahren in zunehmendem Maße die Ausbildung im „Dualen System" der Berufsausbildung anstrebt. Das ist einerseits durch die „Abiturientenschwemme" zu erklären, andererseits aber auch darin, daß die Aufstiegschancen im Handwerk erkannt wurden. Diese sich in der Zukunft fortsetzende Entwicklung stellt den Ausbildenden und den Ausbilder vor neue didaktische und pädagogische Aufgaben. Der Ausbilder sollte daher die Hintergründe dieser Entwicklung kennen. Es würde im Rahmen dieses Absatzes zu weit führen, auf die Entstehungsgeschichte der allgemeinbildenden Schulen einzugehen. Es seien jedoch einige Vorbemerkungen erlaubt.

Im Mittelalter war die römisch-katholische Kirche die einzige Einrichtung, die Wissen und Bildung durch „Schule" vermittelte. In Dom- und Klosterschulen und später in den von der Kirche gegründeten Universitäten wurden der eigene Nachwuchs und wenige Bevorrechtigte (Privilegierte) unterrichtet. Nach dem 30jährigen Krieg und verstärkt im 18. Jahrhundert wurden in fast allen deutschen Fürstentümern und Städten neue Schulerlasse oder Schulordnungen herausgegeben, die grundsätzlich die Schulpflicht verkündeten. Es zeigte sich jedoch, daß mit der Einführung der Schulpflicht das Problem der Privilegierung nicht aufgehoben, sondern nur verschoben worden ist. Die immer wiederholte Aufforderung an die Eltern, ihre Kinder pflichtgemäß in die Schule zu schicken, zeigt, daß viele Eltern noch lange nach dem Erlaß der Schulpflicht ihre Kinder nicht zur Schule geschickt haben.

Es entstanden zwei Schultypen. Die einklassige Dorfschule (in den Städten die einklassige Armenschule) und das humanistische Gymnasium für den Adel und die Spitzen des Bürgertums. Im 19. Jahrhundert entstand für das aufstrebende Bürgertum die Mittelschule. Jede dieser drei Schultypen hatte eigene pädagogische Leitlinien. Das Nebeneinander dieser drei Schultypen: Volksschule, Mittelschule und Gymnasium hat seine Entstehungsgeschichte im 19. Jahrhundert. Es wird das **vertikale** Schulsystem genannt.

Erst nach dem 1. Weltkrieg wurde im Artikel 145 der Weimarer Verfassung vom 11. 0. 1919 mit der allgemeinen Schulpflicht ernst gemacht. Er erklärte: „Es besteht allgemeine Schulpflicht. Ihrer Erfüllung dient grundsätzlich die Volksschule mit mindestens 8 Schuljahren und die anschließende Berufsschule bis zum vollendeten 18. Lebensjahr". Aufgrund dieser Verfassungsvorschrift wurde das Grundschulgesetz vom 20. 4. 1920 erlassen, das für die untersten vier Jahrgänge die für alle gemeinsame Grundschule festlegte.

Nach dem 2. Weltkrieg wurde im Grundgesetz die „Kulturhoheit" den Ländern übertragen. Die Schulgesetze der einzelnen Bundesländer wichen z. T. erheblich voneinander ab. Die jährlich stattfindenden Konferenzen der Kultusminister der Länder (KMK) führten im Hamburger Abkommen vom 28. 10. 1964 zur Vereinheitlichung auf dem Gebiete des Schulwesens. Die Vollzeitschulpflicht dauert neun Schuljahre. Die Ausdehnung auf ein 10. Schuljahr ist zulässig. Das Schuljahr beginnt jeweils am 1. 8. eines Kalenderjahres. Grundschule, Hauptschule, Realschule, Gymnasium, Sonderschule und das Kolleg sind die im Hamburger Abkommen der Kultusminister festgelegten Organisationsformen der allgemeinbildenden Schulen. *Berufsschulpflicht dauert 3 Jahre*

Die **Grundschule** umfaßt in der Regel das 1. bis 4. Schuljahr. Sie bereitet auf weiterführende Bildungsgänge vor.

Die **Hauptschule** führt zur Hauptschulreife, endet mit der 9. Klasse (freiwillig 10. Klasse). Nach dem Hauptschulabschluß erfolgt im Regelfall der Übertritt in die Berufsausbildung mit begleitender Berufsschulpflicht.

Die **Realschule** (früher Mittelschule) mit Ausrichtung auf den späteren beruflichen Einsatz in Handwerk, Handel, Industrie und Verwaltung. Sie umfaßt die Klassen 5 bis 10. „Sie bereitet ihre Schüler auf Aufgaben des praktischen Lebens mit erhöhter fachlicher, wirtschaftlicher und sozialer Verantwortung vor und vermittelt die dafür notwendige allgemeine Bildung."

Das **Gymnasium** führt zur allgemeinen oder fachgebundenen Hochschulreife. Es umfaßt im allgemeinen die Klassen 5 bis 13 und endet mit dem Abitur. Der erfolgreiche Abschluß vermittelt die allgemeine Hochschulreife, ist aber auch die Grundlage für gehobene berufliche Tätigkeit ohne Studium in Wirtschaft und Verwaltung.

Die **Sonderschule** gibt den Körper- und Lernbehinderten Bildungsmöglichkeiten. Sie unterliegt grundsätzlich der Schulpflicht und führt zu einem Abschluß.

Kollegs nennt man Institute zur Erlangung der Hochschulreife im Rahmen des 2. Bildungsweges. Bewerber müssen in der Regel 19 Jahre alt sein,

entweder eine Berufsausbildung abgeschlossen haben oder einen gleichwertigen beruflichen Werdegang nachweisen können. Voraussetzung ist
der Realschulabschluß oder ein entsprechender Schulabschluß.

Schematische Darstellung des vertikalen Systems

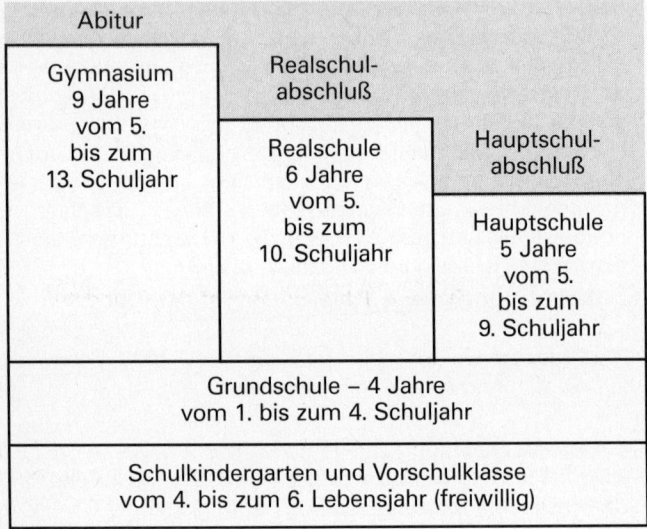

Das horizontale Schulsystem

In den 60er Jahren entbrannte in der Bundesrepublik eine heftige Auseinandersetzung über die Reformierung des herkömmlichen Schulsystems.
„Bildungsnotstand und Bildungskatastrophe" waren die Schlagworte, die
den Zustand unseres Schulsystems dramatisierten. Das Ergebnis dieser
Auseinandersetzung, die alle Teile unserer Gesellschaft aufrührte, war ein
„Strukturplan für das Bildungswesen", der vom „Deutschen Bildungsrat"
im April 1970 der Bundesregierung vorgelegt wurde. In diesem Strukturplan wurde die Ablösung des „vertikalen Systems" durch eine „horizontale Gliederung" mit vergleichbaren Abschlußebenen vorgeschlagen. Der
Benachteiligung einzelner oder ganzer Gruppen sollte entgegengewirkt
werden.

In der Erkenntnis, daß die frühe Kindheit für die spätere Intelligenzent-
wicklung von besonderer Bedeutung ist, wurde auf den Ausbau der Elementarstufe (Schulkindergarten und Vorschulklasse) Gewicht gelegt. Der

Schematische Darstellung des horizontalen Systems

Sekundarstufe II. Dauer je nach Bundesland 2 – 3 Jahre. Abschluß ist das Abitur II, Hochschulreife.
Sekundarstufe I. – Dauer 6 Jahre mit Abschluß des Abitur I. Der Hauptschulabschluß ist nach 5 Jahren möglich. Kernfächer, Hauptpflichtfächer und Wahlpflichtfächer.
Orientierungsstufe. Dauer 2 Jahre.
Primärstufe. Dauer 4 Jahre. Entspricht der Grundstufe.
Elementarstufe: freiwillig Schulkindergarten und Vorschulklasse.

Beginn der Vollzeitschulpflicht sollte auf das 5. Lebensjahr vorverlegt werden, um den sozial benachteiligten Kindern Gelegenheit zu geben, ihr Sprachdefizit abzubauen.

Die Einrichtung der sog. Orientierungsstufe im 5. und 6. Schuljahr verfolgt den Zweck, die Entscheidung über den Besuch der weiterführenden Schulen hinauszuschieben. Die Schüler sollen sich in diesen zwei Jahren über ihre Neigungen und Leistungsfähigkeit klar werden. Die Lehrer sollen Gelegenheit erhalten, die Schüler im Hinblick auf die Übergänge zu beurteilen. Die Eltern sollen so gut informiert werden, daß sie entscheiden können, welchen weiteren Schulweg ihre Kinder gehen können.

Der Strukturplan sieht im Anschluß an die Orientierungsstufe den Übergang in die **integrierte Gesamtschule** vor. In dieser Schulform sind Hauptschule, Realschule und Gymnasium zusammengeführt (integriert). Es gibt keine Trennungen mehr nach Schularten. *Bayern nicht*

Ab Klasse 7 wird in den Kernfächern, Hauptpflichtfächern und Wahlpflichtfächern ein differenziertes Lernangebot in zwei oder drei Leistungskursen die Sekundarstufe I charakterisieren. Die Sekundarstufe I schließt mit dem Abitur I nach 10 Schuljahren ab. Das Abitur I entspricht dem Realschulabschluß.

Die gymnasiale Oberstufe gehört zusammen mit den berufsbildenden Schulen in die Sekundarstufe II und endet mit dem Abitur II, mit der Hochschulreife.

Dieser Plan wurde von den sozial-liberal regierten Bundesländern angenommen, von den CDU/CSU-regierten Bundesländern jedoch abgelehnt. Die Folge ist, daß beide Systeme, das vertikale und wie horizontale, nebeneinander konkurrieren. In den Bundesländern Hessen, Berlin und Hamburg wurde die integrierte Gesamtschule aus dem Versuchsstadium entlassen und zur Regelschule landesgesetzlich erklärt.

Es ist eine falsche Bewertung der bisherigen bildungsgeschichtlichen Entwicklung, wenn man das alte System als Ausdruck konservativer oder undemokratischer Lebensformen verdammt. Reformen lassen sich nicht übers Knie brechen. Gesicherte Ergebnisse müssen abgewartet werden, neue Versuche und Ideen behutsam fortentwickelt, bevor man „Relikte der Vergangenheit" beseitigt. Gesellschaftspolitischer Druck und parteipolitische Übertreibungen sollten vermieden werden. Es geht um die Schule, in der unsere Kinder und Enkel das Wissen erhalten sollen, das sie befähigt, ihr persönliches Schicksal zu meistern. Die bisherigen Ergebnisse geben noch keinen Anlaß zu übertriebenem Optimismus.

1.0.4. Chancengleichheit, Durchlässigkeit, Mobilität und Aufstieg

Nach den oben gemachten Ausführungen über die Veränderung unseres Schulsystems wird es leichter sein, die Begriffe Chancengleichheit, Durchlässigkeit, Mobilität und Aufstieg zu erklären.

Chancengleichheit

Wenn im Grundgesetz im Artikel 2 die freie Entwicklung der Persönlichkeit garantiert ist, dann erwartet der Staatsbürger, daß der Gesetzgeber Maßnahmen in die Wege leitet, die diesem hohen Anspruch genügen. In der Gesellschaftspolitik bedeutet „Chancengleichheit" die individuelle Begabungsförderung in der Eröffnung **aller** Bildungsgänge durch Ausgleich von Benachteiligungen. Diese Benachteiligungen können sehr vielfältig sein. Ungleiche Einkommensituation im Elternhaus, Zahl der Geschwister, Mitarbeit der Mutter und Bildungsstand der Eltern ergeben Hemmnisse in der Entwicklung von Anlagen, Kreativität und Intelligenz. Unabhängig von den Einflüssen der vorschulischen Erziehung kann man ererbte Anlagen nicht außer acht lassen, so daß es treffender wäre, vom Abbau von Chancenungerechtigkeiten zu sprechen. Die Vorschulerziehung in der Elementarstufe soll Abhilfe schaffen sowie die individuelle Ausbildungsförderung (BAföG), Schulgeldfreiheit, Lernmittelfreiheit u. a.

Der sog. 2. Bildungsweg soll durch ergänzende Bildungsangebote früher verpaßte Bildungschancen nach Beendigung der betrieblichen Ausbildung ausgleichen. Bei der Behandlung der berufsbildenden Schulen wird darauf näher eingegangen.

Die Herstellung einer Gleichwertigkeit zwischen „studienbezogenen Bildungsgängen" und beruflichen Bildungsgängen ist bisher nicht erreicht worden. Die Überbetonung des gymnasialen Weges hat bedenkliche Auswirkungen für die betriebliche Berufsausbildung. Schon jetzt studieren mehr junge Menschen, als es Lehrlinge und Auszubildende in der Wirtschaft gibt. Als Beispiel sei die Entwicklung der Schulabschlüsse in Hamburg genannt.

In den 50er und 60er Jahren hat das Handwerk seinen Lehrlingsnachwuchs bis auf wenige Berufe aus der Hauptschule eingestellt. Die Zahl der Realschulabgänger ist von 1970 bis 1980 gleichmäßig angestiegen. Das Handwerk hat diese Entwicklung nachvollzogen. Der Anteil der Realschüler bei den Handwerkslehrlingen ist gestiegen, noch sind aber die Hauptschüler die stärkste handwerkliche Lehrlingsgruppe. Die stärkste Entwicklung aber hat in Hamburg die Zahl der Abiturienten gemacht. Von der

Entwicklung der Schulabschlüsse in Hamburg:

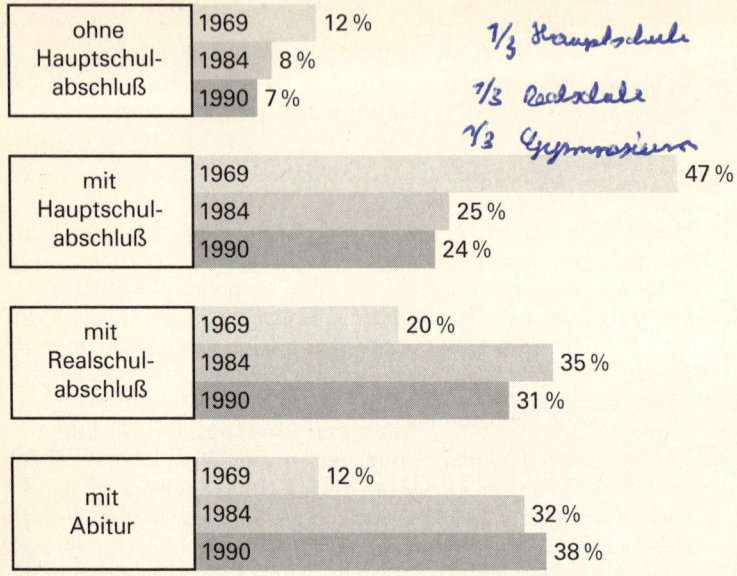

ohne Hauptschulabschluß		
1969		12 %
1984		8 %
1990		7 %

(handschriftlich:) 1/3 Hauptschule
1/3 Realschule
1/3 Gymnasium

mit Hauptschulabschluß		
1969		47 %
1984		25 %
1990		24 %

mit Realschulabschluß		
1969		20 %
1984		35 %
1990		31 %

mit Abitur		
1969		12 %
1984		32 %
1990		38 %

noch im Jahre 1969 zahlenmäßig schwächsten Schulform entwickelte sie sich bereits 1985 zur stärksten Gruppe der Schulabgänger. In der langen Geschichte der Schule gibt es seither mehr Abiturienten als Realschüler. Diese an sich positive Veränderung kann aber auch Unbehagen hervorrufen. In den Jahren von 1976 bis 1986 sorgte das Überangebot an Schulabgängern gegenüber den verfügbaren Lehrstellen für die jährlich wiederkehrende Schelte der Gewerkschaften und Medien an die Adresse der Arbeitgeber. Es wurde mit Zahlen operiert, die Jugendarbeitslosigkeit an die Wand malen. Es ist in der Öffentlichkeit viel zu wenig bekannt, daß gerade das Handwerk sich der Herausforderung gestellt und sich der Verantwortung nicht entzogen hat. Jedes Jahr wurden neue Ausbildungsplätze zur Verfügung gestellt.

In den Jahren 1987, 1988 und 1989 hat sich die Ausbildungsplatzsituation weitgehend entspannt. Der Rückgang der Zahl der Schulabgänger wird in den „Neunziger Jahren" anhalten, um dann wieder anzusteigen. Im Jahr 1988 wurden im Bundesgebiet 577 782 Lehrlinge in die Lehrlingsrollen der Handwerkskammern eingetragen. Das ist ein Rückgang von 6,5 % gegenüber dem Vorjahr. Es ist zu befürchten, daß dieser Rückgang anhält. Das Handwerk wird in den kommenden Jahren nicht genügend qualifizierte Lehrlinge in seine Betriebe bekommen.

Immer mehr Abiturienten scheinen den langen Weg durch das Hochschulstudium zu meiden ohne Aussicht auf einen gehobenen Arbeitsplatz in Verwaltung und Wirtschaft. Sie entdecken in immer größer werdender Zahl die Vorteile der beruflichen Ausbildung, die ihnen durch doppelqualifizierende Ausbildungsgänge noch zusätzlich schmackhaft gemacht wird. Das Kraftfahrzeug- und das Elektrohandwerk hat für Abiturienten die Doppelqualifikation im kaufmännischen und technischen Bereich schon seit Jahren eröffnet und bietet den Abiturienten in größeren Betrieben die Chance ins Management einzusteigen. Die Folge ist, daß gerade der Personenkreis, der eine Lehrstelle besonders dringend benötigt, bei der Suche um einen Ausbildungsplatz auf der Strecke bleibt. Auch hier kann das Handwerk helfen durch die Schaffung besonderer Ausbildungsgänge, zusätzliche betriebliche Unterrichtsinhalte und Erweiterung der überbetrieblichen Ausbildung. In der Hauptschule, noch immer ein wichtiges Nachwuchsreservoir des Handwerks, bleiben immer mehr sozial benachteiligte Schülerinnen und Schüler übrig. Die Wirtschaft und damit auch das Handwerk darf diese sozial- und lernschwächeren Jugendlichen nicht ein Leben lang der staatlichen Fürsorge überlassen. Aufgrund einer veränderten Arbeitsmarktsituation wird sie diese Personen in den 90er Jahren dringend als Arbeitskräfte benötigen. Es liegt in der Gesamtverantwortung der Wirtschaft, sich um diese Jugendlichen zu kümmern und ihnen eine Chance zu bieten. Das Handwerk hat sich dieser gesellschaftlichen Aufgabe stets in hohem Maße angenommen.

Der Ausbildende kann zum Abbau von Ungleichheiten der Bildungschancen dadurch beitragen, indem er seine Vorurteile gegenüber der Einstellung weiblicher Jugendlicher ablegt. Von wenigen Handwerksberufen abgesehen, in denen die körperliche Belastung die Einstellung weiblicher Lehrlinge nicht ratsam erscheinen läßt, bietet die Ausbildung von weiblichen Jugendlichen nur Vorteile. Bei Beginn der Lehre haben Mädchen gegenüber gleichaltrigen Jungen die schwierigsten Probleme der Pubertät bereits überwunden. Sie sind lerneifriger, in ihrer Einstellung zur Ausbildung reifer und verantwortungsbewußter. Diese Aussage klingt wie eine grobe Verallgemeinerung, wird aber erhärtet durch die Ergebnisse in Gesellen- und Meisterprüfungen. Auch in den typischen „Männerberufen" wie Kfz.-Handwerk, Schlosser, Maschinenbauer, Klempner, Elektriker usw. stehen Mädchen „ihren Mann".

Durchlässigkeit

Unter dem Begriff Durchlässigkeit versteht man sowohl die Erleichterung des Besuchs weiterführender Bildungseinrichtungen (vertikale Durchlässigkeit) als auch die Möglichkeit des Wechsels von einem Beruf in den anderen (horizontale Durchlässigkeit). Früher war das Endziel der beruflichen Fortbildung im Handwerk die Meisterprüfung. Für denjenigen, der sich nicht selbständig machen wollte oder konnte, war damit das Ende einer Sackgasse erreicht. Es gibt heute eine Fülle von Weiterbildungsmöglichkeiten, die derjenige nutzen kann, der mit diesem Endziel nicht zufrieden ist. Der Entschluß zur Weiterbildung nach beendeter Berufsausbildung wird Jugendlichen erleichtert durch eine Reihe von Abschlüssen in berufsbildenden Schulen, die den Anschluß an die fachgebundene Hochschulreife öffnen. Eine zentrale Forderung des Handwerks ist es, daß auch über eine weitergehende Berufsbildung der Hochschulzugang erreichbar sein muß, um damit dem hohen Leistungsstandard des dualen Systems Rechnung zu tragen. Wer sich hervorragend im Beruf bewährt und fortgebildet hat, dem soll ein fachgebundenes Studium ohne den nachträglichen Erwerb formaler schulischer Abschlüsse eröffnet werden. Dies gilt vornehmlich für Handwerker nach bestandener Meisterprüfung. In Hamburg wird diese Forderung im Herbst 1992 durch das Hochschuländerungsgesetz vom 11. 4. 1991 erfüllt. Dies gilt auch für Schleswig-Holstein.

Mobilität und Aufstieg

Mobilität bedeutet im allgemeinen Sinne die Bewegung von Personen aus einer Position in die andere. Auf dem Arbeitsmarkt ging man noch in der Mitte unseres Jahrhunderts davon aus, daß der einmal gewählte Beruf das gesamte folgende Arbeitsleben bestimmt. Das Berufsbildungsgesetz soll die berufliche Fortbildung ermöglichen. Das Arbeitsförderungsgesetz vom 25. 6. 1969 überträgt den Arbeitsämtern die Gewährung von Zuschüssen und Darlehen zur Förderung der beruflichen Fortbildung. Ziel dieser Förderung ist es, Aufstiegsfortbildung und Anpassungsfortbildung zu ermöglichen. „Die berufliche Mobilität der Arbeitnehmer soll gesichert und verbessert werden, beruflicher Aufstieg soll garantiert werden und der Mangel an qualifizierten Arbeitskräften soll vermieden werden."

Leider wurden bei der schnellen Zunahme von Arbeitslosigkeit die Zuschüsse für die Vorbereitungskurse in Tagesform zur Ablegung der Meisterprüfung im Handwerk drastisch gekürzt. Es ist zu hoffen, daß die Bundesregierung bei der Gewährung von Darlehen das bisherige Verfahren beibehält. Gerade die Meisterprüfung erhöht entscheidend die Mobilität des Handwerkers. Eine qualifizierte Berufsbildung beseitigt Mobilitätshindernisse und ist die Voraussetzung für Aufstieg und Erfolg.

1.0.5. Individuelle und soziale Bedeutung von Arbeitskraft und Arbeitsleistung

Der plötzliche Übergang von der allgemeinbildenden Schule in die Berufsausbildung bedeutet für den jugendlichen Lehrling eine große Umstellung. Diese Umstellung kann durch die verständnisvolle Einstellung des Ausbilders erleichtert werden. Die ersten Wochen und Monate der Ausbildung sind für beide Partner, Ausbilder und Lehrling, die schwierigste Zeit.

Im körperlichen Bereich muß der Lehrling lernen, seine Körperkräfte richtig einzusetzen. Der ungewohnt lange Arbeitstag bei körperlicher Betätigung kann ihn überfordern. Zusätzliche kleinere Pausen helfen als Erholungsmaßnahme. Das **Jugendarbeitsschutzgesetz** schreibt vor, daß vor und während der Berufsausbildung eine Gesundheitskontrolle durchgeführt werden muß. Vor Beginn der Ausbildung muß der Jugendliche dem Ausbildenden eine ärztliche Bescheinigung vorlegen, aus der hervorgeht, daß der Jugendliche für den Beruf körperlich geeignet ist. Diese Pflichtuntersuchung muß vor Beendigung des ersten Ausbildungsjahres wiederholt werden, soweit der Lehrling noch Jugendlicher ist.

Zu Beginn der Ausbildung sind einzubauen: Belehrung über Unfallverhütungsvorschriften, Sicherheitsbestimmungen, die Aufgaben der zuständigen Berufsgenossenschaft und Hygienevorschriften. Die Belehrungen über Unfallgefahren müssen ständig wiederholt werden, denn Jugendliche sind durch den Mangel an Erfahrung, Unüberlegtheit oder falsch verstandenem Ehrgeiz Unfallgefahren besonders ausgesetzt.

Im geistigen Bereich sollte Eintönigkeit der Ausbildung vermieden werden. Gerade in der Grundausbildung besteht die Gefahr, daß der Lehrling durch sich ständig wiederholende Fertigkeitsübungen lustlos wird. Dem Ausbilder sollte es nicht schwerfallen, die Vielseitigkeit der Ausbildungsmöglichkeiten auszunutzen und das Interesse des Lehrlings wachzuhalten.

1.0.6. Zusammenhänge zwischen Berufsbildung und Arbeitsmarkt

Nach Artikel 12 des Grundgesetzes ist die Wahl des Berufes und des Arbeitsplatzes frei. Die Wahl des Berufes ist von vielen Faktoren abhängig und immer noch eine der wichtigsten Entscheidungen im Leben eines jungen Menschen. Die Handwerksmeister beklagen sich über die unklaren Berufsvorstellungen, mit denen Jugendliche in die Berufsausbildung hineingehen.

Allgemeinbildende Schule, Elternhaus und Berufsberatung sind die drei Bereiche, die diese Entscheidung nachhaltig beeinflussen.

Die Schule, die den jungen Menschen auf das Leben vorbereiten soll, ist dieser Aufgabe bisher nur unvollständig gerecht geworden. Das Unterrichtsfach „Arbeitslehre" und das während der Schulzeit durchgeführte Berufspraktikum haben die Lücken noch nicht ausfüllen können. Im Hochschulstudium müßte der zukünftige Haupt- und Realschullehrer mehr als bisher Informationen über die Vielfalt der Arbeitswelt erhalten.

Die Eltern vermögen Begabungen und Anlagen ihrer Kinder selten objektiv richtig einzuschätzen. Sie sind befangen in Prestigevorstellungen, bevorzugen „Modeberufe" und übersehen, daß in vielen Handwerksberufen gute Aufstiegschancen liegen.

Die Berufsberatungsstellen der Arbeitsämter bieten ihre Dienste für Schulabgänger freiwillig an.

Die meisten Arbeitsämter verfügen über sehr umfangreiche Berufs-Informations-Zentren (BIZ) in der Berufsberatung, die den Schulabgängern durch Vorträge, Videofilme, Fachbücher, Fachzeitschriften und spezifische Literatur in allen Berufen zur Verfügung stehen. Wenn auch die Berufswünsche der Schulabgänger nicht immer erfüllt werden können, weil der Trend in die sog. „Modeberufe" ungebrochen anhält, so haben die Berufsberater heute doch mehr Möglichkeiten, durch Alternativvorschläge auszuhelfen.

1.1. Betriebliche, überbetriebliche Einrichtungen und berufliche Schulen als Ausbildungsstätten im System der beruflichen Bildung

1.1.0. Berufsausbildungssysteme

Das Monosystem

Dieses System wird dadurch gekennzeichnet, daß nur an einem **Lernort** ausgebildet wird. Im Mittelalter bis zur Einführung der Berufsschulpflicht war der Handwerksmeister ausschließlich für die Ausbildung seiner Lehrlinge verantwortlich. Der Lehrling war eingebunden in die Produktion des Betriebes. Dies galt nicht nur für den praktischen Bereich, sondern auch für den pädagogisch-erzieherischen Bereich. Wenn man alte Lehrverträge liest, dann fällt das Gewicht der erzieherischen Aufgabe besonders auf. Dieser Einfluß beschränkte sich beileibe nicht nur auf die Anwesenheit im Betrieb. *Berufsfachschulen*

In der modernen Form gibt es das Monosystem in den Berufsfachschulen. Im handwerklichen Bereich sei hier die Ausbildung der Uhrmacher in Hamburg genannt, in der Theorie und Praxis an einem Lernort ineinandergreifen und in einem geschlossenen Ausbildungsgang zur Gesellenprüfung führen.

Das duale System *bei uns*

Dieses System ist gekennzeichnet durch die Berufsausbildung in zwei Lernorten. Man kann es auch als die Zweigleisigkeit der Berufsausbildung bezeichnen.

1. Gleis:
Lernort Betrieb, mit der Aufgabe, die Fertigkeiten und Kenntnisse zu vermitteln, die erforderlich sind, um das Ausbildungsziel zu erreichen. Ergänzend zu dem Lernort Betrieb gehören die überbetrieblichen Ausbildungsmaßnahmen der Innungen und Kammern. Der Lernort Betrieb unterliegt der Gesetzeszuständigkeit des Bundes. Berufsbildungsgesetz, Handwerksordnung und Ausbildungsordnung sind die wichtigsten gesetzlichen Bestimmungen. Der Bundesminister für Wissenschaft und Bildung ist als Mitglied der Bundesregierung für die

Entwicklung des Berufsausbildungssystems mitverantwortlich. Im gewerblich-technischen Bereich regelt der Bundesminister für Wirtschaft den Erlaß der Ausbildungsordnungen im Einvernehmen mit dem Bundesminister für Bildung und Wissenschaft. Dadurch soll die bundeseinheitliche Ausbildung gewährleistet werden.

2. Gleis:
Lernort Berufsschule. Die Berufsschule vermittelt fachtheoretische und allgemeinbildende Ausbildungsinhalte. Die Gesetzeszuständigkeit unterliegt den Bundesländern. Die Zweigleisigkeit sowohl der Lernorte als auch der Gesetzeszuständigkeit belastet zwar das duale System, macht es schwerfällig und unübersichtlich, trägt aber andererseits durch den Schwerpunkt der betrieblichen Ausbildung entscheidend zur Persönlichkeitsbildung des jungen Menschen bei. Um das behutsame Hineinwachsen des Jugendlichen in die Ernstsituation der Arbeitswelt und die Beteiligung an der Produktion beneiden uns unsere Nachbarstaaten. Das Handwerk sollte darauf achten, daß das duale System durch eine Überbetonung der schulischen Ausbildung nicht verwässert wird.

Das duale System hat sich bewährt. Betrieb und Berufsschule bemühen sich um das gleiche Ausbildungsziel. Dies geschieht im Idealfall durch eine fortlaufende Ergänzung. Die Ausbildungsrahmenpläne (Betrieb) und Rahmenlehrpläne (Berufsschule) können aufeinander abgestimmt werden. Voraussetzung für diesen Idealfall ist jedoch, daß die Schulbeiräte (Vertretungen der Kammern und Innungen an der Berufsschule), Ausbilder und Berufsschullehrer noch besser als bisher zusammenarbeiten. Der Kontakt zum Berufsschullehrer gehört zum Verantwortungsbereich des Ausbilders. Schwächen im fachtheoretischen Bereich könnten durch zusätzliche Unterrichtsmaßnahmen im Betrieb aufgehoben werden.

Die Verzahnung zwischen Betrieb und Berufsschule wird besonders deutlich in den Organisationsformen. Der Berufsschullehrer ist stimmberechtigtes Mitglied in Zwischen- und Abschlußprüfungsausschüssen. In den Berufsbildungsausschüssen der Kammern können die Vertreter der Berufsschule ihre Vorstellungen zum Ausdruck bringen.

Das duale System wird in diesem Jahrhundert seine überragende Stellung nicht verlieren, wenn die Mindestanforderungen der Ausbildungsrahmenpläne in den Betrieben erfüllt werden, wenn ausländische Jugendliche und sozial schwache Gruppen mehr als bisher in die Ausbildung genommen werden und wenn die berufsbildenden Ausbildungsgänge den allgemeinbildenden Ausbildungsgängen gleichwertig gemacht werden.

Der Vorwurf, daß das Handwerk „über Gebühr" ausbildet, ist gerade heute ungerechtfertigt. Das Handwerk hat in seiner langen Geschichte immer die Hauptlast der Ausbildung getragen. Die Industrie hat ihre Facharbeiter noch Anfang dieses Jahrhunderts fast ausschließlich aus dem Handwerk bezogen.

Außerbetriebliche Ausbildungsmaßnahmen

Der Entschluß des Zentralverbandes des Deutschen Handwerks, die überbetrieblichen Bildungsstätten der Kammern und Innungen als „Auffangnetz" für die gespannte Ausbildungsplatzsituation anzubieten, ließ einen neuen Lernort entstehen. Die Innungslehrwerkstätten gewinnen immer mehr an Bedeutung. Sie dienen nicht nur einer einheitlichen Grundausbildung in überbetrieblichen Kursen und Seminaren, sondern bieten Kurse an sowohl für Lehrlinge als auch für Gesellen und Meister, um der immer rascher werdenden technischen Entwicklung in allen Bereichen des Handwerks Herr zu werden. Durch die Innungslehrwerkstätten ist ein neuer „Lernort" entstanden.

Vertragspartner sind die Innung als Körperschaft des öffentlichen Rechts und der Lehrling. Die beiden zusätzlichen Lernorte sind Berufsschule und „Betriebsblöcke". Die Betriebsblöcke von unterschiedlicher Dauer sollen dem Lehrling die Ernstsituation des Betriebes vermitteln. So sehr der Ausbau der überbetrieblichen Innungslehrwerkstätten auch zu begrüßen ist, so sollten diese Werkstätten nur zur Ergänzung der betrieblichen Ausbildung, nicht aber zur außerbetrieblichen Vollausbildung genutzt werden.

Das Berufsgrundbildungsjahr koppelt das 1. Lehrjahr ab und beeinträchtigt die spezielle Vermittlung von Fertigkeiten und Kenntnissen im Betrieb erheblich.

Die **Stufenausbildung** in der Bauwirtschaft (Bauhandwerk und Bauindustrie) aus dem Jahre 1974 wird in der Auseinandersetzung über die beste Form der Berufsausbildung immer als mögliches Modell dargestellt. Die Industrie-Gewerkschaft Bau, Steine und Erden und die Arbeitgeberverbände in der Bauwirtschaft haben eine Verordnung beschlossen, die dann vom Bundeswirtschaftsminister als verbindliche Ausbildungsordnung erlassen wurde. Bisher ist für Handwerksberufe keine Stufenausbildung erlassen worden. Die Ausbildung in den anerkannten Ausbildungsberufen der Bauwirtschaft geschieht in zwei Stufen:

Stufe 1

dauert 2 Jahre und umfaßt im 1. Jahr in einem Ausbildungszentrum in Verbindung mit der Berufsschule ein „kooperatives Berufsgrundbildungsjahr". Der Lehrling erhält einen Überblick über alle Berufe der Bauwirtschaft.

Das zweite Jahr der 1. Stufe beinhaltet allgemeine berufliche Fachbildung mit dem Abschluß als Hoch-, Tief- oder Ausbaufacharbeiter.

Stufe 2

dauert 1 Jahr. Hier erfährt z.B. der Maurer- oder Zimmererlehrling seine besondere, spezielle Fachbildung mit dem qualifizierten Abschluß z.B. als Maurergeselle.

Die Vertragspartner haben sehr unterschiedliche Auffassungen über den Erfolg dieser Stufenausbildung. Man ist sich jedoch nach 10 Jahren Erfahrung darüber einig, daß die 2. Stufe, die besondere berufliche Fachbildung, nicht zu kurz kommen darf und daher ausgebaut wurde.

1.1.1. Die Berufsausbildung in der Bundesrepublik im internationalen Vergleich

Im internationalen Vergleich ist die Berufsausbildung in der Bundesrepublik vorbildlich organisiert. Die beiden Vertragspartner Ausbildender und Lehrling haben einen relativ großen Spielraum in der Erfüllung ihrer gegenseitigen Pflichten. Wenn auch die Kontrolle über die Berufsausbildung seit Verabschiedung des Berufsbildungsgesetzes verschärft worden ist, so ist doch das traditionelle Verhältnis Meister-Geselle-Lehrling erhalten geblieben. Das Gefühl, durch das Wachsen des fachlichen Könnens Anerkennung zu finden und Erfolge zu erleben, ist für die Entwicklung des Jugendlichen unentbehrlich.

Somit erfüllt der Handwerksmeister eine nicht hoch genug einzuschätzende gesellschaftspolitische Aufgabe.

Vergleichbar mit der Ausbildung in der Bundesrepublik ist das duale System in **Österreich** und in der **Schweiz**.

In den **Staaten der GUS** (ehemalige Sowjetunion) dauert die Ausbildung nach einer achtjährigen Einheitsschule zwischen ein und drei Jahren. In städtischen und ländlichen beruflich-technischen Schulen und in Berufsfachschulen erwirbt sich der Absolvent sein fachliches Können. Die Finanzierung erfolgt durch öffentliche Mittel oder durch Teilfinanzierung durch Kolchosen, Betriebe oder Gewerkschaften.

In den **USA** ist die Ausbildung fast ausschließlich Aufgabe der allgemeinbildenden Schulen. Sowohl innerhalb der Sekundarschulen (high schools) als auch im Bereich der Hochschulen werden berufsbildende Fächer und praktische Ausbildung in schuleigenen Werkstätten und Laboratorien angeboten. Eine Zusammenarbeit zwischen Betrieb und Schule entwickelt sich nur langsam. Dem Amerikaner ist von seiner Mentalität her ein Eingriff in seine persönliche Freiheit ein Greuel. Trotz drückender Jugendarbeitslosigkeit hat daher eine staatlich gelenkte Berufsausbildung wenig Chancen.

In **Großbritannien** wird die duale Ausbildung sehr gefördert, zum Teil auch staatlich finanziert. Da es jedoch keine allgemeine Berufsschulpflicht gibt, weichen viele Jugendliche in eine schulische Form der Berufsausbildung aus.

In **Dänemark** wird die praktische Ausbildung in den Betrieben durch längeren schulischen Vollzeitunterricht unterbrochen. Das entspricht in etwa unserem „Blockunterricht".

In **Frankreich** geht die Ausbildung verschiedene Wege und erfolgt entweder in Vollzeitschulen, die mit einem Zeugnis der beruflichen Eignung abgeschlossen werden oder in einer Lehrstelle. Die Lehrstellen sind allerdings dünn gesät. Bestenfalls 15 % der Schulentlassenen finden eine Lehrstelle. Es werden große Anstrengungen gemacht, das duale System zu erweitern. Ab dem 16. Lebensjahr soll eine Ausbildungspflicht eingeführt werden.

Europäische Gemeinschaft

In der „Einheitlichen Europäischen Akte", die am 1. 7. 1987 in Kraft trat, wurde für 1992 die Vollendung des Europäischen Marktes festgelegt. Dringender denn je benötigt Europa einen einheitlichen Binnenmarkt, um der ständig wachsenden Konkurrenz aus dem Fernost und den USA zu begegnen. Die Vollendung des europäischen Binnenmarktes wird für das Handwerk zweifelsohne mit Risiken verbunden sein. Der Wettbewerb wird härter werden. Der Gemeinsame Markt eröffnet aber auch neue Chancen für die kleineren und mittleren Unternehmen, um die Position und Auftragslage zu verbessern. Für das Handwerk werden die regionalen Märkte weiterhin von ausschlaggebender Bedeutung sein, aber Wagemut, Risikobereitschaft und Kreativität eröffnen den selbständigen Handwerksmeistern ungeahnte Möglichkeiten.

Durch zähe Verhandlungen der Bundesregierung ist vorerst eine Ausnahmeregelung für das luxemburgische und deutsche Handwerk erzielt. So behalten die Handwerksordnungen beider Länder ihre Gültigkeit. Die Handwerksordnungen schreiben vor, daß die selbständige Ausübung eines Handwerks von der bestandenen Meisterprüfung abhängig ist. Langfristig werden jedoch Harmonisierungsbestrebungen des Handwerks- und Gewerberechts im Binnenmarkt nicht aufzuhalten sein. Der Art. 16 der „Einheitlichen Europäischen Akte" sieht bei den Entscheidungen der Mitgliedstaaten zwar Einstimmigkeit vor, doch befindet sich die deutsche Bundesregierung, trotz der Aussagen, die deutsche Handwerksordnung nicht anzutasten, in einer ungünstigen Position.

Mit folgenden Problemen wird sich vornehmlich das deutsche Handwerk auseinandersetzen müssen:

1. **Die Niederlassungsfreiheit**

   In den Richtlinien der Akte ist geregelt, daß die Tätigkeit eines Staatsangehörigen aus einem EG-Land in der BRD die Ablegung der Meisterprüfung nicht erforderlich macht. Es reicht heute schon aus, daß dieser mindestens sechs Jahre lang ununterbrochen als Selbständiger oder

Betriebsleiter im Heimatland als Handwerker tätig war, um bei der zuständigen Handwerkskammer der BRD in die Handwerksrolle eingetragen zu werden. Bisher wird dieses Verfahren bereits in den Grenzgebieten durchgeführt, wenn auch zahlenmäßig die Auswirkungen noch gering sind.

2. Die Meisterprüfung

Es ist denkbar, daß junge deutsche Handwerker sich dagegen wenden, die Gesellen- und Meisterprüfung ablegen zu müssen, während Handwerker aus EG-Mitgliedsstaaten unter erheblich erleichterten Bedingungen sich in der BRD selbständig machen dürfen. Es wäre zu wünschen, daß in diesem Bereich baldmöglichst Klarheit geschaffen wird.

3. Die Berufsausbildung

Eine fundierte Ausbildung ist die beste Gewähr für ein erfolgreiches Bestehen am Markt. Das „duale System" wird getragen durch die praktische Ausbildung im Betrieb. Das Handwerk muß besonders darauf achten, daß dieser Schwerpunkt erhalten bleibt. In diesem entscheidenden Bereich kann das deutsche Handwerk überzeugend nachweisen, daß Gesellen- und Meisterprüfung nicht etwa Wettbewerbsbeschränkungen darstellen, sondern die gute Berufsausbildung bestätigen.

Richtlinien und Gesetze zur Anerkennung der Berufsabschlüsse im Handwerk im EG-Binnenmarkt waren zum Zeitpunkt der Drucklegung noch nicht erlassen.

Mit Beginn des Jahres 1992 werden auch auf das Handwerk harte Auseinandersetzungen in der Wettbewerbs-, Beschäftigungs-, Sozial- und Rechtspolitik zukommen. Das deutsche Handwerk sollte offensiv in diese Auseinandersetzungen gehen.

1.1.2. Berufsausbildung in den Betrieben

Die Ausbildung in den Handwerksbetrieben ist so mannigfaltig, wie die Betriebe selbst strukturiert sind. Die Ausbildung ist abhängig von der Art des Berufes, von der Größe des Betriebes, von der Zahl der Mitarbeiter, vom Vorhandensein von Betriebsrat und Jugendvertretung. Zur Vereinfachung dieser Vielfalt ist es zweckmäßig, vom **Lernort** auszugehen. Man unterscheidet zwischen dem Lernort **Arbeitsplatz** und Lernort **Ausbildungsplatz**. Der Arbeitsplatz wird bestimmt durch das produktionsgebundene Lernen in Anlehnung an den betrieblichen Ausbildungsplan. Erleichtert wird dieser Lernprozeß in stationären Betrieben. Der Lernfortschritt des Lehrlings kann ständig verfolgt werden, und die Unterweisungen ergeben sich automatisch am Objekt der Produktion. Der Lehrling kommt schnell zu der Erkenntnis, daß Arbeit nicht nur eine manuelle Tätigkeit ist, sondern bei einem gelungenen Ergebnis zur inneren Befriedigung beitragen kann.

In einem Dienstleistungsberuf, wie z.B. Maler oder Elektro-Installateur, kommt noch ein wichtiges Element dazu. Der unmittelbare Kontakt zur Kundschaft beeinflußt den Lehrling durch das Verhalten des Ausbilders zu Verhaltensnormen, die ihm einen gewissen „Schliff" geben. Er lernt unbewußt, daß das Ansehen des Betriebes von seinem Verhalten abhängig ist und anscheinend nebensächliche Dinge eine bedeutende Rolle spielen können. Höflichkeit, Kontaktbereitschaft und Sauberkeit am Arbeitsplatz „kommen bei der Kundschaft an".

In den großen Betrieben des Handwerks mit einer Vielzahl von Lehrlingen ist die Betriebslehrwerkstatt als Ausbildungsplatz im produktionsunabhängigen Lernen unentbehrlich. Der Lehrling erhält unter der Aufsicht hauptamtlicher Ausbilder seine Grundausbildung. Diese erfolgt ungestört und unabhängig vom Produktionsablauf, und die Ausbildung erfolgt systematisch. Da der Lehrling häufig 3-6 Monate in der betrieblichen Lehrwerkstatt verbringt und die Grundausbildung z.B. in Metallberufen Tätigkeiten enthält, die den Lehrling wenig begeistern, sollte der Ausbilder seine Erfindungsgabe und Phantasie einsetzen, um Eintönigkeit zu vermeiden.

Die überbetrieblichen Ausbildungsstätten im Handwerk haben ihren Ursprung in den um die Jahrhundertwende errichteten „Innungsfachschulen", in denen Lehrlinge in fachkundlichen Fächern unterrichtet wurden. Nach dem 2. Weltkrieg wurden die Innungslehrwerkstätten ausgebaut, und sie sind heute ein unentbehrlicher Bestandteil zur Ergänzung der betrieblichen Ausbildung. Ferner können Kammern, mehrere Betriebe und Berufsschulen überbetriebliche Ausbildungsmaßnahmen einrichten. Die wichtigsten Aufgaben dieser Einrichtungen sind folgende:

- Lehrgänge und Seminare zu Beginn der Ausbildungszeit. Sie dienen der Grundausbildung
- Lehrgänge zur Anpassung an die technische Entwicklung
- Lehrgänge zur Vermittlung von Lerninhalten, die im Betrieb nicht in vollem Umfang angeboten werden können
- Ablegung von Zwischen- und Gesellenprüfungen

Die Lehrgänge finden während der betrieblichen Ausbildungszeit statt, sind dem Lernort Betrieb zugeordnet und üben ausdrücklich eine „Ersatzfunktion" aus. Das Handwerk sollte darauf achten, daß aus der überbetrieblichen Lehrwerkstatt keine „dritte Säule" der Berufsausbildung wird.

Ergänzend sei vermerkt, daß die Berufsschulen Schulwerkstätten eingerichtet haben. Sie dienen der Veranschaulichung technischer Prozesse und der Vertiefung des fachtheoretischen Unterrichts.

Der junge Handwerksmeister, der sich selbständig macht, ist oft unsicher in der Frage, ob sein Betrieb zum Ausbilden geeignet ist. Er sollte sich vertrauensvoll an die hauptamtlichen **Ausbildungsberater** der zuständigen Handwerkskammer wenden. Die Ausbildungsberater haben nicht nur eine Kontrollfunktion, sondern vornehmlich eine Beratungsfunktion.

Das Berufsbildungsgesetz schreibt in § 22 vor, daß die Ausbildungsstätte nach Art und Einrichtung für die Berufsausbildung geeignet sein muß. „Wenn die erforderlichen Fertigkeiten und Kenntnisse nicht in vollem Umfang vermittelt werden können, gilt die Ausbildungsstätte als geeignet, wenn dieser Mangel durch Ausbildungsmaßnahmen außerhalb der Ausbildungsstätte behoben wird."

1.1.3. Die berufsbildenden Schulen

Man unterscheidet zwischen berufsbildenden Vollzeitschulen und Teilzeitschulen. Das berufsbildende Schulwesen ist in den einzelnen Bundesländern zwar unterschiedlich, doch die wichtigsten Schultypen entsprechen einander.

Es sind:

- die Berufsschule
- das Berufsgrundbildungsjahr (BGJ)
- die Berufsfachschule
- die Berufsaufbauschule (BAS)
- die Fachoberschule (FOS)
- die Berufsoberschule
- die Fachakademie
- die Fachschule
- die Fachhochschule und
- das Telekolleg

Einleitend sei darauf hingewiesen, daß Jugendliche, die nach Erfüllung ihrer Vollzeitschulpflicht aufgrund ihres Entwicklungsstandes noch nicht in der Lage sind, eine berufliche Ausbildung zu beginnen, in „Werkklassen" berufsfeldorientierten Unterricht erhalten. Dieses „Berufsvorbereitungsjahr" soll Jugendliche ohne Hauptschulabschluß zur Berufsreife führen. Der zusätzlich gegebene allgemeinbildende Unterricht soll den Schülern den nachträglichen Erwerb des Hauptschulabschlusses erleichtern.

Die Berufsschule

Fachliche kenntnisse (Fachtheorie)
Allgemeinbildung

Der Gedanke, die nicht mehr volksschulpflichtige, berufstätige Jugend erneut in die Schule zu nehmen, stammt schon aus dem 18. Jahrhundert. In religiösen und in gewerblichen Sonntagsschulen, dann in Fortbildungsschulen allgemeiner und beruflicher Art, wurde dieser Gedanke verwirklicht. Daraus sind im 20. Jahrhundert die Gewerbe- oder Berufsschulen entstanden. Trotz aller Unterschiede gibt es doch ein Gemeinsames: sie waren Bildungs- und Erziehungseinrichtungen für die aus den Volksschulen entlassenen und in der Regel berufstätigen Jugendlichen.

Die religiöse Sonntagsschule unterschied sich nur durch das Alter der Schüler von der Volksschule. Sie hatte religiösen Charakter, betonte aber mit zunehmender Verweltlichung des Schulwesens allgemeinbildende

Fächer. Die religiöse Sonntagsschule sah sich vornehmlich in der Rolle eines Helfers von Elternhaus und Kirche.

Die gewerbliche Sonntagsschule, die jüngere Schwester der religiösen Sonntagsschule, sah sich als Helfer des Handwerksmeisters. Sie hatte die praktische Ausbildung im Betrieb nach der fachtheoretischen Seite zu ergänzen. Sie konnte sich daher nicht mehr damit begnügen, die Bildungsarbeit der Volksschule fortzusetzen und abzurunden. Der Schwerpunkt verlagerte sich eindeutig in die Fachtheorie. Zwischen beiden Schularten bestand noch ein wichtiger Unterschied: die religiöse Sonntagsschule war für alle Jugendlichen da, während die gewerbliche Sonntagsschule ausschließlich Jugendliche im Lehrverhältnis aufnahm. Die Blütezeit der gewerblichen Sonntagsschulen lag zu Beginn des 19. Jahrhunderts. Es waren vorwiegend Stadtschulen. Beide Schularten bestanden noch lange Zeit nebeneinander.

In den siebziger Jahren des 19. Jahrhunderts entstand die „allgemeine Fortbildungsschule". In einer Zeit, in der alle Volksteile Anteil an Kultur und Bildung haben wollten, genügte die Volksschule nicht mehr. So erfolgte dann die Anlehnung der Fortbildungsschule an die Volksschule nicht nur aus schulpolitischen, sondern vor allem aus pädagogischen und sozialpolitischen Gründen. Von einer beruflichen Orientierung war kaum etwas zu spüren.

Die „allgemeine Fortbildungsschule" genügte nicht den Forderungen der wirtschaftlichen Kreise.

Zur gleichen Zeit entstand vornehmlich in den Städten die „gewerbliche Fortbildungsschule" oder auch Gewerbeschule genannt. Mit der Spezialisierung der Berufe Ende des 19. Jahrhunderts, mit der schneller werdenden Entwicklung der Wirtschaft und dem Glauben an den Fortschritt mußte die Gewerbeschule beruflich gegliedert werden. Man unterschied bald nicht mehr nur zwischen gewerblichen, kaufmännischen, bergmännischen, landwirtschaftlichen und hauswirtschaftlichen Schulen, sondern innerhalb der Sparten wurde eine noch feinere Gliederung durchgeführt. Die heutige Form der Berufsschule zeichnete sich ab. Im gewerblichen Sektor beispielsweise wurden Schulen oder Klassen für Metall-, Bau-, Holz-, Kunst-, Leder-, Bekleidungs- und Ernährungsgewerbe eingeführt. Innerhalb der Gewerbe fand eine weitere Gliederung nach Berufen statt. Im Metallgewerbe z. B. wurden Elektriker, Maschinenbauer, Schlosser usw. getrennt unterrichtet. Das Ziel war die „Einberufsklasse", d.h. in einer Klasse sollten sich nur Angehörige eines Berufes, die zudem noch im gleichen Lehrjahr standen, befinden. Etwa 200 Jahre vergingen, bevor die Ausbildung der Jugendlichen, die aus einer Volksschule entlassen wurden, in selbständigen Schulen erfolgen konnte. Nach dem 1. Weltkrieg sah die Wirtschaft es als ihre Aufgabe an, daran mitzuwirken, daß durch zusätzliche fachtheoretische Beschulung tüchtige Facharbeiter herangebildet wurden. Die mehr lose Fortbildungsschulpflicht wurde zur Berufsschulpflicht. In den deutschen Ländern wurden mehr und mehr Pflichtberufsschulen eingerichtet. Wichtig ist ferner, daß der Personenkreis der schulpflichtigen Jugend auf **Ungelernte** beiderlei Geschlechts erweitert wurde. Durch Reichsschulpflichtgesetz vom 6. 7. 1938 ist dann die Berufsschulpflicht auf ganz Deutschland ausgedehnt worden.

Nach dem 2. Weltkrieg, nach Inkrafttreten des Grundgesetzes, wurde die Berufsschulpflicht den Ländern übertragen. Der Besuch der Berufsschule wurde in die Schulgesetze der Bundesländer eingebaut. An der Stundenzahl änderte sich wenig. Die Unterrichtszeit beschränkte sich auf 5–8 Stunden an einem Pflichttag in der Woche. Schwerpunkt blieb der fachtheoretische Unterricht. Als Organisationsprinzip galt der Beruf des Lehrlings. Die Dauer der Berufsschulpflicht ist in den Bundesländern unterschiedlich. In Bayern dauert die Berufsschulpflicht bis zur Vollendung des 21. Lebensjahres. In Hamburg dauert die Pflicht bis zur Beendigung der Ausbildung. Für Ungelernte bleibt, unabhängig von ihrem Alter, die Berufsschulpflicht bis zur Erfüllung von insgesamt 12 Schuljahren.

Ab 1972 gewann der Gedanke wieder Gewicht, neben der rein fachtheoretischen Ausbildung die Allgemeinbildung aus den allgemeinbildenden Schulen in der Berufsschule fortzusetzen. In manchen Bundesländern wurde die Berufsschulpflicht in den lehrlingsstarken Berufen auf 12 Wochenstunden erweitert. Um eine größere Lernintensität zu erreichen, wurde der „Blockunterricht" eingeführt. Die Blocklängen können von unterschiedlicher Dauer sein. Nachstehend die Stundentafel für Blockunterricht auf der 12-Stunden-Basis einer Hamburger Berufsschule:

Technologie	8 Stunden
Berechnungen	4 Stunden
Fachtechnisches Zeichnen	3 Stunden
Fachbezogene Naturwissenschaften	3 Stunden
Mathematik	3 Stunden
Deutsche Sprache	2 Stunden
Politik	6 Stunden
Sport	2 Stunden
Wahlpflichtunterricht (Förderkurse)	4 Stunden
	35 Stunden

Die angegebenen Stundenzahlen sind Durchschnittsstundenzahlen.

Das Berufsgrundbildungsjahr (BGJ)

Im strengen Sinne gehört das BGJ nicht in die Aufzählung der berufsbildenden Schulen, weil es einen Teil der Berufsausbildung ersetzen soll, und zwar die Grundausbildung. Dieses Ziel ist noch nicht überall in den Bundesländern erreicht. Die Errichtung des BGJ stützt sich auf das Berufsbildungsgesetz, das im § 1, Absatz 2, folgende Aussage macht: „Die Berufsausbildung hat eine breit angelegte berufliche Grundbildung und die für die Ausübung einer qualifizierten beruflichen Tätigkeit notwendigen fachlichen Fertigkeiten und Kenntnisse in einem geordneten Ausbildungsgang zu vermitteln. Sie hat ferner den Erwerb der erforderlichen Berufserfahrungen zu ermöglichen." Bund und Länder einigten sich am 4. 7. 1972 auf die Berufsgrundbildungsjahr-Anrechnungsverordnung, die aussagt, daß einem Schüler dieser Bildungseinrichtung dieses Jahr Grundausbildung als das erste Jahr der Berufsausbildung angerechnet werden **muß**, wenn dieser das BGJ erfolgreich abgeschlossen hat und in einem Ausbildungsberuf verbleibt, in dem das **Berufsfeld** absolviert wurde.

Ziele des BGJ

Dem Schulabgänger, vornehmlich Hauptschüler, soll der Übergang von der allgemeinbildenden Schule in die Berufsausbildung erleichtert werden. Der Schulabgänger ist nicht mehr gezwungen, sich für einen einzelnen Ausbildungsberuf zu entscheiden, sondern wählt zunächst ein **Berufsfeld**. Die Fülle der anerkannten Ausbildungsberufe hat man deshalb in folgende Berufsfelder aufgeteilt (Zuordnung der Ausbildungsberufe zu einem Berufsfeld siehe Anhang):

Berufsfeld	I	:	Wirtschaft und Verwaltung	
Berufsfeld	II	:	Metalltechnik	
Berufsfeld	III	:	Elektrotechnik	
Berufsfeld	IV	:	Bautechnik	*Zimmerer*
Berufsfeld	V	:	Holztechnik	*Schreiner*
Berufsfeld	VI	:	Textiltechnik und Bekleidung	
Berufsfeld	VII	:	Chemie, Physik, Biologie	
Berufsfeld	VIII	:	Drucktechnik	
Berufsfeld	IX	:	Farbtechnik und Raumgestaltung	
Berufsfeld	X	:	Gesundheit	
Berufsfeld	XI	:	Körperpflege	
Berufsfeld	XII	:	Ernährung und Hauswirtschaft	
Berufsfeld	XIII	:	Agrarwirtschaft	

Berufliche Grundbildung verbessert die Mobilität des späteren Facharbeiters. Sie schafft Anknüpfungspunkte und bessere Grundlagen für die Weiterqualifizierung und die Umschulung. Neue Ausbildungsordnungen werden nur noch unter Einbeziehung der beruflichen Grundbildung verabschiedet.

Formen des Berufsgrundbildungsjahres

1. Das kooperative BGJ

Im kooperativen BGJ – schon mit Ausbildungsvertrag – wird der Jugendliche im Betrieb im 1. Jahr auf Berufsfeldbreite ausgebildet und geht 20 Wochen in diesem Jahr zur Berufsschule. Sonderformen – wie z. B. in der Bauwirtschaft – werden im Verbund zwischen Kammern, Innungen und Berufsschule durchgeführt.

2. Das schulische BGJ

Es unterliegt der Gesetzeshoheit der Länder und ist als Organisationsform der Berufsschule unmittelbar angeschlossen. In mindestens 24 Wochenstunden werden fachpraktische, fachtheoretische und allgemeinbildende Ausbildungsinhalte vermittelt. In Hamburg wird das BGJ noch auf freiwilliger Basis durchgeführt.

Die selbständigen Handwerksmeister haben sich bisher mit dem Berufsgrundbildungsjahr noch nicht anfreunden können. Nach ihrer Einschätzung hat sich die bisherige Form der Berufsausbildung bewährt und eine Verbesserung sei durch das BGJ nicht zu erwarten. Es besteht die Gefahr, daß durch eine verfehlte Zuordnung von Ausbildungsberufen zu Berufsfeldern eine volle Berufsqualifikation nicht mehr erreicht wird. Die größere Sorge besteht darin, daß in den beiden verbleibenden Ausbildungsjahren die Vermittlung der berufsspezifischen Fertigkeiten nicht mehr erreicht werden könnte. Diese Sorge ist nicht unberechtigt, wenn man bedenkt, daß durch die zunehmende Verschulung der Berufsausbildung die Zeit für die praktische Ausbildung im Betrieb immer mehr eingeengt wird. Hier hilft nur eine Verlängerung der Berufsausbildung, oder eine Veränderung der Anrechnungsverordnung, denn mit einer Herabminderung der Anforderungen ist keinem geholfen.

Die Berufsfachschule *Monosystem*

Dies sind Schulen mit Vollzeitunterricht von mindestens einjähriger Dauer. Die Berufsfachschulen haben in der Regel eine Dauer von 2 Jahren. Für den Besuch wird keine Berufsausbildung oder Berufstätigkeit vorausgesetzt. Sie haben die Aufgabe, allgemeine, fachtheoretische und fachpraktische Fertigkeiten und Kenntnisse zu vermitteln. Berufsfachschulen gibt es im kaufmännischen, gewerblich-technischen sowie im gesundheits und sozialpflegerischen Bereich. Wie im BGJ gibt es eine Anrechnungsverordnung. Nach dem erfolgreichen Besuch einer Berufsfachschule muß ein Jahr auf die folgende Berufsausbildung angerechnet werden, sofern der fachbezogene Unterricht mindestens 20 Wochenstunden betragen hat, und gleichzeitig der mittlere Bildungsabschluß erreicht wird.

Diese Regelung gilt nicht für die „Höhere Berufsfachschule". Der Besuch setzt den Realschulbesuch voraus, die Schulzeit dauert zwei Jahre und führt zur Fachhochschulreife.

Bei den **lehrersetzenden** Berufsfachschulen findet die gesamte Berufsausbildung in der Schule statt. Beispiele sind die Uhrmacherschule in Hamburg und die Glasfachschule in Hadamar. Eine weitere Art sind die Berufsfachschulen für Assistentenberufe. Unter der Voraussetzung eines Realschulabschlusses führt dieser Bildungsgang zum medizinisch-technischen Assistenten, pharmazeutisch-technischen Assistenten oder physikalisch-technischen Assistenten.

Die Berufsaufbauschule (BAS)

Berufsaufbauschulen gibt es in Vollzeit- und Teilzeitform. In der Vollzeitform wird der Hauptschulabschluß und eine abgeschlossene Berufsausbildung vorausgesetzt. Die Dauer beträgt in der Regel ein Jahr und führt zur Fachschulreife, die dem Realschulabschluß gleichgesetzt ist. Durch das starke Absinken der Hauptschulabschlüsse hat die BAS viel von ihrer früheren Bedeutung verloren, wird aber auch weiterhin ein wichtiger Bestandteil des 2. Bildungsweges bleiben.

Die Fachoberschule

Im Jahre 1969 wurde diese Schulform aufgrund eines Abkommens der Ministerpräsidenten der Länder eingerichtet. Die Fachoberschule führt die Jahrgangsstufe 11 (mit berufsbezogenem Praktikum in den Betrieben) und Jahrgangsstufe 12.

Voraussetzung für den Eintritt in die Fachoberschule ist der Realschulabschluß. Bald zeigte sich, daß das einjährige Praktikum als Basis für das Fachhochschulstudium zu schmal war. Die Mehrzahl der Fachoberschüler haben nach dem Realschulabschluß eine Berufsausbildung abgeschlossen und treten in die Jahrgangsstufe 12 ein. Dieses Jahr ist theoretischwissenschaftlich orientiert. Die Fachoberschule soll auf ein Fachhochschulstudium vorbereiten und endet nach erfolgreichem Abschluß mit der Fachhochschulreife (Fachabitur).

Die Berufsoberschule   *besser gestellt*

Diese Schulart, vorwiegend in Bayern beheimatet, führt in einem mindestens zweijährigen Vollzeitunterricht, aufbauend auf einem Realschulabschluß und einer abgeschlossenen Berufsausbildung, zur fachgebundenen Hochschulreife. Es werden die Fachrichtungen Gewerbe und Technik, Wirtschaft, Hauswirtschaft und Sozialpflege unterschieden.
Fachabitur

Fachakademien

Dies sind berufliche Bildungseinrichtungen, die nach erfolgreicher Berufsausbildung (Realschulabschluß ist Voraussetzung) bei einem mindestens zweijährigen Vollzeitunterricht in eine angehobene Berufslaufbahn vorbereiten.

Fachschulen *·(Vollzeitschulen)*

Die dienen der Fort- und Weiterbildung. Sie setzen eine abgeschlossene Berufsausbildung voraus. Die bekanntesten sind Technikerschulen und Meisterschulen.

Das Telekolleg

Es vermittelt den Lehrstoff der Berufsaufbauschule. Dies geschieht durch staatlich anerkannte Fernlehranstalten. Es schließt mit der Fachschulreife ab, die dem Realschulabschluß entspricht.

1.1.4. Der Tertiäre Bereich

Dieser Begriff (der dritte Bereich) gilt für das Hochschulstudium. Nachstehend eine kurze Information über die wichtigsten Studiengänge.

Fachabitur

Die **Fachhochschule** bietet ein 6- bis 8-semestriges Studium in gewerblich-technischen Fachabteilungen als auch in Wirtschaft und Sozialwesen an. Voraussetzung für die Zulassung ist die Fachhochschulreife. Der Abschluß ist der Diplom-Ingenieur (F.H.).

allgemeine Hochschulreife (Abitur)

Die **Technische Hochschule** setzt die allgemeine Hochschulreife, das Abitur, voraus. Bei unterschiedlicher Studiendauer, ja nach Fachrichtung, steht am Ende der Diplom-Ingenieur (T.H.).

Die **wissenschaftlichen Hochschulen** haben eine Mindeststudiendauer von 8 Semestern. Am Ende steht das Diplomexamen in Natur- und Gesellschaftswissenschaften, das Magisterexamen in Philosophie oder das 1. Staatsexamen für Jura oder das Lehramt an öffentlichen Schulen.

1.2. Aufgaben, Stellung und Verantwortung des Ausbildenden und des Ausbilders

Zu Beginn dieses letzten Teils der Grundfragen der Berufsbildung sei es dem Autor gestattet, mit Respekt und Achtung des Mannes zu gedenken, der die berufs- und arbeitspädagogischen Informationen für zukünftige Meister in die Wege geleitet hat. Der Vorwurf, der auch heute noch nicht verstummt ist, daß der betriebliche Ausbilder seinen pädagogischen Aufgaben nicht gewachsen ist, hat Baumeister Richard Sörensen nicht ruhen lassen. Der leider so früh verstorbene Präsident der Handwerkskammer Hamburg hat 1953/54 in Seminaren und Diskussionsgruppen den späteren „Lehrmeisterkursus" entwickelt. Der junge Handwerksmeister sollte sensibel gemacht werden für seine vielfältigen pädagogischen Aufgaben. In Verbindung mit dem Deutschen Handwerkskammertag wurde dieser Lehrmeisterkursus ständig weiter entwickelt und 1972 als fester Bestandteil, als Hauptteil IV, in die Meisterprüfung eingebaut. Die Vorbereitungskurse umfassen 160 Unterrichtsstunden. Damit wird die Bedeutung dieses Teiles der Meisterprüfung deutlich. Es sei jedoch davor gewarnt, die Kurse zu sehr auf die Meisterprüfung auszurichten. Schwerpunkt der Vorbereitungskurse muß es bleiben, den Ausbilder in Diskussionen und Gruppenarbeiten auf seine Aufgabe vorzubereiten.

1.2.0. Eignung des Ausbildenden und des Ausbilders

Das Berufsbildungsgesetz hat für die Vertragsparteien im Berufsaus-bildungsverhältnis neue Begriffe geprägt:

Handwerksordnung   *Berufsbildungsgesetz*

Statt Lehrherr:	Ausbildender
statt Lehrling:	Auszubildender
statt Lehrvertrag:	Berufsausbildungsvertrag
statt Lehrverhältnis:	Berufsausbildungsverhältnis
statt Lehrbeihilfe:	Vergütung *Berufsausbildungsvergütung*

Wer Lehrlinge einstellt, ist **Ausbildender** im Sinne des Gesetzes. Er ist der „Chef" des Betriebes. Er muß persönlich geeignet sein. Der Ausbil-dende kann auch eine „juristische Person" sein, z. B. eine Körperschaft des öffentlichen Rechts oder eine GmbH.

Sowohl im Berufsbildungsgesetz als auch in der Handwerksordnung wird lediglich beschrieben, wer „persönlich" **nicht** geeignet ist.

Nach § 20 des Berufsbildungsgesetzes ist persönlich nicht geeignet, „wer Kinder oder Jugendliche nicht beschäftigen darf oder wiederholt oder schwer gegen das Berufsbildungsgesetz oder aufgrund dieses Gesetzes erlassenen Vorschriften und Bestimmungen verstoßen hat".

Will der Ausbildende die Ausbildung selbst durchführen, muß er neben seiner persönlichen Eignung auch die fachliche Eignung haben. Kann der Ausbildende selbst nicht ausbilden, muß er eine persönlich und fachlich geeignete Person einstellen. Im Handwerk ist **fachlich** geeig-net, wer die Meisterprüfung in dem Handwerk, in dem er ausbilden will, bestanden hat ~~und das 24. Lebensjahr vollendet hat~~ (§ 21 HwO).

Der Begriff **„Auszubildender"** gilt nicht für Handwerksberufe. In den Be-stimmungen der Handwerksordnung zur Ausbildung im Handwerk wird der Begriff **„Lehrling"** an erster Stelle gebraucht.

1.2.1. Die Aufgaben des Ausbilders

Der Ausbilder hat dem Lehrling die Fertigkeiten und Kenntnisse zu vermitteln, die erforderlich sind, um das Ausbildungsziel zu erreichen. Daraus ergeben sich die pädagogischen Aufgaben des Ausbilders. Er muß sein fachliches Können umsetzen und durch geeignete Lehrmethoden sich auf die individuelle Lernfähigkeit des Lehrlings einstellen können.

Wie sehr man auch kritisch der Frage gegenüberstehen mag, ob in der Berufsausbildung „erzogen" wird, so ist doch unumstritten, daß die Berufsausbildung einen entscheidenden Beitrag zu einer umfassenden Persönlichkeitsbildung des jugendlichen Lehrlings leistet. Im Berufsausbildungsvertrag verpflichtet sich der Ausbildende, „dafür zu sorgen, daß der Lehrling charakterlich gefördert sowie sittlich und körperlich nicht gefährdet wird". In dieser Verpflichtung ist der Erziehungsauftrag begründet. Der Ausbilder sollte sich immer wieder vor Augen führen, daß sein unmittelbarer Einfluß auf den Jugendlichen größer ist, als er sich dessen häufig bewußt ist. Erleichtert wird die pädagogische Aufgabe des Ausbilders dadurch, daß die Handwerksbetriebe in der Regel überschaubar sind und mitmenschliche Kontakte im Vordergrund stehen. Die oft zitierte Bindung zwischen Meister, Geselle und Lehrling führt zu einem Sozialverhalten, dem sich der Jugendliche nicht entziehen kann. Im Umgang mit den älteren Kollegen und im Umgang mit den Kunden lernt der Jugendliche die mitmenschlichen Seiten des Berufslebens kennen.

1.2.2. Die Stellung des Ausbilders

Die Stellung des Ausbilders ist weitgehend davon abhängig, ob er hauptamtlich tätig ist oder ob er im Rahmen seiner produktiven Tätigkeit „en passant" die Aufgabe der Ausbildung miterledigen muß. Der Ausbilder steht in der Konfliktsituation, sowohl die von ihm erwartete Leistung zu erbringen, als auch seine pädagogischen Aufgaben zu erfüllen. Diese Konfliktsituation hat sich jedoch entschärft. Der Ausbildende nimmt an den Aufgaben seines von ihm bestimmten Mitarbeiters mehr Anteil. Die Kontrollfunktion der Zwischenprüfungen ist wirksamer geworden, und die gesetzlichen Bestimmungen von Berufsbildungsgesetz und Handwerksordnung erinnern den Ausbildenden an seine Ausbildungspflicht.

Die Stellung des hauptamtlichen Ausbilders ist übersichtlicher. Er ist von der Produktion freigestellt und kann sich auf seine Aufgaben voll konzentrieren. Da der Ausbildungsleiter oder hauptamtliche Ausbilder für eine größere Zahl von Lehrlingen verantwortlich ist, ergeben sich neben der Vermittlung von Fertigkeiten eine Fülle von planenden (didaktischen) Aufgaben. Nachstehend seien die wichtigsten Aufgaben ohne Anspruch auf Vollständigkeit angeführt:

Mitspracherecht bei der Auswahl und Einstellung von Lehrlingen: Betriebspraktikum, Vorstellungs- und Einstellungsgespräche.

Aus dem bundeseinheitlichen Ausbildungsrahmenplan die Erstellung von betrieblichen und individuellen Ausbildungsplänen und die Erstellung von Versetzungsplänen und das Erarbeiten des Gesamtversetzungsplanes.

Bewertung von Leistung und Verhalten der Lehrlinge.

Auswahl von Fachkräften, die in den Abteilungen geeignet sind, Lehrlinge zu betreuen.

Rücksprache mit der Geschäftsleitung, dem Betriebsrat und der Jugendvertretung.

Die Pflege der vielseitigen außerbetrieblichen Kontakte:

Vor Beginn der Ausbildung ist der Kontakt zu den Eltern der Lehrlinge herzustellen und sollte während der Ausbildung nicht abreißen.

Ausbildungsberater der Handwerkskammer und der Lehrlingswart der Innung können bei auftretenden Problemen helfend eingreifen.

Eine regelmäßige Aussprache mit dem Berufsschullehrer ist zur Ergänzung des Persönlichkeitsbildes des Lehrlings unentbehrlich.

Kontakte zur Berufsberatung des Arbeitsamtes können für beide Seiten hilfreich sein.

1.2.3. Menschenführung

Dieser Themenkreis wird ausführlich in dem Abschnitt „Der Jugendliche in der Ausbildung" behandelt. Es seien an dieser Stelle einführend ein paar allgemeine Bemerkungen gestattet. Die Fähigkeit, Menschen zu führen, ist nicht angeboren, sondern ein mühsamer Lernprozeß. Darum möge der junge Meister nicht verzweifeln, wenn er mitmenschliche Probleme in der Behandlung Jugendlicher nicht auf Anhieb lösen kann. Es gibt keine Patentrezepte in der Pädagogik. Jugendliche reagieren sehr unterschiedlich auf das Verhalten des Ausbilders. Bei der Befragung Jugendlicher über ihre Berufsausbildung steht das Betriebsklima stets im Vordergrund. Das Betriebsklima ist weitgehend abhängig vom Ausbilderverhalten. Sein Führungsstil und seine Autorität erzeugen Arbeitszufriedenheit, gute Mitarbeiterbeziehungen und den Ton, mit dem man miteinander umgeht. Gelingt es dem Ausbilder, das Vertrauen des Lehrlings zu gewinnen, so wird er diesen überzeugen und motivieren können und das Erreichen des Ausbildungszieles positiv beeinflussen.

Wichtig — Aufsatz nehmen !!

2. Planung und Durchführung der Ausbildung

2.0. Zielsetzung

Die Teilnehmer an Meistervorbereitungslehrgängen sollen sich im folgenden Stoffgebiet in didaktischer und pädagogischer Hinsicht die Grundlagen aneignen, die sie befähigen, die Ausbildung im Betrieb umfassend und gründlich zu planen, erforderliche Maßnahmen zu ergreifen und durchzusetzen, den Ausbildungsstoff optimal zu vermitteln und die ihnen anvertrauten Lehrlinge zu verantwortungsbewußtem Handeln im Beruf und in der menschlichen Gemeinschaft zu erziehen.

3 Schwerpunktziele:

- die Ausbildung planen

- den Ausbildungsstoff optimal vermitteln

- zu verantwortungsbewußtem Handeln erziehen

Sinnvolle Tätigkeit im Leben bedarf der Planung. Berufsausbildung ist eine sehr verantwortungsvolle, kann aber auch eine sehr befriedigende Tätigkeit sein. Sie darf deshalb nicht dem Zufall überlassen werden.

2.0.1. Ziel und Aufgabe der betrieblichen Ausbildung

Im Rahmen der beruflichen Bildung übernimmt der Ausbildungsbetrieb die Aufgabe der Berufsausbildung. Er verfolgt das Ziel, junge Menschen in einen praktischen Beruf einzuführen und sie zu befähigen, diesen erlernten Beruf im Leben ausüben zu können.

Die betriebliche Ausbildung hat drei wesentliche Aufgaben:

- die fachlichen Fertigkeiten und Kenntnisse zu vermitteln

- Berufserfahrungen zu ermöglichen

- geeignete Verhaltensweisen zur Persönlichkeitsentfaltung zu vermitteln

Es müssen alle für die Ausübung des gewählten Berufes erforderlichen Fertigkeiten und Kenntnisse vermittelt werden. Neben der Aneignung der Fertigkeiten und Kenntnisse hat der Betrieb auch für deren Anwendung zu sorgen.

Berufserfahrungen kann der Auszubildende im Rahmen der konkreten Arbeitsausführung im Betrieb erwerben. Er gewinnt sie aus eigenem Wahrnehmen durch Denken und Erleben, Wissen und Können. Zur vollständigen Berufsausbildung gehört das Anwenden der erworbenen Fertigkeiten und Kenntnisse in der beruflichen Praxis. Aus der Berufserfahrung erwacht Interesse und Eigeninitiative in beruflichen Vorgängen.

Die Förderung von geeigneten Verhaltensweisen trägt zur Charakterbildung der anvertrauten jungen Menschen bei und erleichtert ihnen das Einordnen in neue Lebensgemeinschaften und Gruppen.

Praktische Berufsausbildung steht in sinnvoller Weise auch im Dienste unserer Volkswirtschaft. Berufsausbildung bewirkt eine qualitative Vermehrung des Produktionsfaktors Arbeit in einer Volkswirtschaft. Berufserziehung übernimmt eine gesellschaftspolitische Aufgabe.

2.0.2. Vom Sinn und Wert der Arbeit

Die Physiker sagen: „Arbeit ist Kraft mal Weg". Mit dieser physikalischen Definition ist wenig über den Begriff der Arbeit, bezogen auf den Menschen, ausgesagt. Für den verantwortungsbewußten Ausbilder ist es jedoch lohnend, über den Sinn und Wert der Arbeit für den Menschen nachzudenken. Daraus ergeben sich wesentliche Anforderungen an sein Tun und Verhalten im Rahmen der Ausbildung.

Merkmale:

– Arbeit ist eine typisch menschliche Tätigkeit

– Arbeit dient der Selbsterhaltung und Persönlichkeitsentfaltung

– Arbeit kann Zufriedenheit schaffen

– Arbeit beansprucht den ganzen Menschen

– Arbeit kann erzieherisch wirken

Arbeit ist eine typisch menschliche Tätigkeit, die gewollt ist und auf Ergebnisse abzielt. Der Mensch hat die Freiheit, sein Tun und Handeln weitgehend selbst zu bestimmen, also auch zu entscheiden, ob und warum er arbeiten will. Arbeit dient nicht nur der Selbsterhaltung, sondern ist gestaltendes Element für die Persönlichkeitsentfaltung eines Menschen. Selbsterhaltung bedeutet, Sicherung und nach Möglichkeit Verbesserung eines bestimmten Lebensstandardes.

Der Wille zum Tätigwerden und die Bereitschaft, für das Ergebnis dieser Tätigkeit auch Verantwortung zu tragen, verleiht der Arbeit ein persönliches Merkmal, sie wird dadurch zum Ausdruck der einzelnen Person. Eine bejahende Einstellung zur Arbeit und die gebotene Möglichkeit, mitdenkend und mitverantwortend tätig zu werden, schaffen beim Menschen Zufriedenheit. Wenn Arbeit aus irgendwelchen Gründen widerwillig getan wird, wird sie oft mangelhaft ausgeführt, sie führt zu Unlust und sogar zur Abneigung.

Arbeit beansprucht den ganzen Menschen. Deshalb ist es auch schwierig, eindeutig zwischen körperlicher und geistiger Arbeit zu unterscheiden. Bei der menschlichen Arbeit ist eine seelische, körperliche und geistige Beziehung festzustellen. Das Wesen Mensch zeigt sich als untrennbare Einheit aus Seele, Geist und Körper. Der Wert der Arbeit zeigt sich darin, daß sie geeignet ist, das Zusammenwirken der menschlichen Anlagen zu fördern und so die Entfaltung der Persönlichkeit günstig zu beeinflussen. Eine negative Einstellung zur Arbeit kann aber auch das Gegenteil bewirken.

Gerade und besonders in der handwerklichen Ausbildung kann man in der Arbeit und ihren Ergebnissen den Menschen sehen, der diese Arbeit leistet und die Ergebnisse erzielt. Für junge Menschen, die noch in der Entwicklung stehen, ist es wichtig zu erkennen, daß Arbeit mehr ist als ein Weg, um den Lebensunterhalt zu sichern, sondern ein entscheidendes Element zur Entfaltung der Persönlichkeit.

Für den Ausbilder sollte deshalb vordringliche Aufgabe sein, die Arbeit vor allem bei der Ausbildung lebendig zu gestalten, auf klare und gesicherte Ergebnisse zu achten und die Übernahme von Verantwortung zu ermöglichen. Er sollte stets daran denken, welch' hohen erzieherischen Wert eine sinnvoll gestaltete Arbeit jungen Menschen bieten kann.

2.1. Der Ausbilder
– Entscheidender Träger der Berufsausbildung

Aufgabe aus pädagogischer Sicht	Stellung im Ausbildungs- betrieb	Verantwortung in der Ausbildung
Jungen Menschen einen staatlich anerkannten Aus- bildungsberuf ver- mitteln. Voraussetzung dazu: Fachmann im Aus- bildungsberuf, pädagogisches Geschick	Vorgesetzter und Führungskraft Berater des Auszubildenden Mittlerfunktion	Verantwortung für erfolgreiche Ausbildung Verantwortung gegenüber dem Ausbildungs- betrieb Verantwortung gegenüber der Gesellschaft

2.1.0. Seine Aufgabe aus pädagogischer Sicht

Der Ausbilder hat im Ausbildungsbetrieb die verantwortungsvolle Aufgabe, jungen Menschen einen staatlich anerkannten Ausbildungsberuf vollständig zu vermitteln und sie zur Fähigkeit zu erziehen, diesen Beruf einmal ausüben zu können. Dazu muß er bestimmte Voraussetzungen mit-
bringen:

– Er muß in dem entsprechenden Ausbildungsberuf Fachmann sein

Fachmann ist derjenige, der alle Fertigkeiten und Kenntnisse des Berufes beherrscht. Das bedeutet, er muß durch Berufserfahrung abgesichert so über die fachlichen Fertigkeiten und Kenntnisse verfügen, daß
er sich in jeder Situation des Berufes zurechtfinden kann.

– Er muß über pädagogisches Geschick verfügen

Er muß befähigt sein, sein Wissen und Können an andere Menschen
erfolgreich weiterzugeben. Pädagogisch geschickt verhält sich der
Ausbilder, der sich in die Lage des Lernenden versetzen kann und sein
Handeln und Tun danach ausrichtet. Auf die praktische Ausbildung bezogen bedeutet dies: Das Lehren der Aufnahmefähigkeit des Lernenden anpassen, gut und vollständig erklären, Lernhilfen anbieten und
motivieren.

2.1.1. Seine Stellung im Ausbildungsbetrieb

– Er ist Vorgesetzter und Führungskraft

Das erfordert den Besitz von Führungseigenschaften und Führungsfähigkeiten. Als Vorgesetzter ist er für die ihm unterstellten Jugendlichen Leitbild und sollte sich deshalb bemühen, vorbildliches Verhalten zu zeigen. Ist der Ausbilder eine lebendig ausstrahlende Persönlichkeit, wird er schnell das Vertrauen des Auszubildenden finden. Das wiederum bildet die Grundlage für eine wirksame partnerschaftliche Führung.

– Er ist Berater des Auszubildenden

Die Beratungsaufgaben des Ausbilders erstrecken sich vorwiegend auf den Ausbildungsbereich. Dazu zählen: Lernhilfen anbieten, Lernschwierigkeiten überwinden helfen und die gesundheitliche Betreuung des Jugendlichen. Die Beratung kann sich aber auch auf seinen privaten Lebensbereich erstrecken. Das sollte jedoch nur dann geschehen, wenn der Jugendliche um einen Rat bittet, weil er im privaten Bereich Probleme zu überwinden hat. Erfolgreich beraten kann der Ausbilder den Jugendlichen dann, wenn er als Mensch und Fachmann geschätzt wird und wenn zwischen dem Jugendlichen und dem Ausbilder ein gesundes Vertrauensverhältnis besteht.

– Er ist Mittler zwischen Betrieb, Beschäftigten und Auszubildenden

Aufgrund unterschiedlicher Zielsetzungen entstehen in einem Betrieb, in dem produziert und gleichzeitig ausgebildet wird, Interessenkonflikte. Aufgabe des Ausbilders ist es hier, die Interessen der Ausbildung gegenüber der Geschäftsleitung und bei den übrigen Mitarbeitern zu vertreten. Der Ausbilder muß dabei ausgleichen und abwägen können. Er hat darauf zu achten, daß Auszubildende bei ihrer Ausbildungstätigkeit ungestört lernen können. Er soll sein Augenmerk darauf richten, daß sie von Gesellen nicht für das Ausführen von Hilfstätigkeiten ausgenützt werden. Sinngemäß gelten diese Ausführungen auch dann, wenn der verantwortliche Ausbilder – wie im Handwerksbetrieb häufig der Fall – gleichzeitig der Betriebsinhaber ist.

2.1.2. Seine Verantwortung in der Ausbildung

Mit seiner Aufgabe übernimmt der Ausbilder ein hohes Maß an Verantwortung.

– Er trägt Verantwortung für eine erfolgreiche Ausbildung

Das bedeutet: Vollständige Vermittlung der für den Ausbildungsberuf geforderten Fertigkeiten und Kenntnisse sowie geeignete Verhaltensformen. Wenn der Ausbildungsbetrieb wegen spezialisierter Fertigung nicht alle Fertigkeiten konkret vermitteln kann, muß der Ausbilder dies auf andere Weise absichern. Dies ist möglich über die überbetriebliche Unterweisung oder in seltenen Fällen über eine Verbundausbildung durch Austausch mit anderen Betrieben. Wenn beide Möglichkeiten nicht gegeben sind, müssen die in der betrieblichen Praxis nicht mehr vorkommenden Fertigkeiten in einer Ausbildungswerkstätte oder Ausbildungsecke eigens unterwiesen werden.

Er trägt Verantwortung gegenüber dem Ausbildungsbetrieb

Indem er die ihm anvertrauten Auszubildenden gründlich und vollständig ausbildet, dient er dem Ruf des Betriebes. Wenn er Ausbildung vernachlässigt, schadet er diesem. Darüberhinaus soll er um eine kostengerechte Ausbildung bemüht sein. Betriebliche Ausbildung ist mit wesentlichen Kosten verbunden. Der Ausbilder muß der Betriebsleitung gegenüber die erforderliche Anschaffung an Geräten und Ausbildungsmittel vertreten. Andererseits soll er aber die Auszubildenden zu einem kostenbewußten Verhalten erziehen, um dem Betrieb unnötige Kosten in der Ausbildung zu ersparen.

– Er trägt Verantwortung gegenüber der Gesellschaft

Durch eine gründliche Berufsausbildung dient der Ausbilder der Verbesserung der Lebensverhältnisse des einzelnen und der Allgemeinheit. Durch die Vermittlung der beruflichen Qualifikation schafft er für den einzelnen auch die Voraussetzung, in der menschlichen Gemeinschaft über den Beruf hinaus Verantwortung zu übernehmen und so der Gemeinschaft zu dienen.

2.2. Der Auszubildende – der Lehrling

Der Ausbildungsbetrieb kann mehrere Wege beschreiten, um geeignete Bewerber für einen Ausbildungsberuf zu finden. Ihm bieten sich auch mehrere Möglichkeiten, die Eignung eines Bewerbers festzustellen.

2.2.0. Mögliche Wege, geeignete Auszubildende zu finden

– Lehrlingswerbung über Inserate in Tageszeitungen, Plakate, Postwurfsendungen und Funkwerbung

Für das Handwerk ist die Werbung in Tageszeitungen oft zu teuer. Funkwerbung dient vorwiegend der Imagepflege für einen Beruf, sie ist auf Landesinnungsebene ein geeignetes Werbeinstrument. Werbung sollte ansprechend, klar, wahr und werbend sein.

– Zusammenarbeit mit dem Arbeitsamt und der Berufsberatung

Dieser Weg gewinnt zunehmend an Bedeutung. Ein hoher Anteil von Jugendlichen befragt für eine aussichtsreiche Berufswahl den Berufsberater des Arbeitsamtes. Handwerksbetriebe sollten deshalb offene Ausbildungsstellen dem Arbeitsamt rechtzeitig melden. Auch für die Auswahl von Lehrlingen ist eine enge Zusammenarbeit mit der Berufsberatung angezeigt. Die Berufsberatung besitzt auch einen hohen Stellenwert für die Aufgabe, Lehrlinge von Modeberufen abzulenken und in weniger gefragte aber zukunftsträchtige Ausbildungsberufe zu steuern.

– Bewerber aus dem Bekanntenkreis

Die betriebliche Praxis zeigt, daß viele Lehrstellenbewerber aus dem Bekanntenkreis, dem Kundenkreis und aus der Verwandtschaft kommen. Ein Vorteil bei solchen Bewerbungen liegt darin, daß man die persönlichen und familiären Verhältnisse des Bewerbers bereits gut kennt und sich dadurch schon im voraus ein Urteil über die Eignung bilden kann. Eine Gefahr ist jedoch darin zu sehen, daß man aus Rücksichtnahme auf den Bekannten, den Kunden oder den Verwandten Lehrlinge einstellt, die eigentlich für den Ausbildungsberuf nicht geeignet sind. Vor solchen Gefälligkeitseinstellungen ist deutlich zu wahren.

- Werbung über die Schule

Dies ist gerade im ländlichen Bereich ein geeigneter Weg, interessierte Jugendliche für einen Ausbildungsberuf zu gewinnen, und zwar durch Kontakte mit den Lehrer evtl. auch durch Vorträge in der Schule.

- Werbung durch Betriebsbesichtigung

Dies ist mehr für größere Handwerksbetriebe geeignet. Durch eine Betriebsbesichtigung erfahren Jugendliche einen Einblick in die praktische Arbeitswelt und können dadurch wertvolle Anregungen für die Berufswahl erhalten.

- Betriebspraktikum

Ein sehr geeigneter Weg für die Auswahl von Lehrlingen und für die Prüfung der Eignung. Während des Bertriebspraktikums kann der mögliche Bewerber ohne Streßsituation bei der Mithilfe im Betrieb unauffällig beobachtet werden. Daraus lassen sich wertvolle Schlüsse über die Eignung ziehen.

2.2.1. Wie kann man die Eignung eines Bewerbers um einen Ausbildungsplatz feststellen?

Ziel ist: fachliche und charakterliche Eignung

Möglichkeiten, die Eignung festzustellen:
- durch Schulzeugnisse
- durch Test
- durch Vorstellungsgespräch
- durch Betriebspraktikum

Drei Möglichkeiten sollen aufgezeigt und nach ihrer Bedeutung beschrieben werden:

- **Feststellung der Eignung durch Schulzeugnis**

Zeugnisse sind ein nicht unbedeutendes Beurteilungsmerkmal, man sollte sich aber vor einer Überbewertung hüten. Wichtig ist auch, Schulzeugnisse genau zu lesen. Das Notenbild kann über die Aussagen in einzelnen Leistungsfächern auch interessante Aufschlüsse über Interessen, Neigungen und Einstellungen des Bewerbers bieten. Sind bei einem Zeugnis die Leistungen in allen Fächern beispielsweise mit „gut" bewertet, kann man daraus schließen, daß der Bewerber strebsam und allgemein interessiert ist. Sind die Leistungen in den einzelnen Fächern sehr unterschiedlich, kann man auf eine einseitige Interessenlage oder einseitig ausgerichtete Veranlagung schließen.

Generell ist festzustellen, die schulischen Leistungen sollten ausreichen, um das Berufsziel in dem entsprechenden Handwerksberuf erreichen zu können. Das bedeutet für technische Berufe gute bis befriedigende Leistungen in Mathematik.

Gegen eine Überbewertung des Zeugnisses spricht die Möglichkeit, daß der Bewerber in der Schule aus unterschiedlichen Gründen – mangelnder Kontakt mit den Lehrern, Schwierigkeiten mit Mitschülern, Leistungsdruck oder unzureichende Betreuung durch das Elternhaus – sein wirkliches Leistungsvermögen nicht beweisen konnte. Es ist auch denkbar, daß gerade praktisch veranlagte junge Menschen sich in der Schule nicht so angesprochen fühlten, wie sie es sein werden, wenn sie einen praktischen Beruf erlernen sollen. Die Konsequenz daraus: Man sollte das Zeugnis als Bewertungsmaßstab heranziehen, sich aber nicht allein von ihm leiten lassen.

- **Der Test als Eignungsprüfung**
Psychologische Testverfahren und fachliche Eignungsprüfungen können Aufschlüsse über die Eignung eines Bewerbers geben. Im Entwicklungsstadium sind jedoch psychologische Tests problematisch und deshalb nur beschränkt aussagefähig. Es sind auch nicht alle Testverfahren geeignet. Für den Handwerksbetrieb stellen sie ein oft nicht praktikables Verfahren dar. Fachliche Testverfahren sind sicherlich von größerem Nutzen, um die Eignung für einen Beruf festzustellen. Aber auch hier sollte man folgendes bedenken: Sogenannte Schnellstarter schneiden bei Tests meistens gut ab, die Langsamstarter geben dabei nicht selten ein schwaches Bild ab, sind aber später im Berufsleben oft durchhaltender. Als **Grundwissentest** bezeichnet man Testverfahren, die nur Kenntnisse in den Grundfächern Rechnen und Rechtschreibung prüfen. Sie bieten einen weitgehend objektiven Leistungsmaßstab.

- **Das Vorstellungsgespräch**
Das wertvollste und aufschlußreichste Verfahren für die Eignungsprüfung bildet das Vorstellungsgespräch. Vorausgesetzt ist allerdings, daß es in der richtigen Weise geführt wird. Wenn das Vorstellungsgespräch erfolgreich verlaufen soll, sind einige wichtige Spielregeln zu beachten, die im folgenden aufgezeigt werden:

Das Gespräch soll in einer partnerschaftlichen Atmosphäre als zwanglose Unterhaltung geführt werden. Ein geschickter Einstieg in das Gespräch ist für den weiteren Verlauf von entscheidender Bedeutung. Es muß durch eine Kontaktphase eingeleitet werden, durch die beim Bewerber das Gefühl abgebaut wird, er werde einer Prüfung unterzogen. Ziel der Kontaktphase ist, beim Bewerber die Bereitschaft zu wecken, sich dem Gesprächspartner in seinem Wesen zu öffnen. Im weiteren Verlauf sollte der Ausbilder als Gesprächsführer durch geschickte Fragestellungen das Gespräch lebendig gestalten. Dabei darf er niemals den Eindruck erwecken, er wollte den Bewerber ausfragen. Methodisch bieten sich offene Fragen an, die den Bewerber auf das Erzählen und Schildern hinführen können. Nur wenn es dem Ausbilder gelingt, den Bewerber oft zu Wort kommen zu lassen, kann er auch viel erfahren und wertvolle Aufschlüsse über dessen Eignung erhalten.

Für den Inhalt des Vorstellungsgespräches läßt sich keine allgemeingültige Regel aufstellen. Man sollte jedoch mit dem Bewerber über den bisherigen Lebensweg, das Elternhaus, Geschwister, Hobby und Freizeitverhalten sowie über die Entscheidung zur Berufswahl sprechen. Auf ein Vorstellungsgespräch sollte sich der Ausbilder (Ausbildende) gründlich vorbereiten und dafür hinreichend Zeit einräumen.

2.2.2. Was will man vom Bewerber erfahren?

Die Frage läßt sich nach zwei Kriterien beantworten:

– Ist der Bewerber fachlich geeignet?

An die fachliche Eignung sind berufsspezifisch unterschiedliche Anforderungen zu stellen. Wenn ein Beruf vorwiegend praktische Veranlagung erfordert, so kann ein Bewerber trotz mäßiger Leistungen in der Schule für diesen Beruf geeignet sein. Für technische Berufe sollte auch ein entsprechendes Interesse vorhanden sein und Mindestvoraussetzungen in technischen Schulfächern erfüllt werden. Bewerber für Handwerksberufe mit häufigem Kundenkontakt sollten sprachlich gewandt sein. Für etliche Handwerksberufe sind Neigungen auf künstlerisch-gestaltendem Gebiet erforderlich, um die Anforderungen erfüllen zu können.

In mehreren Handwerksberufen gibt es Eignungsanforderungen nach den fachlichen Grundsätzen der Lehrlingsausbildung. Dort sind Anforderungen im Bezug auf körperliche und geistige Fähigkeiten, Hand- und Fingerfertigkeiten sowie für Formgebung und Farbgestaltung festgelegt.

– Ist der Bewerber charakterlich geeignet?

Beim Vorstellungsgespräch sollte der Ausbilder versuchen zu erkennen, ob der Bewerber auch in charakterlicher Hinsicht für den Beruf und den Ausbildungsbetrieb geeignet ist. Neben den Erkenntnissen aus dem Gesprächsverlauf lassen sich durch das Auftreten des Bewerbers (liebenswürdig, verbindlich, höflich oder vorlaut, anmaßend) wertvolle Feststellungen treffen. Auch der erste Eindruck und das Äußere des Bewerbers bieten hierfür hilfreiche Ansatzpunkte. Man sollte jedoch den ersten Eindruck nicht überbewerten.

2.2.3. Die Probezeit als Eignungskontrolle

Die Probezeit ist für beide Vertragspartner eine Möglichkeit, gründlich zu prüfen, ob der durch das Ausbildungsverhältnis eingegangene Weg richtig war. Der Ausbildungsbetrieb kann feststellen, ob der eingestellte Lehrling für das Erlernen des Berufes geeignet ist. Der Auszubildende kann prüfen, ob ihm der ausgewählte Beruf auf Dauer zusagt. Diesem Zweck kann die Probezeit jedoch nur dann dienen, wenn in die Probezeit interessante und abwechslungsreiche Lernvorgänge und Ausbildungstätigkeiten eingeplant werden, die geeignet sind, den Lehrling für den Beruf zu begeistern.

2.3. Ausbildungsinhalte

Der Ausbildungsinhalt ist Gegenstand der betrieblichen Berufsausbildung. Eine genaue Formulierung der Ausbildungsinhalte bereitet in der Praxis oft Schwierigkeiten. Für eine vollständige und erfolgreiche Ausbildung ist es jedoch erforderlich, die anzustrebenden Ziele begrifflich genau zu fassen und vorzugeben. Die im Ausbildungsbetrieb durchzuführenden Aufgaben sind eingeordnet in die Gesamtzielsetzung der beruflichen Bildung.

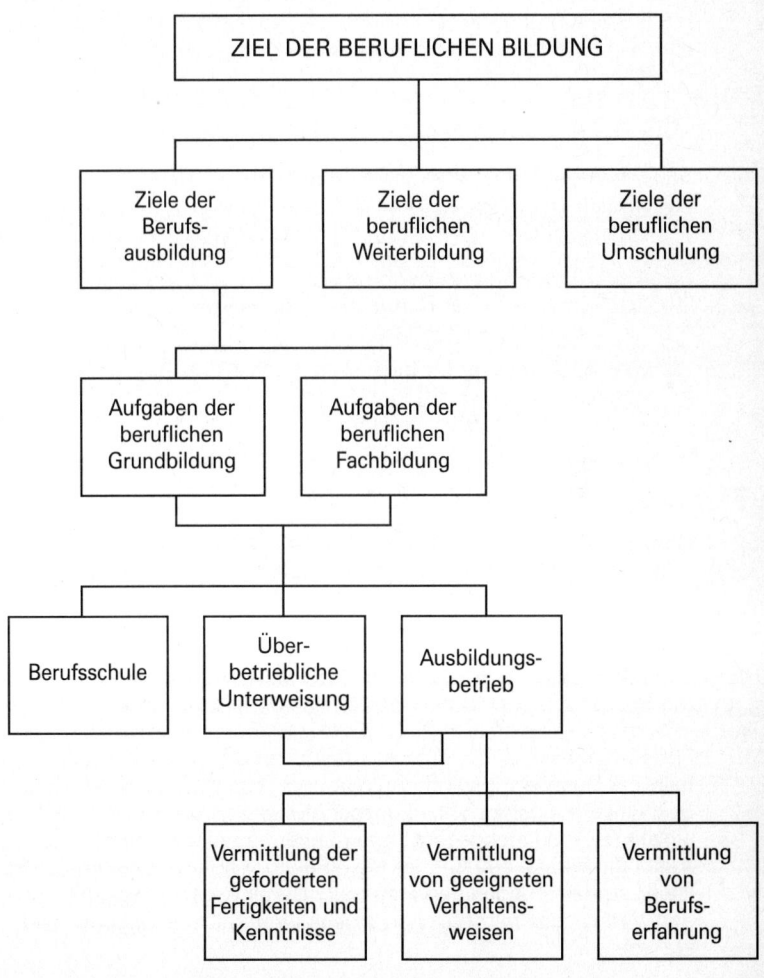

2.3.0. Die Ausbildungsordnung

Grundlage für die Berufsausbildung

Die Ausbildungsziele sind im Berufsbildungsgesetz grundlegend in § 1 Abs. 2 festgelegt. Der Erlaß von Ausbildungsordnungen ist in § 25 der HWO und für nicht handwerkliche Berufe in § 25 des Berufsbildungsgesetzes geregelt. Die Ausbildungsordnung wird vom Bundesminister für Wirtschaft im Einvernehmen mit dem Bundesminister für Bildung und Wissenschaft durch Rechtsverordnung für jeden staatlich anerkannten Ausbildungsberuf erlassen. Sie bildet die Grundlage für eine geordnete und einheitliche Berufsausbildung. Sie soll ferner die Anpassung der Berufsausbildung an die technischen, wirtschaftlichen und gesellschaftlichen Erfordernisse und Entwicklungen gewährleisten.

Die Ausbildungsordnung hat mindestens festzulegen:

1. Die Bezeichnung des Ausbildungsberufes,

2. die Ausbildungsdauer;
   sie soll nicht mehr als 3 und nicht weniger als 2 Jahre betragen,

3. die Fertigkeiten und Kenntnisse,
   die Gegenstand der Berufsausbildung sind
   (= Ausbildungsberufsbild),

4. eine Anleitung zur sachlichen und zeitlichen Gliederung
   der Fertigkeiten und Kenntnisse
   (= Ausbildungsrahmenplan) und

5. die Prüfungsanforderungen.

Durch die Rechtsverordnung wird eine Rechtsnorm gesetzt, die vom Ausbildungsbetrieb in jedem Falle einzuhalten ist. Dabei haben die Bestimmungen über den Inhalt und die Gliederung der Ausbildung sowie die Vorschriften über die Prüfungsanforderungen eine besondere Bedeutung. Der Rahmen der Ausbildungsordnung ist weit gefaßt, um den Ausbildungsbetrieben die Möglichkeit einzuräumen, betriebliche Besonderheiten bei der Ausgestaltung des Planes zu berücksichtigen.

Für die praktische Durchführung der betrieblichen Ausbildung sollen deshalb die Ausbildungsrahmenpläne noch auf die konkreten Verhältnisse des Ausbildungsbetriebes zugeschnitten werden. Deshalb wird in den einzelnen Ausbildungsordnungen auch festgelegt, daß ein individueller Ausbildungsplan erstellt werden sollte, der aber unbedingt den gesetzlichen Anforderungen genügen muß. Damit wird der Ausbilder angeregt, den Verlauf der betrieblichen Ausbildung selbst zu planen und zu gestalten.

Aufbau der Ausbildungsordnung

Der Bundesausschuß für Berufsbildung hat für den Erlaß von Ausbildungsordnungen ein einheitliches Bild empfohlen. Der Aufbau einer Ausbildungsordnung wird im folgenden aufgezeigt, verbunden mit einem praktischen Beispiel aus dem Fleischerhandwerk:

Verordnung über die Berufsausbildung zum (Bezeichnung des Berufes).

Beispiel: Fleischer

§ 1 Staatliche Anerkennung des Ausbildungsberufes

Der Ausbildungsberuf . . . . wird staatlich anerkannt.

§ 2 Ausbildungsdauer

Die Ausbildungsdauer beträgt . . . . Monate.

Wird in einem Beruf nach Fachrichtungen unterschieden, werden noch nähere Hinweise eingefügt. Die Ausbildungsordnung für Fleischer enthält folgende Bestimmung:

„Die Ausbildungsdauer beträgt 36 Monate. Die Berufsausbildung kann in einer produktionsbetonten oder einer verkaufsbetonten Fachrichtung erfolgen. Die für beide Fachrichtungen gemeinsame Berufsausbildung dauert 30 Monate, die anschließende Berufsausbildung in der gewählten Fachrichtung 6 Monate."

§ 3 Ausbildungsberufsbild

Gegenstand der Ausbildung sind mindestens die folgenden Fertigkeiten und Kenntnisse:

Ein Beispiel aus dem Fleischerhandwerk:

Herstellen von Koch-, Brüh- und Rohwurst sowie von Feinkosterzeugnissen;

das Ausbildungsberufsbild legt den wesentlichen Inhalt und die für alle Ausbildungsbetriebe verbindlichen Ausbildungsziele in gestraffter Form fest.

§ 4 Ausbildungsrahmenplan

Die Vermittlung von Fertigkeiten und Kenntnissen nach § 3 soll nach folgender Anleitung sachlich und zeitlich gegliedert werden:

. . . .

Im Ausbildungsrahmenplan werden die einzelnen Fertigkeiten und Kenntnisse nach ausbildungsgeeigneten Lernzielen festgelegt, während im Ausbildungsberufsbild die Lernziele in Zielgruppen gefaßt sind, werden sie im Ausbildungsrahmenplan sachlich und zeitlich gegliedert genau bestimmt. Das folgende Beispiel aus dem Fleischerhandwerk soll dies verdeutlichen: Das Ausbildungsberufsbild legt unter Zielgruppe 8 fest: Herstellen von Koch-, Brüh- und Rohwurst sowie von Feinkosterzeugnissen.

Die dazugehörigen Feinziele im Ausbildungsrahmenplan lauten:

a) Auswählen und Zusammenstellen des Rohmaterials für die Herstellung von Leber- und Blutwurst und anderen Kochwurstsorten

b) Vorbehandeln des Materials, Würzen, Salzen, Wolfen, Kuttern, Einfüllen, Abbinden, Kochen, Kühlen und Räuchern

c) Auswählen und Zusammenstellen des Rohmaterials für die Herstellung von Fleischwurst, Jagdwurst, Bierschinken, Würstchen und anderen Brühwurstsorten

d) Kenntnis der Warmfleisch- und Kaltfleischverarbeitung

e) Kuttern, Würzen, Salzen, Einfüllen des Wurstgutes, Abbinden, Räuchern und Brühen

f) Auswählen und Zusammenstellen des Rohmaterials für die Herstellung von Plockwurst, Salami, Cervelatwurst, Mettwurst, Teewurst und anderen Rohwurstsorten

g) Zerkleinern des Materials mit Kutter und Wolf

h) Einfüllen der Rohwurstmasse, Trocknen und Räuchern

i) Natur- und Schnellreifeverfahren

k) Auswählen und Zusammenstellen des Rohmaterials für die Herstellung von Sülzen, Rouladen, Pasteten, Salaten und anderen Feinkosterzeugnissen

l) Kenntnis ortsüblicher Bezeichnungen der verschiedenen Wurst- und Feinkosterzeugnisse

§ 5 Ausbildungsplan

Der Ausbildende hat unter Zugrundelegung des Ausbildungsrahmenplanes für den Auszubildenden einen Ausbildungsplan zu erstellen.

In diesem betrieblichen Ausbildungsplan kann der Ausbildungsbetrieb zeitliche und gelegentlich auch sachliche Änderungen vornehmen, wenn er dadurch den Grundsatz der Logik nicht verletzt. Es dürfen betriebliche Besonderheiten berücksichtigt werden, jedoch dürfen die im Ausbildungsrahmenplan festgelegten Mindestanforderungen nicht unterschritten werden.

Es folgen Auszüge aus Ausbildungsrahmenplänen von einigen Handwerksberufen, die als Grundlage für das Erstellen des betrieblichen Ausbildungsplanes dienen können:

Ausbildungsverordnung zum Metallbauer		zeitliche Richtwerte in Wochen im Ausbildungsjahr

manuelles Spanen und Umformen (§ 4 Abs. 1 Nr. 9)	a) Anreißen, Körnen, Kennzeichnen:
	
	  aa) Werkstücke unter Beachtung der Werkstoffeigenschaften und -oberfläche anreißen und kennzeichnen
	  bb) Bohrungsmittelpunkte sowie Kontroll- und Meßpunkte körnen
	
	b) Spanen und Zerteilen von Hand:
	
	  aa) Werkzeuge nach Werkstoff, Form und Oberflächengüte des Werkstückes auswählen
	  bb) Flächen und Formen an Werkstücken aus Stahl und Nichteisenmetallen eben, winklig und parallel auf Maß feilen
	  cc) Werkstücke zerteilend meißeln
	  dd) Bleche, Rohre und Profile aus Eisen- und Nichteisenmetallen sowie Kunststoffen sägen
	  ee) Innen- und Außengewinde unter Beachtung der Werkstoffeigenschaften schneiden
	  ff) Feinbleche mit Hand- oder Handhebelschere schneiden
	
	c) Umformen:
	
	  aa) Bleche, Rohre und Profile biegen
	  bb) Bleche und Profile richten
	  cc) Bleche stauchen, strecken und schweifen
		5

Auszug aus Ausbildungsplan für Tischler
gem. § 5 der Ausbildungsordnung

2. Ausbildungsjahr	Zeitliche Richtwerte in Wochen
a) Stücklisten erstellen b) Holz- und Furnieraufmaß ausführen	2
e) Die Hölzer nach ihren für die Verarbeitung wichtigen Eigenschaften auswählen f) Fehler des Holzes feststellen und dessen Güteklassen bestimmen g) Holzfeuchte messen; Einfluß der Holzfeuchte auf das Schwind- und Quellmaß des Holzes beachten; Schwind- und Quellmaß bei der Holzauswahl berücksichtigen h) Holzwerkstoffe, insbesondere Tischler-, Furnier-, Span-, Faser- und Verbundplatten nach Norm bezeichnen und nach Eigenschaften und Verwendung unterscheiden; Sortierungsvorschriften entsprechend der Norm anwenden	5

Auszug aus Ausbildungsplan für Damenschneiderinnen

	zu vermitteln im Ausbildungs-halbjahr (1–6)					
Nähen mit Maschinen						
Aufbau und Arbeitsweise der Doppelsteppstichmaschine erklären	1					
an Doppelsteppstichmaschinen Nähgarn einfädeln und Nähnadeln auswechseln	1					
in rationeller Grifftechnik bei ergonomisch zweckmäßiger Körperhaltung locker und im Rhythmus an Nähmaschinen nähen	1					
an Doppelsteppstichmaschinen ohne Material, mit Papier und einfachen Stoffqualitäten nähen	1					
Nähmaschine pflegen und warten	1					
Aufbau und Arbeitsweise einschlägiger Spezialmaschinen erklären		2				
mit einfachen Stoffqualitäten an Spezialnähmaschinen nähen, Nähgarn einfädeln und Nähnadeln auswechseln		2				
Nähmaschinenzubehörteile auswechseln		2				

§ 6 Führung des Berichtsheftes

Der Auszubildende hat ein Berichtsheft in der Form eines Ausbildungsnachweises zu führen. Der Ausbildende hat das Berichtsheft regelmäßig
durchzusehen. Nach einer Empfehlung des Bundesausschusses für Berufsbildung soll durch Ausbildungsnachweise sichergestellt werden, daß
der zeitliche und sachliche Ablauf der Ausbildung für alle Beteiligten nachweisbar gemacht wird. Er ist vom Lehrling mindestens einmal wöchentlich zu führen und vom Ausbildenden bzw. Ausbilder mindestens monatlich zu überprüfen und abzuzeichnen. Auch die gesetzlichen Vertreter der
Lehrlinge und die Berufsschule sollen in angemessenen Zeitabständen
von den Ausbildungsnachweisen Kenntnis erhalten. Der Ausbildungs-
nachweis ist während der Ausbildungszeit zu führen.

Soweit in Handwerksberufen die „fachlichen Vorschriften zur Regelung
des Lehrlingswesens und der Gesellenprüfung" noch in Kraft sind und Regelungen über das Führen von Berichtsheften enthalten, gelten diese
weiter.

§ 7 Zwischenprüfung

Zur Ermittlung des Ausbildungsstandes ist eine Zwischenprüfung durchzuführen. Sie soll vor dem Ende des zweiten Ausbildungsjahres stattfinden.

§ 8 Prüfungsanforderungen in der Zwischenprüfung

Die Zwischenprüfung erstreckt sich auf die im § 4 für die ersten 24 Monate
aufgeführten Fertigkeiten und Kenntnisse sowie auf die im Berufsschulunterricht vermittelten Kenntnisse, soweit diese für die Berufsausbildung
wesentlich sind.

§ 9 Prüfungsanforderungen für die Abschluß- bzw. Gesellenprüfung

Die Abschluß- bzw. Gesellenprüfung erstreckt sich auf die in § 4 aufgeführten Fertigkeiten und Kenntnisse sowie auf die in der Berufsschule vermittelten Kenntnisse, soweit diese für die Berufsausbildung wesentlich
sind.

(Jetzt folgen unter Festlegung einer bestimmten Prüfungsdauer, je nach
Handwerksberuf verschieden, die bei der Prüfung zu lösenden Aufgaben.)

2.4. Die betriebliche Ausbildungsplanung

2.4.0. Grundlegende Bemerkungen

Eine erfolgreiche betriebliche Ausbildung bedarf einer gründlichen Planung. Planungsunterlagen sind für den Handwerksbetrieb das Ausbildungsberufsbild und der Ausbildungsrahmenplan der jeweiligen Ausbildungsordnung. Der Ausbildungsrahmenplan ist für eine konkrete betriebliche Ausbildungsrahmenplanung zu allgemein gefaßt und berücksichtigt nicht betriebliche Besonderheiten. Es ist deshalb zweckmäßig und empfehlenswert für einen Ausbildungsbetrieb, eine eigene betriebsspezifische Ausbildungsplanung zu betreiben. Darin sollten die konkreten Ziele der Ausbildung mit den betrieblichen Zielen in Einklang gebracht werden zum Wohle des Betriebes und seiner Lehrlinge. Es sollte der Grundsatz gelten: Soviel Planung wie nötig, aber nicht mehr!

2.4.1. Was bedeutet planen?

Planen ist als vorausschauende Betrachtung und Handlung zu sehen. Wer planen will, muß zunächst ganz klar ein Ziel (Planziel) festlegen. Das Ziel, einen Ausbildungsberuf in einem Zeitraum von 3 Jahren zu vermitteln, läßt sich nur dann zielsicher ansteuern, wenn der Weg dorthin genau beschrieben wird. Demnach ist der Weg zum Ziel methodisch und systematisch auszuarbeiten und im einzelnen festzulegen.

Ein solches Ziel läßt sich jedoch nur in Etappen erreichen. Die so gewonnenen Teilziele müssen genau bestimmt und jeweils durch eine Erfolgskontrolle abgesichert werden. Bei der betrieblichen Ausbildung ist das die Einteilung in Ausbildungsabschnitte (zweckmäßig nach Quartalen). Planen bedeutet, Entscheidungen zu treffen. Nur dann, wenn die betriebliche Ausbildung von gründlichen Entscheidungsprozessen begleitet ist, kann sie systematisch und möglichst sinnvoll geplant und schließlich durchgeführt werden.

Die betriebliche Ausbildungsplanung läßt sich nach drei Zielsetzungen gliedern:

- Die inhaltliche Planung
- Die zeitliche Planung
- Die methodische Planung

Wenn auch die einzelnen Zielsetzungen ineinander greifen und nicht streng voneinander zu trennen sind, empfiehlt es sich dennoch, nach dieser Gliederung wichtige Überlegungen anzustellen.

2.4.2. Die inhaltliche Ausbildungsplanung

Wenn ein Betrieb einen individuellen Ausbildungsplan erstellt, müssen in ihm alle Fertigkeiten und Kenntnisse, die im Ausbildungsrahmenplan des betreffenden Berufes festgelegt sind, enthalten sein. Dies ist eine Mindestanforderung an den Ausbildungsinhalt. Für die Planung trägt der Ausbilder die Verantwortung, daß die im Ausbildungsrahmenplan genannten Fertigkeiten und Kenntnisse vollständig vermittelt werden.

Der Ausbildungsstoff sollte nach sachlichen Überlegungen in logischer Reihenfolge gegliedert sein. Eine sachlogische Gliederung ist dann gegeben, wenn der Aufbau von der beruflichen Grundbildung über die berufliche Fachbildung hin zur speziellen Fachbildung bzw. zur Anwendungsausbildung klar erkennbar ist. Der Ausbildungsstoff soll auch für den Auszubildenden faßbar sein, wenn er Einblick in die Planung erhält. Er soll deshalb verständlich und lesbar dargestellt werden.

Nicht alle Fertigkeiten und Kenntnise sind für eine gründliche Ausbildung gleich bedeutsam. Es ist deshalb erforderlich, den Ausbildungsstoff zu gewichten durch Hervorheben von grundlegenden Fertigkeiten und Kenntnissen.

Empfehlenswert ist auch, bei der inhaltlichen Planung Zielstrukturen festzulegen. Dies kann man erreichen durch eine Einteilung in Grundkönnen und Grundwissen sowie in Spezialkönnen und Spezialwissen.

Die Ausbildungspraxis macht es erforderlich, in berufspraktische und berufstheoretische Tätigkeiten, Kenntnisse und Zusammenhänge zu differenzieren.

2.4.3. Die zeitliche Ausbildungsplanung

Bei der zeitlichen Planung in der betrieblichen Ausbildung ist generell zu klären: Wann sollen in der zeitlichen Folge die einzelnen Fertigkeiten und Kenntnisse vermittelt werden? Es empfiehlt sich hierzu, Ausbildungsabschnitte und Ausbildungseinheiten zu bilden.

Ausbildungsabschnitte sollten quartalsmäßig festgelegt werden. Dies fördert die Übersichtlichkeit und dient der Überschaubarkeit des Ausbildungsverlaufes. Längere Zeiträume für eine Gliederung könnten die konsequente Planung und Erfolgskontrolle gefährden. Kürzere Zeiträume würden den betrieblichen Fertigungsablauf zu sehr beeinträchtigen.

Der Schullehrplan sollte, wenn irgend möglich, berücksichtigt werden dergestalt, daß man durch Abstimmung mit der Schule Theorievermittlung und praktische Arbeitsvorgänge im Betrieb in einen harmonischen lehrnfördernden Einklang bringt. Oft ist es dienlich, wenn man einer Kenntnisvermittlung in der Berufsschule einen praktischen Einblick in theoretische Zusammenhänge vorschaltet. Andererseits kann es sinnvoll sein, wenn man die Kenntnisvermittlung in der Schule anschließend gleich im Betrieb auf die praktische Bedeutung überträgt. Zeiten für die überbetriebliche Unterweisung sind einzuplanen. Da die überbetriebliche Unterweisung der Stoffvertiefung dient, kann ihr Nutzen vermehrt werden, wenn man entsprechende praktische Arbeitsvorgänge im Betrieb rechtzeitig darauf ausrichtet.

Die Urlaubszeit, eine evtl. verkürzte Lehrzeit sowie mögliche Ausfallzeiten durch Krankheit sollten bei der zeitlichen Planung beachtet werden. Dies kann dadurch geschehen, daß man in jedem Lehrjahr in einem oder zwei Quartalen Ausbildungsfreiräume festlegt.

In größeren Handwerksbetrieben sollten auch die Zeiten für Ausbildungsabschnitte in den verschiedenen Abteilungen durch einen Versetzungsplan festgelegt werden. Damit wird sichergestellt, daß der Lehrling während seiner Ausbildung alle Abteilungen des Betriebes durchläuft.

Die Einführungszeit zu Beginn der Ausbildung, Kontrollphasen in den einzelnen Quartalen und Zeiten für Wiederholungsstunden zur Stoffvertiefung sind zu empfehlen.

Betriebliche Besonderheiten, wie Saisongeschäft und absolute Arbeitsspitzen im Jahresablauf (z. B. im Friseurhandwerk vor den Feiertagen, bei den Bäckern und Fleischern im Weihnachtsgeschäft, sollten in die zeitliche Planung eingehen.

Der Termin der Zwischenprüfung ist zu beachten, damit zu diesem Zeitpunkt die bis dahin geforderten Fertigkeiten und Kenntnisse vermittelt werden. Ebenso sollte das Führen des Ausbildungsnachweises und das evtl. erforderliche Schreiben von Tätigkeitsberichten terminlich bestimmt werden.

2.4.4. Die methodische Ausbildungsplanung

Für eine systematische und erfolgversprechende Ausbildung ist es erforderlich, den Lehrstoff so zu gliedern und zu profilieren, daß man den roten Faden einer gezielten Planung deutlich erkennen kann.

Da der für die Ausbildung verantwortliche Ausbilder in der betrieblichen Alltagspraxis nicht alle Fertigkeiten und Kenntnisse selbst vermitteln kann, ist es erforderlich, geeignete Personen (Gesellen) auszuwählen, die ihn bei der Unterweisung unterstützen können. Von ihnen sollte man ein solides Fachwissen, eine positive Einstellung zur Ausbildung und zum Betrieb und etwas pädagogisches Geschick verlangen können. Sehr wesentlich und wichtig ist es, die zur Ausbildung herangezogenen Gesellen genauestens über die jeweiligen Lernziele zu informieren.

Es sollten die für die Ausbildung bestmöglichen Ausbildungsorte und Abteilungen ausgewählt werden. Da in Handwerksbetrieben in den meisten Fällen keine eigene Lehrwerkstätte zur Verfügung steht, bietet sich hier die sog. Ausbildungsecke an. Sie sollte hinreichend vom lärmintensiven Fertigungsablauf entfernt und so eingerichtet sein, daß sie dem Lernen des Auszubildenden in geeigneter Weise dienen kann.

Es sollten Bildungs- und Erziehungsschwerpunkte festgelegt werden. Dazu gehört die Überlegung, was wird geschickter praktisch, was theoretisch vermittelt.

Den Unterweisungsgrundsatz der praktischen Bewährung sollte man auch in der methodischen Planung beachten. Das bedeutet, systematisch vermittelte Fertigkeiten sollten möglichst bald bei der praktischen Alltagsarbeit angewendet werden können.

Schöpferische Fähigkeiten wecken und aktivieren führt den Lernenden zu den für ihn so wichtigen Erfolgserlebnissen.

Rechtzeitig sollte man den Lehrling zum selbständigen Arbeiten anleiten.

Zur methodischen Ausbildungsplanung zählt auch, den jeweiligen Bildungs- und Ausbildungsstand des Lehrlings zu berücksichtigen.

Für die gesamte methodische Planung sollte man den Grundsatz der Logik beachten: Die im einzelnen zu vermittelnden Fertigkeiten und Kenntnisse sollen sinnvoll ineinander greifen und sachlich richtig aufeinander folgen.

Folgende allgemeine Grundsätze sollten für die methodische Ausbildungsplanung beachtet werden:

- Vom Leichten zum Schweren
- Vom Bekannten zum Unbekannten
- Vom Einfachen zum Zusammengesetzten
- Vom Allgemeinen zum Speziellen
- Vom Konkreten zum Abstrakten

2.4.5. Schema für die Ausbildungsplanung

Für die betriebliche Ausbildungsplanung bietet sich in Frageworte gekleidet folgendes Schema an:

- Was (wird unterwiesen)?
- Wer (führt die Ausbildung durch)?
- Wo (geeigneter Ausbildungsort)?
- Wann (zeitliche Durchführung)?
- Wie (der methodische Weg)?

2.5. Lernen in der Ausbildung

Für den Ausbilder sind Kenntnisse über das Lernen und insbesondere über den Lernprozeß von besonderer Bedeutung, wenn er in der betrieblichen Ausbildung erfolgreich lehren will. Denn sie erleichtern ihm bei seiner Lehrtätigkeit das Einstellen auf die Situation des Lernenden.

Man sollte sich deshalb als Ausbilder zunächst die grundlegende Unterscheidung zwischen Lehren und Lernen bewußt machen. Vereinfacht dargelegt, kann man sagen:

> – Lehren bedeutet, der Ausbilder tut etwas
> – Lernen bedeutet, der Auszubildende tut etwas

Dabei kommt es entscheidend auf das Tun an. Beim Lehren wird der Ausbilder aktiv, beim Lernen der Auszubildende.

2.5.0. Was heißt Lernen?

Die Definition des Begriffes lautet:

> **Lernen heißt, sich etwas Neues aneignen**

Hinter dieser einfachen Begriffbestimmung verbirgt sich aber eine Menge von Überlegungen und Erklärungen. Es soll deshalb zunächst kurz aufgezeigt werden, wie man diesen Begriff in der Umgangssprache verwendet:

- Das Kleinkind lernt gehen, laufen, sprechen
- Man lernt Namen, Formeln, Gedichte auswendig
- Man lernt Autofahren, Skifahren, Tennisspielen
- Man lernt, vorsichtig zu sein
- Man lernt aus schlechten Erfahrungen, aus Fehlern
- Man lernt, sich geschickt zu verhalten
- Man lernt gründlich, flüchtig, oberflächlich
- Man lernt im Leben nie aus

Beim Lernen geht es um die Aneignung eines Lerngegenstandes. Lerngegenstand (= das Neue) können unterschiedliche Dinge sein. In der betrieblichen Ausbildung sind es: Fertigkeiten, Kenntnisse, soziale Verhaltensweisen, Fähigkeiten, Neigungen und Interessen.

Aneignen beinhaltet Aufnehmen, Verarbeiten, Behalten

Aneignung kann bedeuten: – Ein reiner Neuerwerb

– Veränderung von bereits Vorhandenem

Die Aneignung ist erfolgt, wenn das vorgegebene Lernziel erreicht ist und durch das Lernergebnis feststeht. Das Lernergebnis läßt sich durch die Verhaltensänderung feststellen. (Verhalten vor dem Lernen und Verhalten nach dem Lernen.) Dazu ein praktisches Beispiel:

Ein Lehrling im Schlosserhandwerk erfährt, daß er sich bei richtiger Körperhaltung weniger anstrengen muß, als wenn er stocksteif vor dem Schraubstock steht. Er wird dann aus Einsicht sein Verhalten ändern und die richtige Körperhaltung einnehmen.

So wird die Verhaltensänderung zum Indikator von Lernprozessen. Um das Messen eines Lernvorganges an der Verhaltensänderung besser verstehen zu können, sollte man sich den Begriff des Verhaltens verdeutlichen.

Verhalten: Sind alle wahrnehmbaren Äußerungen eines Menschen, wie Sprache, Mimik, Gestik, Gebärden, sein gesamtes Tun und Handeln.

Lernen bedeutet auch Beeinflussung und Wandlung des Lernenden. Wenn ein Mensch etwas lernt, dann verändert er sich bzw. das Gelernte verändert ihn. Er integriert das Neue in seiner Person. Wer gelernt hat, wie man Ski fährt, hat nicht nur eine bestimmte sportliche Fähigkeit erworben, er hat auch seine Einstellung zum Wert des Wintersports geändert.

Lernen wird in einem wesentlichen Ausmaß von der Umwelt beeinflußt. Umgekehrt kann man sagen, durch Lernen wirkt der Lernende auch auf seine Umwelt ein.

2.5.1. Lernbereitschaft und Lernfähigkeit

Lernbereitschaft zeigt an, welchen Willen, wieviel Energie ein Mensch bereit ist, für das Lernen aufzuwenden. Lernfähigkeit zeigt, wie schnell und wie gründlich ein Lernender sich Neues aneignen und behalten kann.

Für den Ausbilder ist von besonderer Bedeutung zu wissen, wovon die beiden Faktoren abhängig sind. Das hilft ihm, bei der Förderung von Lernbereitschaft und Lernfähigkeit, den Hebel an der geeigneten Stelle anzusetzen.

Wichtig ist dabei die Tatsache, daß Lernfähigkeit und Lernbereitschaft nicht bedingungslos nebeneinander stehen. Ständige Lernbereitschaft wird bei entsprechenden Lernerfolgen auch die Lernfähigkeit steigern. Durch ein bestimmtes Potential an Lernfähigkeit wird auch die Lernbereitschaft eines Menschen beeinflußt.

Beide Faktoren sind von drei wesentlichen Ursachen abhängig:

- Von der Begabung,

- vom jeweiligen Alter und

- von der Umwelt.

Die Begabung ist wiederum abhängig von den Erbanlagen und der erziehenden Umwelt. Schon in der frühen Kindheit kommt es wesentlich darauf an, wieweit Erbanlagen durch die Umwelt geweckt und gefördert werden. Die Intelligenz eines Menschen ist demnach nicht allein von den Erbanlagen abhängig, sondern auch davon, was die Umwelt aus den Anlagen macht.

Lernbereitschaft und Lernfähigkeit werden aber auch von anderen Faktoren beeinflußt, wie Interesse, Aufmerksamkeit, Ausdauer, Gedächtnis, Erfahrung und Aktivität. Diese wirken je nach Alter unterschiedlich.

Gebotene Lernreize und die Vielfalt an Lernmöglichkeiten beeinflussen spürbar Lernbereitschaft und Lernfähigkeit eines Menschen.

2.5.2. Lernarten

Nach der Vielfalt unterschiedlicher Lernvorgänge lassen sich mehrere Lernarten feststellen:

- bewußtes Lernen – unbewußtes Lernen
- beabsichtigtes Lernen – beiläufiges Lernen
- aktives Lernen – passives Lernen
- produktives Lernen – reproduktives Lernen
- primitives Lernen – einsichtiges Lernen
- planvolles Lernen – funktionales Lernen
- theoretisches Lernen – praktisches Lernen
- schöpferisches Lernen – nachbildendes Lernen
- individuelles Lernen – soziales Lernen

Für die betriebliche Ausbildung ist das Unterscheiden in bewußtes und unbewußtes Lernen von Bedeutung. Bewußtes Lernen besagt, der Lernende wird aktiv, um sich etwas Neues anzueignen, er ist sich der Tatsache des Lernenwollens in vollem Umfang bewußt. Dies trifft zu für alle konkreten Unterweisungsvorgänge im Fertigkeitsbereich.

Unbewußtes Lernen tritt dann ein, wenn der Auszubildende im Fertigungsablauf des Betriebes tätig wird, ohne gezielt etwas aufnehmen zu wollen. Bei der praktischen Arbeit hört und sieht er Dinge, die er irgendwie mitbekommt, ohne sie bewußt aufnehmen zu wollen. Aus dieser Feststellung ist zu erkennen, daß der Zeitanfall im Tagesablauf, in dem unbewußt gelernt wird, sehr wesentlich ist. Unbewußtes Lernen kann bewußtes Lernen auslösen, nämlich dann, wenn den Auszubildenden plötzlich eine Tätigkeit, an der er mitwirkt, interessiert.

Sehr wichtig für den Ausbilder ist das Unterscheiden in schöpferisches Lernen und nachbildendes Lernen. Bei der Vermittlung von Fertigkeiten kommt es entscheidend darauf an, zu erkennen, auf welche Weise der Auszubildende lernt, um das Lehren gezielt auf den Lerntyp einzustellen. Schöpferisch Lernende wollen den Lösungsweg selbst finden, bei ihnen ist die Frage- und Impulstechnik besonders geeignet. Nachbildend Lernende benötigen Anker, um sich daran festhalten zu können, wenn sie einen Lösungsweg nachvollziehen sollen. Bei ihnen ist das präzise Vormachen in Teilschritten besonders hilfreich.

Individuelles Lernen geschieht durch eine Einzelperson, soziales Lernen vollzieht sich in der Gemeinschaft, in Gruppen.

2.5.3. Lerntypen

Nach typischen Lernleistungen und Lernbedingungen in konkreten Lernsituationen unterscheidet man mehrere Lerntypen:

- **Einfaches Assoziationslernen**

  Hier besteht das Lernen aus einer einzelnen Reiz-Reaktions-Verbindung. Man lernt, auf einen bestimmten Reiz mit einer entsprechenden Reaktion zu antworten.

- **Kettenlernen**

  Darunter versteht man, mehrere Reiz-Reaktions-Verbindungen miteinander zu einer geschlossenen Kette zusammenzufügen. Durch ständiges Üben und Wiederholen wird diese Kette (gelegentlich auch „Block" genannt) als Ganzes eingeprägt und kann dementsprechend auch als Einheit reproduziert werden. Verdeutlichen kann man sich diesen Lerntyp am Beispiel des Anfahrens mit dem Auto. Für den Anfänger besteht das Anfahren aus mehreren Teilhandlungen, die zunächst unverbunden nebeneinander stehen, und die jeweils den Lernenden fordern:

  - Zündschlüssel einstecken – Zündschlüssel nach rechts drehen und zünden – Kupplung treten – den ersten Gang einlegen – in den Außenspiegel sehen – warten bis die Straße frei ist – Gaspedal treten – gleichzeitig Kupplungspedal langsam loslassen – anfahren.

  Bei einem geübten Autofahrer haben sich all diese Einzeltätigkeiten zu einem Block vereinigt. Sie sind dem Fahrer in „Fleisch und Blut" übergegangen. Man kann sagen, das Anfahren vollzieht sich wie im Schlaf.

- **Unterscheidungslernen**

  Unter diesem Lerntyp versteht man zu lernen, zwischen zwei oder mehreren Gegenständen bzw. Vorgängen unterscheiden zu können. Dabei kommt es darauf an, ähnliche Objekte durch Erkennen ihrer Unterschiede auseinanderzuhalten.

- **Begriffslernen**

  Hier lernt man, das Gemeinsame bei einer Gruppe von an sich unterschiedlichen Objekten zu erkennen. Ein Beispiel:

  - Ein Zollstock, Rollbandmaß, Meßlatte, Schieblehre, sind an sich unterschiedliche Gegenstände. Sie sehen verschieden aus und werden auch für unterschiedliche Zwecke gebraucht. Trotzdem haben sie aber eines gemeinsam: Sie fallen unter den Begriff „Meßwerkzeuge".

– Regellernen

Regeln erhält man durch die Verbindung von zwei oder mehreren Begriffen. Entscheidend beim Regellernen ist das Herausfinden oder Verstehen der Beziehung zwischen den verbundenen Begriffen. Beispiele für einfache und anschauliche Regeln sind: „Wasser fließt bergab, Stein ist härter als Holz". Beispiel für eine schwierigere und abstrakte Regel: „Die Stromstärke nimmt mit steigender Spannung zu und mit wachsendem Widerstand ab".

– Problemlösenlernen

Der Lernende steht vor einer Aufgabe, er sieht sich vor ein Problem gestellt, das er nicht ohne weiteres und auf Anhieb lösen kann. Er spürt, daß er etwas tun soll. Der Lernende begegnet einem Problem, er stellt eine Lücke im Können fest. Wenn er diese Lücke als Mangel empfindet, werden dynamische Kräfte (Motivation) entwickelt, die auf Lösung des Problems drängen. Er befaßt sich mit dem Problem und erkennt die Schwierigkeiten. Dabei zeigen sich Lösungswege, mit denen er sich weiter befaßt und er findet schließlich die Lösung. Dies kann oft ganz plötzlich geschehen („Aha-Erlebnis").

2.5.4. Lernziele

Ein Lernziel ist das angestrebte, erwünschte, beabsichtigte Lernergebnis. Am Lernergebnis kann man feststellen, ob und wieweit ein vorgegebenes Lernziel erreicht wurde. Demnach können Lernziel und Lernergebnis voneinander abweichen. Für die Erfolgskontrolle bei der betrieblichen Ausbildung ist es elementar notwendig, Lernziele genau zu bestimmen. Aus dem Lernergebnis bzw. aus den Abweichungen des Ergebnisses vom gesteckten Ziel sind erforderliche Maßnahmen zu erkennen.

Richtziele, Grobziele, Feinziele

Man unterscheidet nach Genauigkeit und Eindeutigkeit bei der Festlegung von Lernzielen in Richtziele, Grobziele und Feinziele.

Richtziele, auch Leitziele genannt, legen für die betriebliche Ausbildung nur einen allgemeinen Rahmen fest. Ein Beispiel hierfür: Alle Grundfertigkeiten eines Berufes. In der Fachsprache nennt man sie auch Makroziele.

Grobziele zeigen einen mittleren Grad von Genauigkeit an. Sie sind geeignet für Zielsetzungen im Verhaltensbereich. Dazu ein Beispiel: Der Auszubildende soll lernen, bei allen praktischen Arbeitsausführungen kostensparend zu arbeiten.

Feinziele beziehen sich auf einen ganz bestimmten Lerngegenstand und legen ein eindeutig beabsichtigtes Lernergebnis fest. Ein Feinziel läßt sich noch in Teillernziele aufteilen, um eine schwierige Ausbildungseinheit besser erfassen zu können. Diese Teillernziele müssen aber dem jeweiligen Endlernziel systematisch zugeordnet werden. Dazu ein praktisches Beispiel aus dem Friseurhandwerk:

Das Feinziel lautet: Fachgerechtes Ausführen einer Haarwäsche. Teillernziele können sein: Prüfen der Haarstruktur für die Auswahl eines geeigneten Haarwaschmittels, Auftragen des Haarwassers.

Operationalisierte Lernziele

Operationalisierte Lernziele werden so formuliert, daß sie nachprüfbar sind. Dies ist dann der Fall, wenn im Lernziel das erwünschte Endverhalten des Lernenden festgelegt wird. Da Lernen Verhaltensänderung bedeutet, wird im Lernziel ein Sollverhalten beschrieben. Am Lernergebnis, nämlich am Istverhalten, kann festgestellt werden, ob das Lernziel erreicht wurde. Operationalisierte Lernziele sind klar bestimmt und lassen sich leicht überprüfen.

2.5.5. Lernzielbereiche

Die Lernziele in der betrieblichen Ausbildung lassen sich in drei Bereiche zusammenfassen: Fertigkeiten, Kenntnisse und Verhaltensweisen. Von der Zielsetzung her hat jeder Lernzielbereich gewisse Eigenarten und stellt unterschiedlich hohe Anforderungen an die geistigen Fähigkeiten des Lernenden.

a) **Lernzielbereich Fertigkeiten (psychomotorischer Bereich)**

   – Hier kommt es auf das Aneignen von Bewegungsvorgängen an. Er umfaßt alle praktischen Tätigkeiten eines Berufes.

b) **Lernzielbereich Kenntnisse (kognitiver Bereich)**

   – Hier kommt es in der betrieblichen Ausbildung zwar auch auf An- eignen, aber überwiegend auf das Anwenden von Kenntnissen in der Praxis an. Er ist auf die Denkfähigkeit ausgerichtet.

c) **Lernzielbereich Verhaltensweisen (affektiver Bereich)**

   – Hier kommt es auf das Erwerben und die Förderung von erforder- lichen und geeigneten Verhaltensformen an.

2.5.6. Lernzielstufen

Lernziele können von der Anforderung her recht unterschiedlich sein. Ein Lernziel kann beispielsweise darin bestehen, daß der Auszubildende in die Lage versetzt wird, ein Werkzeug fachgerecht in die Hand zu nehmen und zu führen. Das Lernziel kann aber auch darin bestehen, mit diesem Werkzeug einen schwierigen Arbeitsvorgang vollständig auszuführen.

Nach der Qualität des Lernerfolges und unter dem Gesichtspunkt der Verfügbarkeit des Gelernten unterscheidet man vier verschiedene Lernzielstufen.

a) Stufe der Reproduktion = die Wiedergabe des Gelernten

Es kann in gleicher Reihenfolge wiedergegeben werden. Die Reproduktion kann sich auf Einzelwissen oder auf elementare Fertigkeiten beziehen. Der Lernende kann einen Arbeitsvorgang auf dem vorgegebenen Lösungsweg nachvollziehen.

b) Stufe der Reorganisation = das Gelernte ist verstanden

Es kann mit eigenen Worten wiedergegeben werden. Da der Lernende einen Vorgang oder eine Kenntnis verstandesmäßig erfaßt hat, ist er auch in der Lage, das Gelernte mit eigenen Worten zu gestalten und evtl. in geänderter Reihenfolge anzubieten.

c) Stufe des Transfer = Übertragung des Gelernten

Es kann auf andere, aber noch ähnliche Situationen angewendet werden. Bei der auch als Lernübertragung bezeichneten Leistung hat der Lernende eine beachtlich höhere Qualitätsstufe erreicht. Dazu ein Beispiel: Ein Auszubildender hat bei einem Gerät eines bestimmten Fabrikats Aufbau und Funktion klar erfaßt. Er ist jetzt in der Lage, an einem Gerät eines anderen Fabrikats, das aber dem gleichen Zweck dient, eine Reparatur selbständig auszuführen.

d) Stufe der Kreativität = Schöpferische Lernzielstufe

Das Gelernte kann für schöpferische Neuleistungen verwendet werden. Die kreative Stufe hat auch der Lehrling erreicht, der fähig ist, an einem komplizierten Sachverhalt konstruktive Kritik zu üben und Verbesserungsvorschläge zu machen.

2.5.7. Der Phasenverlauf des Lernprozesses

Neben sehr einfachen und unkomplizierten Lernvorgängen gibt es auch schwierige, die man allgemein in den Lerntyp „Problemlösen lernen" einordnen kann. Lernprozesse dieser Art laufen nach lernpsychologischen Erkenntnissen in einzelnen Phasen ab. Wissenschaftler der Lernpsychologie haben den Phasenverlauf eines Lernvorganges in schematischen Darstellungen aufgezeichnet. Drei Beispiele sollen den Phasenverlauf nebeneinander gestellt demonstrieren:

Der Phasenverlauf des Lernprozesses nach:

Correl	Roth	Schlieper
– Motivation	– Motivation	– Stadium der Problemfindung (Vorbereitung des Lernprozesses), Ergebnis: Lernen-wollen
– Lokalisierung und Präzisierung des Lernproblems	– Schwierigkeiten	
	– Lösung	
– Aufzeigen erster Lösungsmöglichkeiten	– Bewährung der Lösung in der Praxis	– Eigentliches Lernstadium (Kennen und Verstehen lernen), Ergebnis: Verstehen.
– Überprüfen der logischen Richtigkeit	– Behalten und Einüben	
– Bewährung in der realen Situation	– Bereitstellen, Übertragung und Integration des Gelernten	– Gestaltungs- und Übungsstadium (Sicherung des Gelernten), Ergebnis: Können.

Das Beispiel von Correl soll im folgenden etwas näher beschrieben werden:

In der Phase der Motivation erfährt der Lernende etwas Neues, das ihn irgendwie bewegt. Dieses Neue beginnt, ihn zu interessieren. Er möchte es erfahren und kennenlernen. Dabei gerät er in die Situation des Nichtkönnens, er empfindet einen Mangel, ein Problem.

In der zweiten Phase befaßt er sich mit diesem Problem und findet durch Abgrenzung und genaue Fassung dessen Umfang und Schwierigkeit.

Da ein Problem zur Lösung drängt, gerät er in die dritte Phase und versucht verschiedene Lösungsmöglichkeiten. Er probiert und beginnt zu überprüfen, ob mögliche Lösungswege auch gangbar sind.

Durch Überprüfung der logischen Richtigkeit findet er schließlich den für ihn bestgeeigneten Lösungsweg. Das Herausfinden des richtigen Lösungsweges genügt aber noch nicht. Der Lernende muß diesen Weg durch mehrmaliges Gehen so absichern, daß er ihn verfügbar hat.

Die Richigkeit der gefundenen Lösung zeigt sich durch Bewährung in der praktischen Wirklichkeit.

2.5.8. Die Lernmotivation

Der Begriff „Lernmotivation" beschreibt den inneren Zustand der Bereitschaft, des Angetriebenseins zum Lernen. Motivation hat ihren Ursprung in dem lateinischen Wort: „movere" = bewegen, antreiben, anregen.

Demnach ist Lernmotivation der Beweggrund, der Antrieb, der Anreiz zum Lernen. Lernen erfolgt nicht ohne Anlaß. Kommt auf einen Lernenden etwas Neues zu, das ihn nicht interessiert, nicht bewegt, wird er sich auch damit nicht beschäftigen, nicht damit auseinandersetzen.

Fehlt die Lernmotivation, so kommt der Lernprozeß nicht in Gang oder er wird bei der geringsten Lernschwierigkeit abgebrochen. Zeichen, die auf Lernmotivation schließen lassen, sind Aufmerksamkeit, Interesse, Zielstrebigkeit und Beharrlichkeit. Wer nicht motiviert ist, zeigt sich nach außen hin unkonzentriert, teilnahmslos, passiv, uninteressiert.

Motivation ist das entscheidende Element für das Entstehen und den erfolgreichen Ablauf eines Lernvorganges. Dabei kommt es entscheidend darauf an, daß der Antrieb für das Lernen vom Lernenden selbst ausgeht, also von innen heraus kommt.

Für einen Lernvorgang hat die Motivation zwei wichtige Aufgaben zu erfüllen:

– **Die Antriebsfunktion** = das Lernenwollen auslösen.

Der Lernende erhält die Energie, die er für das Angehen eines Problems benötigt.

– **Die Lenkungsfunktion** = das Lernenwollen erhalten.

Energie wird beim Lernenden gebündelt und ist auf ein bestimmtes Handlungsziel ausgerichtet.

Als Motivation bezeichnet man beim Lernen die Gesamtheit der antreibenden und bewegenden Kräfte. Motivation entsteht durch das Zusammenwirken einzelner Motive. Das sind die konkreten und bewußtgewordenen Beweggründe für ein bestimmtes Tun. Wirken mehrere Motive gleichzeitig, spricht man von einer Motivbündelung.

Man unterscheidet aktuelle Motive und Gewohnheitsmotive. Aktuelle sind die in einer konkreten Situation wirksam werdenden Motive, sie lösen regelmäßig das Lernenwollen aus. Gewohnheitsmotive sind allgemeiner als die aktuellen, es sind Beweggründe, die sich zu einer inneren Einstellung verfestigt haben und die Grundrichtung des Verhaltens zeigen. Sie erhalten regelmäßig das Lernenwollen.

Es läßt sich eine Wechselwirkung zwischen aktuellen – und Gewohnheitsmotiven feststellen. Gewohnheitsmotive können sich mit der Zeit aus aktuellen Motiven entwickeln. Andererseits können aktuelle Motive aufgrund von Gewohnheitsmotiven wirksam werden und sind von daher begründet.

Primäre Motive und sekundäre Motive

Die Vielfalt der für das Lernen vorhandenen und möglichen Einzelmotive läßt sich in zwei wesentliche Gruppen einstufen.

Die erste Gruppe sind die **primären Motive.** Es sind Beweggründe, die direkt zum Lernenwollen führen. Beispiele dafür sind: Lernen bereitet Freude, das Neue reizt, ein interessanter Lerngegenstand, das Problem reizt, der Drang vom Nichtkönnen zum Können.

Die zweite Gruppe sind die **sekundären Motive.** Sie führen indirekt oder gewissermaßen über einen Umweg zum Lernen. Sofern man durch sekundäre Motive gesteuert ist, lernt man nicht um des Lernenswillen, sondern wegen eines Grundes, der außerhalb der Lerntätigkeit liegt. Dazu Beispiele: Man lernt, um persönliche Vorteile zu erhalten (gute Noten, finanzielle Vorteile). Man lernt, um den Ausbilder nicht zu enttäuschen. Man lernt aus Angst vor Mißerfolg. Man lernt aus Druck und Zwang.

In der betrieblichen Ausbildung sind beide Motivgruppen vorhanden. Es wäre unrealistisch zu meinen, man könne nur mit primären Motiven das Lernen steuern. Der Ausbilder sollte sich aber immer der Tatsache bewußt sein, daß primäre Motive einfach wesentlich wirksamer sind als sekundäre. Das bedeutet, er sollte danach streben, bei Lernvorgängen primäre Motive zu wecken und zu fördern, um sekundäre Motive auch als zweitrangig betrachten zu können.

Leistungsmotivation

In enger Verbindung mit der Lernmotivation steht die Leistungsmotivation. Sie zeigt das Bestreben, die persönliche Tüchtigkeit bei meßbaren Tätigkeiten zu steigern und hochzuhalten. Die Höhe der Leistungsmotivation wird von den eigenen Leistungserwartungen bestimmt, man nennt das auch Anspruchsniveau. Der eine sieht bereits in einer ausreichenden Leistung einen Erfolg, der andere erst in einer sehr guten.

Wer ein hohes Anspruchsniveau hat, stellt auch hohe Anforderungen an seine Leistungen. Wesentlich beeinflußt wird das Anspruchsniveau von Erfolg und Mißerfolg. Erfolgserlebnisse lassen die Leistungserwartungen steigen. Mißerfolge können das Anspruchsniveau senken.

2.5.9. Lernhilfen

Bei der betrieblichen Ausbildung sind Lernhilfen wertvolle Motivationselemente. Die folgende Zusammenstellung bietet solche Lernhilfen, die
angelehnt an den Phasenverlauf des Lernprozesses aufgezeigt werden:

Hilfen zur Ingangsetzung	– Neugier wecken
	– Vitale Interessen
	– Beschreibung des Vorganges und seine Bedeutung für die Praxis
Maßnahmen zur Erhaltung der Motivation	– Erfolgserlebnisse schaffen
	– Teilergebnisse anerkennen
	– Aufmunterung
	– Impulse geben
Hilfen beim Überwinden von Lernschwierigkeiten	– Schwierigkeiten = auch ein Anreiz
	– Lerntyp beachten (schöpferisch, nachbildend)
	– Überforderung vermeiden
	– Individuelles Tempo lassen
	– rechtzeitig Hilfen anbieten
Hilfen beim Finden der Lösung	– dem Auszubildenden Zeit und probieren lassen
	– in der Gruppe gegenseitige Hilfe anregen
	– Sicherheit durch Übung herbeiführen
	– Vervollkommnung des Gelernten
	– Anreiz und Impuls zu neuem Erfolg
	– Stolz steigert das Selbstbewußtsein

2.6. Das Lehren in der betrieblichen Ausbildung

Lehren ist nicht Selbstzweck, es steht im Dienste des Lernens. Durch seine Lehrtätigkeit dient der Ausbilder dem Lernen des Auszubildenden, er fördert und unterstützt es. Kernaufgabe des Lehrens ist es, die für einen Ausbildungsberuf erforderlichen fachlichen Fertigkeiten und Kenntnisse sowie geeignete Verhaltensformen zu vermitteln. Lehren kann aber nur dann erfolgreich sein, wenn beim Lehrling auch ein entsprechender Lernprozeß ausgelöst und vollendet wird. Der Ausbilder darf sich deshalb nicht damit zufrieden geben, den Lehrstoff darzubieten, auch wenn es fachlich noch so einwandfrei geschieht. Er muß vorrangig dafür sorgen, daß der Auszubildende aus eigenem Willen, von innen heraus lernen will und sich deshalb mit dem betreffenden Lerngegenstand auseinandersetzt und ihn sich aneignet. Lehren muß daher auch darauf ausgerichtet sein, beim Auszubildenden Lernenwollen auszulösen und zu erhalten.

2.6.0. Lehr- und Unterweisungsgrundsätze

Lehren sollte methodisch zielgerichtet erfolgen. Dies ist vor allem für das Vermitteln von praktischen Arbeitsvorgängen, von Fertigkeiten wichtig. Das Lehren von Fertigkeiten nennt man auch Unterweisung. Um methodisches Lehren abzusichern, sollte man als Ausbilder einige Grundsätze des Lehrens und Unterweisens beachten. Sie sind als Markierungspunkte anzusehen, an denen der zweckmäßige methodische Weg zu erkennen ist. Folgende Unterweisungsgrundsätze sind wichtig:

Grundsätze der

- Zielklarheit
- Aktivitätsförderung
- Entsprechung
- Lebensnähe, Praxisnähe
- Anschaulichkeit
- Selbständigkeit
- Erfolgssicherung

Lehren ist zielgerichtetes Tun. Sowohl der Ausbilder als auch der Lernende sollten ein eindeutiges Ziel vor Augen haben.

Nur wenn der Lernende beim Anstreben eines Lernzieles selbst aktiv wird, besteht Aussicht auf Erfolg. Der Auszubildende muß mitmachen, aktives Lernen entwickeln. Der Ausbilder hat deshalb dafür zu sorgen, daß sich der Lernende aktiv mit dem Lerngegenstand auseinandersetzt. Das kann er durch gezielten Einsatz mehrerer Motivationselemente vor und beim Lernen erreichen.

Nach diesem Grundsatz sollen Lernziel, Lerngegenstand und Lehrmethoden dem Aufnahmevermögen und der Interessenlage des Lernenden entsprechen. Durch eine angemessene Abstimmung auf diese Faktoren kann man Überforderung und Unterforderung vermeiden. Überforderungen würden zu Mißerfolgen führen, beim Lernenden Motivation abbauen und ihn möglicherweise veranlassen, zu resignieren. Bei ständigen Unterforderungen wird das Lernen langweilig, eintönig und läßt dadurch Lernbereitschaft schwinden.

Lehren und Lernen in praktischen Ausbildungsberufen soll auch tatsächlich der beruflichen Wirklichkeit entsprechen. Das ist wichtig für die Auswahl geeigneter Lernorte und das Üben in der Praxis.

Die fachlichen Fertigkeiten sollen auch durch Vormachen praktisch vermittelt, nicht nur beschrieben werden.

Bereits in der Ausbildung ist es möglich, den Lehrling seinem Leistungsvermögen angepaßte selbständige Arbeit verrichten zu lassen. Das bringt Erfolgserlebnisse und schafft Motivation.

Der Grundsatz der Erfolgssicherung besagt, der Ausbilder darf nicht damit zufrieden sein, wenn der Lernende nach einer Unterweisung das Neue reproduzieren kann. Für eine gute Berufsausbildung ist entscheidend, daß das Gelernte verfügbar ist und auf unterschiedliche praktische Situationen angewendet werden kann. Das läßt sich erreichen durch gezielten Einsatz von vermittelten Fertigkeiten in der beruflichen Praxis und durch Erfolgskontrolle.

2.6.1. Grundlegende Lehrverfahren

Wie bereits festgestellt, dient das Lehren dem Lernen. Aus methodischen Überlegungen sind in der betrieblichen Ausbildungspraxis drei bedeutende Lehrverfahren zu nennen, die im folgenden ohne Rangordnung aufgezeigt werden sollen. Wichtig ist dabei der Hinweis, daß diese Lehrverfahren nicht isoliert nebeneinander stehen, sie greifen ineinander und lassen sich in der Praxis auch störungsfrei miteinander verbinden.

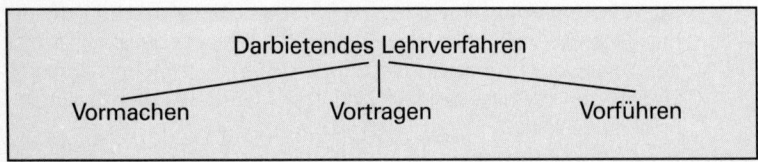

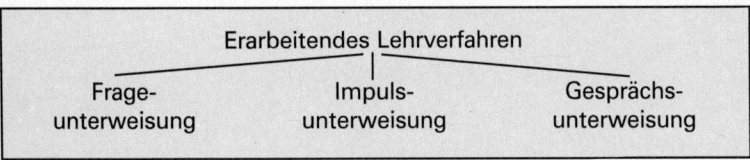

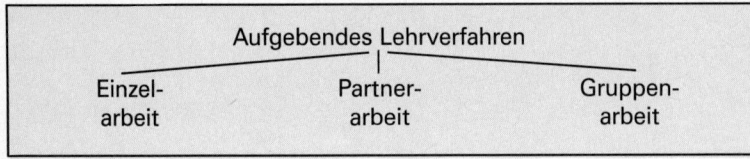

– Darbietende Lehrverfahren

Beim darbietenden Lehrverfahren ist der Ausbilder hauptsächlich aktiv. Er vermittelt die Ausbildungsinhalte (Fertigkeiten, Kenntnisse) durch Vormachen, Vortragen und Vorführen. Der Lernende nimmt dabei eine empfangende Lernhaltung ein. Wie weit das Dargebotene aufgenommen und verarbeitet wird, läßt sich nach außen hin nicht erkennen.

– Erarbeitendes Lehrverfahren

Beim erarbeitenden Lehrverfahren wird der Lehrstoff mit dem Lernenden gemeinsam Schritt für Schritt erarbeitet. Hier wird die Aktivität des Lernenden nach außen erkennbar. Wie man den Lernenden zum aktiven Mitwirken steuern kann, ist nach Lerntyp und Lernsituation unterschiedlich. Erarbeitendes Lehren empfiehlt sich besonders für schöpferische Lerntypen. Das Lernen wird hierbei durch Frage- und Impulstechnik gesteuert. Durch eine Kette von gezielten Fragen bzw. Impulsen führt der Ausbilder den Lernenden auf eine genau vorgezeichnete Spur zum Lernziel. Zum erarbeitenden Lehrverfahren zählt auch das Lehrgespräch. Dabei wird der Lernende zu noch stärkerem Mitwirken angeregt. Ihm wird ermöglicht, selbständig Fragen zu stellen, eigene Lösungsvorschläge zu einem Problem zu entwickeln und darüber zu diskutieren.

- **Aufgebendes Lehrverfahren (Lernformen)**

  Beim aufgebenden Lehrverfahren wird die Aktivität des Lernenden noch weit mehr gefordert. Der Lerngegenstand wird dem Lernenden zur selbständigen Bearbeitung aufgegeben. Der Ausbilder setzt ein Lernziel, in dem er eine konkrete Aufgabe stellt und das erwünschte Lernergebnis beschreibt. In schwierigen Fällen kann er noch Hinweise auf den Lösungsweg geben.

In der betrieblichen Ausbildungspraxis lassen sich alle drei Lehrverfahren miteinander sinnvoll kombinieren. Dazu ein praktisches Beispiel: Der Ausbilder läßt seinen Lehrling durch einen Lernauftrag aus einem Fachbuch die Kenntnisse über Aufbau und Funktion einer Zündkerze erarbeiten. In einem darauf aufbauenden Unterweisungsvorgang demonstriert er nach der Vier-Stufen-Methode das Ausbauen gebrauchter Zündkerzen, das Überprüfen und Wiedereinsetzen bzw. den Einbau von neuen Zündkerzen. Anschließend wird in einem Lehrgespräch vertieft, welch wichtige Aufgabe die Zündkerze für ein Kraftfahrzeug hat und wie man Zündkerzen fachgerecht überprüfen und dadurch dem Kunden evtl. Kosten sparen kann.

2.6.2. Die wesentlichen Formen betrieblichen Lehrens und Lernens

Für die praktische Ausbildung im Lehrbetrieb sind didaktisch und methodisch geplante Lehrformen erforderlich, die das Lernen im Betrieb zeilgerichtet unterstützen und fördern. Wichtige Organisationsformen betrieblichen Lehrens und Lernens sind:

- Die Arbeitsunterweisung
- Das Lehrgespräch
- Der Lernauftrag
- Die Gruppenarbeit

Bei Arbeitsunterweisung und Lehrgespräch liegt der Schwerpunkt in der darbietenden und erarbeitenden Lehrtätigkeit des Ausbilders. Bei Lernauftrag und Gruppenarbeit liegt der Schwerpunkt in der relativ selbständigen Aneignung von Wissen und Fertigkeiten durch den Lernenden.

Die Arbeitsunterweisung

Die Arbeitsunterweisung ist die für die betriebliche Ausbildung typische Grundform des Lehrens. Ihr Ziel ist es, die Auszubildenden zur fachgerechten Ausführung der betrieblichen Tätigkeiten zu befähigen. Sie ist praxis- und anwendungsorientiert, es werden Fertigkeiten vermittelt. Durch sie werden die einzelnen Fertigkeiten durch Vormachen und Erklären demonstriert. Der Auszubildende vollzieht den Lösungsweg unmittelbar nach und festigt ihn durch Wiederholungen.

Der bestgeeignete Weg für eine Arbeitsunterweisung ist die Vier-Stufen-Methode, weil diese angelehnt an den Phasenverlauf des Lernprozesses die besondere Situation des Lernenden berücksichtigt.

Wesentliches Hilfsmittel für das Durchführen der Vier-Stufen-Methode ist eine Arbeitszergliederung. Die Vier-Stufen-Methode wird später noch systematisch aufgezeichnet.

Das Lehrgespräch

Das Lehrgespräch soll vorrangig Wissen vermitteln, es ist wissens- und erkenntnisorientiert. Lehrgespräche sollte der Ausbilder sorgfältig vorbereiten und planen. Sie sind besonders geeignet für Ausbildungsberufe, bei denen eine Menge an theoretischem Wissen gefordert wird. Für die Durchführung eines Lehrgesprächs sollen Raum, Zeit und Ausbildungsstoff geeignet sein. Den Ausbildungsstand des bzw. der Teilnehmer sollte man berücksichtigen.

Gespräch bedeutet, alle Teilnehmer sollten zum Reden kommen. Deshalb sollte der Ausbilder den Stoff nicht starr vortragen, sondern vielmehr durch gelenktes Gespräch erarbeiten lassen. Dabei kann der Lernende das Sprechen trainieren und logisches Denken entwickeln.

Der Lernauftrag

Beim Lernauftrag wird der jeweilige Ausbildungsinhalt vom Auszubildenden selbständig angeeignet. Der Ausbilder legt das Lernziel fest und zeigt erforderlichenfalls der Weg der Bearbeitung auf (z. B. beim nachbildenden Lerntyp). Ziel eines Lernauftrages ist überwiegend Aneignung von Wissen und Vertiefung des Könnens. Lernaufträge sollten klar formuliert werden, der Lernende muß sich beim Ausbilder im Zweifelsfall Rat holen können. Das sollte der Ausbilder dem Lernenden anbieten. Als Sonderformen von Lernaufträgen unterscheidet man Anwendungsaufträge und Erkundungsaufträge.

Anwendungsaufträge werden erteilt, um Kenntnisse und Fertigkeiten auf konkrete Situationen anwenden zu lassen.

Erkundungsaufträge werden vergeben, um praktische Vorgänge beobachten oder den Einsatz der vermittelten Fertigkeiten und Kenntnisse in der Praxis überprüfen zu lassen.

Lernaufträge sind durch Erfolgskontrollen abzusichern. Es ist ratsam, das Lernergebnis mit dem Auszubildenden durchzusprechen.

Die Gruppenarbeit

Gruppenarbeit läßt sich in Handwerksbetrieben bei der betrieblichen Ausbildung nur begrenzt einsetzen. Dennoch ist Gruppenarbeit eine gemeinschaftsfördernde und durchwegs erfolgreiche Lehr- und Lernmethode.

Bei einer systematischen Gruppenarbeit wird von einer größeren Teilnehmerzahl ausgegangen, die im Rahmen der Gruppenarbeit in Kleingruppen aufgeteilt wird. Ideale Größe einer Kleingruppe sind 5 Personen. Der praktischen Situation angepaßt kann aber die Zahl auch variieren.

Man unterscheidet grundsätzlich zwei Arten:

  – Die themengleiche Gruppenarbeit

  – Die arbeitsteilige Gruppenarbeit

Gruppenarbeit erfolgt in drei Phasen:

Einführung	Kleingruppen-arbeit	Diskussion und Auswertung
– Lernziel und Aufgabe festlegen.	– Die Kleingruppen wählen jeweils ihre Sprecher.	– Die Kleingruppen finden zur Großgruppe zurück.
– Über gruppenmethodisches Vorgehen informieren.	– Sie legen ihr eigenes Vorgehen fest.	– Die Gruppensprecher tragen die einzelnen Ergebnisse vor.
– Aufteilen in Kleingruppen.	– Sie bearbeiten ihre Aufgabe.	– Ergebnisse werden diskutiert.
– Teilaufgabe an Kleingruppen.	– Sie formulieren ihr Arbeitsergebnis.	– Ergebnisse werden ausgewertet.
		– Zusammenfassung bzw. ein Schlußbericht wird erstellt.

Spielregeln der Gruppenarbeit

– Gruppenarbeit muß gründlich vorbereitet werden.

– Die Aufgabe soll zielgerichtet und klar gestellt werden.

– Der Leistungsstand der Teilnehmer ist zu berücksichtigen.

– Der Gruppensprecher soll das Gespräch steuern, um Abschweifungen zu vermeiden.

– Der Ausbilder soll nicht eingreifen, aber für evtl. Fragen zur Verfügung stehen.

Vorzüge der Gruppenarbeit

- Bei richtiger Vorbereitung hohe Motivation der Teilnehmer.
- Die Aktivität des einzelnen kann sich stärker entfalten.
- Der einzelne wird durch die Gruppe zur Mitarbeit herausgefordert. Dadurch kann sich ein gewisser Leistungswettbewerb im positiven Sinn entfalten.
- Es erfolgt ein breiter Austausch von Erfahrung und Kenntnissen (nach dem Motto: „Mehr Leute wissen mehr"!)
- Durch Gruppenarbeit kann die Fähigkeit und Bereitschaft zur Kooperation, zur gegenseitigen Hilfe und zur Teamarbeit besonders gefördert werden.
- In der Gruppenarbeit kann man das Diskutieren lernen (die Meinung anderer respektieren und seine eigene verteidigen durch sachliche Argumente).

Gruppenarbeit läßt sich auch im kleineren Handwerksbetrieb als geeignetes Lehrverfahren sinngemäß einsetzen. Der methodische Weg ist der gleiche, lediglich das Aufteilen in Kleingruppen entfällt.

2.6.3. Die Vier-Stufen-Methode der Unterweisung (TWI)

Die Vier-Stufen-Methode (TWI – Training within Industry) wurde während des Zweiten Weltkrieges in den USA entwickelt. Für die amerikanische Rüstungsindustrie mußten damals bislang nicht arbeitende Menschen kurzfristig für eine ganz bestimmte Tätigkeit am Fließband eingearbeitet werden. Man war mit dieser Methode, weil angelehnt an den Phasenverlauf des Lernprozesses, sehr erfolgreich. Deshalb wurde sie nach dem Krieg auch von der deutschen Wirtschaft übernommen und systematisch verfeinert.

Für das Vermitteln von Fertigkeiten ist die Vier-Stufen-Methode ein besonders geeigneter Weg. Durch sie wird der Lernende systematisch auf einen bestmöglichen Lösungsweg geführt und der Lernerfolg abgesichert.

Selbstverständlich bedarf auch diese Unterweisungsform einer gründlichen Vorbereitung des Ausbilders. Das Wesentliche der einzelnen Stufen in gestraffter Form:

Erste Stufe: Das Vorbereiten

- Das Lernziel festlegen, die Aufgabe beschreiben.

- Einen geeigneten Arbeitsplatz auswählen und diesen herrichten.

- Alle für den Vorgang erforderlichen Werkzeuge und Materialien bereitlegen (um nachher den Vorgang nicht wegen fehlender Werkzeuge unterbrechen zu müssen).

- Interesse wecken, Hemmungen abbauen, Befangenheit nehmen.

- Auf Unfallgefahren bei diesem Vorgang hinweisen.

- Auf Bekanntes aufbauen (Vorkenntnisse feststellen, an Erfahrungen erinnern).

- Als motivierendes Element evtl. ein Modell zeigen.

- Darauf achten, daß der Lernende den Vorgang geeignet beobachten kann (möglichst nicht spiegelbildlich).

Zweite Stufe: Das Vormachen

- Den Arbeitsvorgang in Teilschritte zerlegen, Kernpunkte herausheben, jeden Schritt begründen (was, wie, warum).

- Verständlich erklären, die Worte der Aufnahmefähigkeit anpassen.

- Evtl. durch eine Skizze den Vorgang erläutern.

- Kurze Sätze, einfache Sätze, genaue Formulierungen.

- Die einzelnen Teilschritte durch genaue Vorgangsbeschreibung verdeutlichen.

- Auf Unfallgefahren direkt an der Gefahrenstelle hinweisen.

- Das Tempo des Vormachens der Aufnahmefähigkeit des Lernenden anpassen.

- Schwierige Arbeitsschritte durch wiederholtes Vormachen vertiefen.

- Dem Lernenden die Möglichkeit anbieten, Fragen stellen zu können.

Dritte Stufe: Das Nachmachen lassen

- Die Situation: Der Auszubildende probiert und versucht, den Vorgang alleine auszuführen. Der Ausbilder bleibt dabei.

- Den Lernenden aufmuntern, es zu probieren.

- Ihm Hilfe anbieten, falls erforderlich rechtzeitig helfend eingreifen.

- Ihm Zeit zum Probieren einräumen.

- Korrigierend dann eingreifen, wenn das Erreichen des Lernziels gefährdet ist.

- Genauigkeit geht vor Schnelligkeit.

- Evtl. dem Lernenden raten, die einzelnen Teilvorgänge jeweils zu beschreiben (er soll sagen, was er gerade wie und warum tut).

- Wenn schwierige Teilvorgänge nicht erfaßt wurden, diese nochmals demonstrieren.

- Wichtige Lernschritte besonders deutlich herausheben.

Vierte Stufe: Das Üben und Festigen

- Die Zielsetzung des Übens klar aufzeigen.

- Erforderliche Gelegenheit zum Üben bieten.

- Grundfertigkeiten in Intervallen üben lassen (das vermeidet Monotonie, das Geübte muß sich festsetzen können).

- Nicht starr im Block üben lassen, weil das ermüden und Motivation abbauen würde.

- Das Üben kontrollieren und Übungserfolge anerkennen.

- Darauf achten, daß sich beim Üben keine Fehler einschleichen.

- Nach Genauigkeit auch auf zügiges Ausführen (Arbeitstempo) Wert legen.

- Übungsbedingungen variieren.

- Die erlernte Fertigkeit möglichst bald und wiederholt in der Praxis anwenden lassen.

2.6.4. Das Einprägen und Üben

Damit erworbene Fertigkeiten und Kenntnisse auch in der Zukunft verfügbar bleiben, müssen sie eingeprägt und behalten werden. Dieses Ziel kann der Ausbilder dann am besten verfolgen, wenn er das Erworbene möglichst bald und oft in der betrieblichen Arbeitspraxis anwenden läßt. Wenn ein erlernter Vorgang nicht durch ständiges Training abgesichert wird, gerät er zunehmend wieder in Vergessenheit. Diesen Zusammenhang zeigt der Verlauf einer Behaltenskurve (auch Vergessenskurve) nach Ebbinghaus.

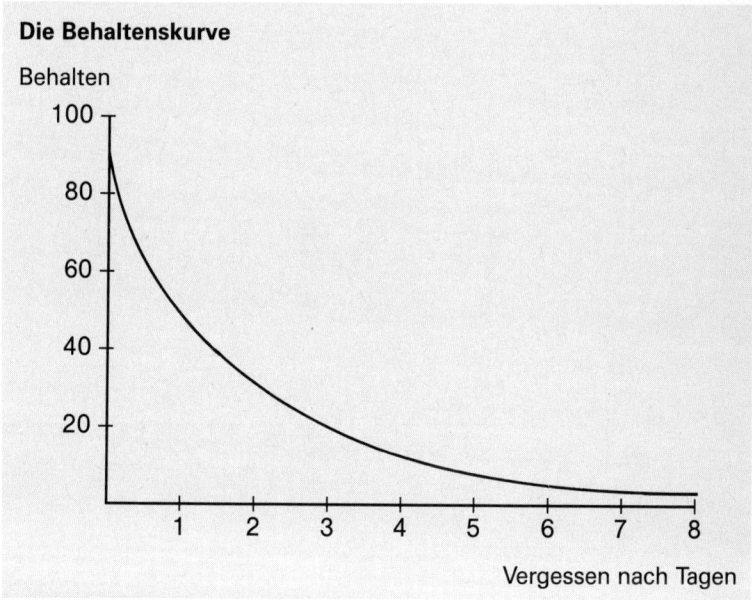

Die Behaltenskurve

Nach wissenschaftlichen Untersuchungen wurde festgestellt, daß Gelerntes ohne üben mit zunehmendem Abstand immer weniger behalten wird.

Je weiter der Zeitpunkt der Einprägung zurückliegt, um so mehr verschwindet das Gelernte aus dem Gedächtnis. Die Kurve nähert sich zwar zunehmend der Waagerechten, ohne sie aber ganz zu erreichen. Das bedeutet, etwas bleibt noch im Gedächtnis haften. Wiederholtes Einprägen wird in kürzeren Zeitabständen zum Erfolg führen. Der Verlauf der Kurve ist je nach Lerntyp und Lernbereitschaft verschieden. Eine entscheidende Rolle für das Einprägen und Behalten spielt die Motivation des Lernenden.

Die Übungskurve

Das Einprägen von Fertigkeiten und Kenntnissen erfolgt durch eine je nach Lernziel unterschiedliche Anzahl von Wiederholungen. Durch Üben erzielte Leistungsverbesserungen lassen sich ebenfalls in einer Kurve verdeutlichen. Dabei wird auf der Senkrechten die Leistungsverbesserung festgehalten und auf der Waagerechten die Anzahl der Übungen.

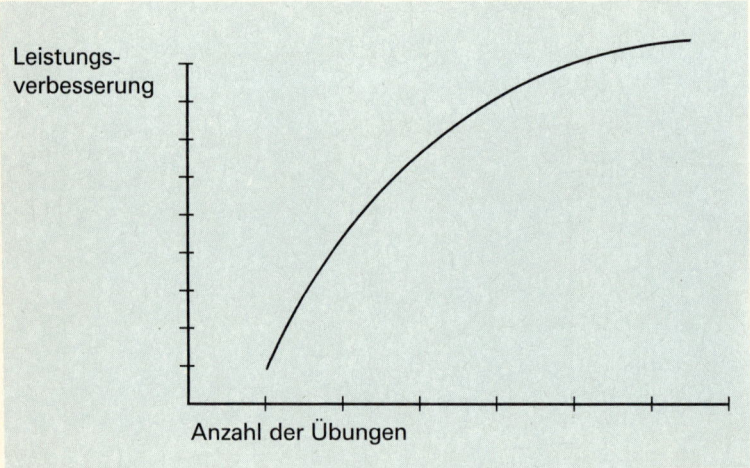

Leistungs-
verbesserung

Anzahl der Übungen

Die Übungskurve steigt zunächst relativ schnell an, sie verlangsamt sich dann und geht schließlich nahezu in eine waagerechte Linie über. Die Aufzeichnung der Übungskurve stellt einen stark idealisierten Verlauf dar. In der Praxis wird der Anstieg einer Übungskurve gelegentlich durch sog. Lernplateaus unterbrochen. Sie besagen, die Qualität einer Arbeitsausführung bleibt trotz weiteren Übens eine gewisse Zeit konstant und verbessert sich erst danach wieder. Übungsplateaus können verursacht sein durch Veränderung der Übungsbedingungen, durch Schwierigkeiten, komplizierte Vorgänge im Zusammenhang zu erfassen und durch Sättigungserscheinungen (man ist müde und abgespannt).

2.6.5. Die Arbeitszergliederung

Für das Vorbereiten, Planen und Durchführen der praktischen Unterweisung im Betrieb hat sich die Arbeitszergliederung als wertvolles Instrument erwiesen. Durch sie wird ein praktischer Arbeitsvorgang in einzelne Teilschritte zerlegt.

Eine Arbeitszergliederung bringt dem Ausbilder für seine Unterweisungstätigkeit mehrere Vorteile:

- Er erhält eine Orientierungshilfe für ein schrittweises Vorgehen.

- Er sichert dadurch ab, daß er keinen Teilschritt übersieht.

- Wenn er die einzelnen Teilschritte präzise beschreibt, erkennt er auch ihre Schwierigkeiten besser.

- Durch eine Arbeitszergliederung wird es ihm erleichtert, sich in die Lage des Lernenden zu versetzen.

- Er wird dann auch eher bereit sein, sich dessen Aufnahmefähigkeit anzupassen und ihn somit nicht zu überfordern.

Eine Arbeitszergliederung bietet auch dem Lernenden mehrere Vorteile:

- Er erhält ebenfalls eine Orientierungshilfe.

- Durch schrittweises Vorgehen wird ihm das Aufnehmen des Vorgangs erleichtert.

- Er kann sich die einzelnen Teilschritte besser einprägen und behalten.

- Sie hilft ihm bei der Stoffvertiefung.

Der Aufbau einer Arbeitszergliederung

Der Aufbau sollte nach der Fragestellung erfolgen:

- Was mache ich?

- Wie mache ich es?

- Warum mache ich es?

Was mache ich, bedeutet:

Ein bestimmter praktischer Arbeitsvorgang wird in einzelne lernbare und verständliche **Teilschritte** zerlegt.

Wie mache ich es, bedeutet:

Bei jedem Teilschritt wird das Wesentliche durch genaue Vorgangsbeschreibung hervorgehoben, es wird ein **Kernpunkt** gebildet.

Warum mache ich es, bedeutet:

Jedem Teilschritt und Kernpunkt wird eine passende und einprägsame **Begründung** gegeben.

Für das Erstellen einer Arbeitszergliederung bietet sich in der Praxis folgende schematische Aufstellung an:

Arbeitsvorgang:		
Material und Werkzeuge:		
Teilschritt Was?	Kernpunkt Wie?	Begründung Warum?

Praktisches Beispiel für eine Arbeitszergliederung (siehe Tabelle):

Lernziel:

Der Auszubildende soll an einem U-Werkstück richtige Feilbewegungen ausführen und die beiden obenliegenden Flächen bis zu einer Anreißlinie ebenfeilen (schruppen) können.

Material:

Ein U-Werkstück, eine Flachstumpffeile B 315 x 1, eine Flachstumpffeile B 200 x 3, ein Handfeger und Stahllineal.

Arbeitsplatz:

Ein Werktisch mit einem daran befestigten Schraubstock ist vorbereitet, der Schraubstock auf eine für den Auszubildenden geeignete Arbeitshöhe eingestellt.

Arbeitszergliederung (Erläuterung siehe Seite 112):

Teilschritt Was?	Kernpunkt Wie?	Begründung Warum?
Einspannen des Werkstückes in den Schraubstock.	Waagerecht so, daß die zu bearbeitenden Flächen etwa 2 cm über die Schraubstockbacken herausragen.	Waagerechtes Einspannen erleichtert das Bearbeiten und führt zur Maßgenauigkeit. Die zu bearbeitenden Flächen dürfen nicht zu weit überstehen, weil sie sonst beim Feilen vibrieren würden.
Die Feile auf festen Sitz prüfen.	Die Feile am Feilenblatt anfassen und senkrecht das Griffende auf den Werktisch schlagen.	Absichern, daß der Feilengriff gut befestigt ist, um eine Unfallgefahr zu beseitigen.
Die Feile in die Hand nehmen.	Die rechte Hand erfaßt den Feilengriff so, daß das Griffende gegen den Handballen stößt. Die linke Hand drückt mit dem Ballen auf das Feilenblatt.	Das gewährleistet eine sichere Führung der Feile.
Die Fußstellung beim Feilen.	Man steht halbschräg zum Schraubstock. Linker Fuß ist mit einem Winkel von ca. 30 Grad auf den Schraubstock gerichtet. Rechter Fuß steht ca. eine Feilenlänge rückwärts in einem Winkel von etwa 75 Grad zur Feil- und Blickrichtung.	Man erreicht einen festen Stand und vermeidet schnelles Ermüden.
Die Körperhaltung.	Den linken Fuß leicht anwinkeln und den Oberkörper zum Schraubstock hin etwas nach vorne beugen.	Voraussetzung für harmonische und zügige Körperbewegung, vermeidet schnelles Ermüden.
Das Führen der Feile.	Die rechte Hand schiebt und drückt. Die linke Hand drückt nur. Der Vorhub erfolgt mit Druck, der Rückhub ohne Druck.	Der Vorhub mit Druck ermöglicht das Spanabheben. Der Rückhub ohne Druck schont die Oberfläche des Feilenblattes.
Feilenlänge ausnutzen.	Das Feilenblatt beim Vorhub vom Beginn bis zum Ende mit Druck schieben.	Durch volles Ausnutzen des Feilenblattes wird die Spanabnahme erleichtert und vermehrt.
Feile an den Rändern nicht kippen lassen.	Durch gleichmäßigen Druck auf das Feilenblatt während der ganzen Hubbewegung.	Dadurch wird eine ungleichmäßige Spanabnahme verhindert.
Werkstück mehrmals umspannen.	Die beiden Arbeitsflächen vertauschen und auf gleicher Bearbeitungshöhe wieder fest einspannen.	Unterschiedliche Höhen der beiden Flächen ausgleichen.
Prüfen der Arbeitsausführung.	Die Ebenheit der Flächen zunächst nach Augenmaß durch Vergleich mit der Außenlinie überprüfen.	Um eine gleichmäßige Spanabnahme zu sichern.
Entgraten des Werkstückes.	In Längsrichtung der gefeilten Kante mit Feile B 200 x 3.	Um Verletzungsgefahr an den bearbeiteten Flächen zu vermeiden.

2.6.6. Ausbildungsmittel

Ausbildungsmittel sind alle Dinge, die geeignet sind, das Lehren und Lernen in der Ausbildung zu erleichtern und zu fördern.

Sie ergänzen das Lehren und tragen wesentlich zu einer Rationalisierung und Intensivierung der Ausbildung bei. Wichtige Funktionen von Ausbildungsmitteln sind:

- Klare Vorstellungen vermitteln.
- Das Wesentliche an einem Gegenstand oder Vorgang zu verdeutlichen.
- Unsichtbares sichtbar zu machen.
- Abstrakte Zusammenhänge darzustellen.
- Als Lernhilfen das Interesse des Lernenden zu wecken.
- Das Lernen abwechslungsreicher zu gestalten.

Ausbildungsmittel sollte man sinnvoll einsetzen. In der praktischen Ausbildung darf man damit auch nicht übertreiben. Es ist stets genau zu prüfen, ob und welches Ausbildungsmittel für einen konkreten Arbeitsvorgang bzw. Lehrstoff geeignet ist. Man darf durch einen überhäuften Einsatz dieser Mittel vor allem nicht vom konkreten Lernvorgang ablenken.

Es wird unterschieden in akustische und visuelle Ausbildungsmittel.

Akustisch werden solche genannt, die das Lernen durch Hören unterstützen.

Visuell solche, die das Lernen durch Sehen unterstützen. Auch die Verbindung beider Arten ist möglich, man nennt sie dann audiovisuell.

Die folgende Übersicht soll nach Gruppen geordnet verschiedene Arten von Ausbildungsmitteln aufzeigen:
- Maschinen, Geräte, Werkzeuge, Materialien.
- Skizzen, Zeichnungen, Tabellen, Netzpläne, Schaltpläne.
- Modelle, Fotos, Dias, Bildtafeln.
- Arbeitszergliederung, Arbeitsmittel, Merkblätter, Arbeitsanweisung.
- zur Demonstration: Bruchstücke, fehlerhafte Materialien und Erzeugnisse, veraltete Maschinen und Geräte.
- Tonband, Lehrfilme, Videorecorder.

2.6.7. Ausbildungserfolgskontrolle

Eine gezielte und gründliche Erfolgskontrolle ist wesentlicher Bestandteil der betrieblichen Ausbildung. Ausbildungserfolgskontrolle hat die Aufgabe, festzustellen, ob und wie weit vorgegebene Ausbildungs- und Lernziele auch tatsächlich erreicht worden sind. Sie sollte sich auf Fertigkeiten, Kenntnisse und Verhaltensweisen erstrecken.

Sie kann beiläufig, gelegentlich und gezielt erfolgen. Zielgerichtet sollten Ausbildungserfolgskontrollen nach jedem Ausbildungsabschnitt in Form eines Soll-Ist-Vergleiches durchgeführt werden.

Ausbildungserfolgskontrollen haben wichtige Funktionen:

– Sie zeigen dem Lernenden, ob er auf dem richtigen Weg ist.

– Sie bieten dem Ausbilder die Möglichkeit, zu prüfen, ob seine Lehr- und Unterweisungsmethoden erfolgreich sind.

– Sie können dem Lernenden Erfolgserlebnisse vermitteln und wirken dadurch motivierend.

– Sie dienen der Eignungsfeststellung.

Ausbildungserfolgskontrollen sollten in erster Linie als pädagogische Hilfe für den Lernenden betrachtet werden. Das bedeutet, sie dienen der Beurteilung von Leistung und Verhalten des Auszubildenden und dürfen keinesfalls überfallartig durchgeführt werden. Es ist sinnvoll, Kontrollergebnisse mit dem Auszubildenden in partnerschaftlicher Atmosphäre zu besprechen. Erfolgskontrollen sollten dem jeweiligen Zweck angepaßt sein und möglichst objektiv gestaltet werden. Der methodisch sicherlich am besten geeignete Weg einer Ausbildungserfolgskontrolle ist der Soll-Ist-Vergleich. Er weist den Ausbilder darauf hin, daß er zunächst klare Ziele vorgeben muß (das Soll), um nachher am Ergebnis (das Ist) exakt messen zu können, ob ein angestrebtes Ziel erreicht wurde. Der Soll-Ist-Vergleich bietet dem Ausbilder Anhaltspunkte für sein künftiges Handeln. Dabei sind drei wesentliche Entscheidungswege zu erkennen:

- Ist = Soll:

  Der Ausbilder befindet sich auf dem richtigen Weg.

- Ist = größer als Soll:

  Der Ausbilder sollte das Lernen forcieren, um Unterforderung beim Lehrling zu vermeiden.

- Ist = kleiner als Soll:

  Der Ausbilder sollte nach dem Grund forschen und feststellen, welche Möglichkeiten sich bieten, um Lernschwierigkeiten zu beheben. Darüber evtl. auch mit dem Auszubildenden sprechen.

2.6.8. Beurteilen und Bewerten

Beurteilen und Bewerten in der betrieblichen Ausbildung dient dem genauen Messen von Leistungen und Verhalten. Es bietet die Grundlage für Anerkennungs- und Kritikgespräche, die sich aus der Ausbildungserfolgskontrolle als erforderlich erweisen.

Jedes Beurteilen und Bewerten sollte möglichst gerecht und objektiv ausgerichtet sein. Dafür ist es erforderlich, Maßstäbe zu finden, die frei von Bevorzugungen oder Benachteiligungen von Einzelpersonen oder Personengruppen sind.

Beurteilt werden bei der betrieblichen Ausbildung Leistungen im Bereich der Fertigkeiten und Kenntnisse sowie das Verhalten. Für die Beurteilung benötigt man Symbole.

Man unterscheidet:

– Noten in Ziffern

– Noten in Worten

– Punktsysteme

Für eine gründliche Verhaltensbeurteilung bietet sich ein Beurteilungsbogen an.

Die traditionelle Bewertungsform ist das Sechs-Noten-System:

sehr gut (1): Eine den Anforderungen im besonderen Maße entsprechende Leistung.

gut (2): Eine den Anforderungen entsprechende Leistung.

befriedigend (3): Eine den Anforderungen im allgemeinen entsprechende Leistung.

ausreichend (4): Eine Leistung, die zwar Mängel aufweist, die im ganzen den Anforderungen noch entspricht.

mangelhaft (5): Eine Leistung, die den Anforderungen nicht entspricht, jedoch erkennen läßt, daß die notwendigen Grundkenntnisse vorhanden sind.

ungenügend (6): Eine Leistung, die den Anforderungen nicht entspricht und bei der selbst die Grundkenntnisse lückenhaft sind.

Punktsysteme werden angewendet, wenn man mehrere Einzelleistungen messen und sie anschließend auf eine Gesamtnote hinführen will, oder wenn man Einzelleistungen unterschiedlich gewichten will. Sie dienen dem Beurteilenden auch bei der Notenfindung im Grenzbereich von einer Note zur anderen. Das heißt, sie beantworten beispielsweise die Frage, ob eine Leistung noch gut oder schon befriedigend ist.

Für das Beurteilen und Bewerten von Verhaltensweisen bieten Beurteilungsbogen eine wertvolle Hilfe. Sie werden so ausgearbeitet, daß der Beurteilende durch einen bestimmten Begriff zu einem konkreten Verhalten dorthin geführt wird, wo er den zu Beurteilenden einordnen muß. Dazu ein Beispiel aus einem Beurteilungsbogen (nach dem System: zwei positive und zwei negative jeweils abgestufte Aussagen):

Auffassungsgabe:

auffallend rasch – normal – eher langsam – schwerfällig.

Verhalten zu Kollegen:

kameradschaftlich, hilfsbereit – korrekt – kritisierend – rechthaberisch.

Verhalten zu Vorgesetzten:

offen, korrekt, selbstsicher – ruhig und sachlich – nicht immer korrekt – empfindlich, schwer zu führen.

Verhalten zu unterstellten Mitarbeitern:

sicher auftretend, verständnisvoll, konsequent – geachtet, aber nicht beliebt – unsicher, zeigt wenig Verständnis – führungsschwach und überheblich.

Typische Beurteilungsfehler

Grundsätzlich kann man sagen, jede Beurteilung, die sich nicht bemüht, objektiv und gerecht zu sein, ist eine falsche Beurteilung und stellt einen Beurteilungsfehler dar. In der Praxis haben sich aber typische Beurteilungsfehler eingeschlichen, die von Ausbildern gemacht werden, ohne daß man sich der Fehler bewußt ist. Solche sind:

– Der Milde-Fehler

Der Ausbilder beurteilt alle Auszubildenden zu gut, um ihnen nicht weh zu tun. Eine solche Beurteilung hilft weder den Lehrlingen noch dem Ausbilder und schon gar nicht dem Betrieb. Die Guten und Tüchtigen werden dadurch benachteiligt.

– Der Fehler der Tendenz zur Mitte (Zentraltendenz)

Der Ausbilder überprüft die Leistungen einzelner Lehrlinge ungenau und beurteilt alle mehr oder weniger gleich. Das bedeutet, die Note „befriedigend" überwiegt. Dadurch werden die schwachen Lehrlinge bevorzugt, die guten benachteiligt. Es entsteht außerdem die Gefahr, Motivation abzubauen.

– Der Überstrahlungsfehler

Der Ausbilder beurteilt seine Lehrlinge nach einem besonderen Ereignis und orientiert sich immer wieder daran. Der Lehrling kann beispielsweise einmal durch eine deutlich schlechte Leistung aufgefallen sein, oder er hat einmal eine besonders gute Leistung erbracht. Ein solches Ereignis läßt der Ausbilder nachwirken, ohne gründlich zu prüfen, wie Leistung und Verhalten des Lehrlings jeweils sind. Dies kann zu schweren Nachteilen in der Jugenderziehung führen.

– Der Kontrastfehler

Der Ausbilder legt bei der Beurteilung der Leistungen seiner Lehrlinge als Maßstab sein eigenes Können zugrunde. Aus dieser strengen Sicht heraus werden die Leistungen der Lehrlinge negativer bewertet als sie es in Wirklichkeit sind. Er sieht eben den notwendigen Kontrast zwischen beiden Leistungen nicht.

– Der Logikfehler

Beim Logikfehler tritt an die Stelle gründlicher Beobachtungen der logische Schluß. Man schließt aufgrund bestimmter Leistungen auch auf ähnliche Leistungen in anderen Situationen.

3. Der Jugendliche in der Ausbildung

3.0. Zielsetzung

Die Teilnehmer an Meistervorbereitungslehrgängen sollen im folgenden Stoffgebiet erfahren und lernen, wie man mit dem Jugendlichen bei der betrieblichen Ausbildung erfolgversprechend umgeht, ihn durch Maßnahmen für das Lernen begeistert und durch eine geschickte Menschenführung ein günstiges Lernklima schaffen kann. Sie sollen den geeigneten Weg erkennen, durch den man Zufriedenheit und Wohlbefinden am Ausbildungsplatz schaffen kann. Sie sollen sich ferner die psychologischen und führungstechnischen Grundlagen erarbeiten, die sie in die Lage versetzen können, die Persönlichkeitsentfaltung des Jugendlichen im betrieblichen Bereich in jeder Weise zu fördern. Gleichzeitig soll der Jugendliche befähigt werden, sich bestmöglich in das gesellschaftliche Leben einzufügen und als verantwortungsbereite Person selbst mitzugestalten.

3.0.1. Notwendigkeit und Bedeutung einer jugendgemäßen Berufsausbildung

Der Ausbilder soll

- sich auf die besondere Situation des Jugendlichen einstellen

- auf die Jugend eingehen und mit der Jugend mitgehen

- der individuellen Situation des Lernenden angepaßte Lernhilfen geben

- als funktionales Leitbild um ein vorbildliches Verhalten bemüht sein

- keine Pauschalurteile über Jugendverhalten abgeben

Der Ausbilder wird erfolgreich sein, der es versteht, sich auf die besondere Situation des Jugendlichen in seiner Entwicklung einzustellen und sein Handeln danach auszurichten. Das bedarf einer positiven Grundeinstellung dem Jugendlichen gegenüber und es ist notwendig, die ihm anvertrauten Auszubildenden möglichst genau kennenzulernen, ihre Eigenschaften zu erfahren.

Das Eingehen auf die Jugend und das Mitgehen mit der Jugend bei der Ausbildung schafft die Voraussetzung für eine Vertrauensbasis, die wesentliche Grundlage für eine erfolgreiche Ausbildung ist. Je genauer ein Ausbilder entwicklungstypische Erscheinungs- und Verhaltensformen beim Jugendlichen erkennt und sie in der konkreten Situation richtig auslegen kann, um so eher wird es ihm gelingen, das Vertrauen des Jugendlichen zu gewinnen und ihn pädagogisch geschickt zu führen.

Wenn der Ausbilder seinen Lehrling möglichst genau kennt, wird er auch in der Lage sein, Lernziele richtig zu bestimmen, für neue Lernvorgänge Interesse zu wecken und wirksame, der individuellen Situation des Lernenden angepaßte Lernhilfen zu geben. Er wird dann auch eher auftretende Probleme im Erziehungsbereich lösen und die Persönlichkeitsentfaltung in geeigneter Weise fördern können. Psychologische, soziologische und pädagogische Kenntnisse und Erfahrungen werden ihm dabei helfen.

Der Ausbilder ist für den Jugendlichen ein funktionales Leitbild. Auf der Suche nach eigenen Werten wird sich der Jugendliche deshalb am Ausbilderverhalten orientieren und ihn in vielfältiger Weise nachahmen. Das bedeutet für den Ausbilder, er sollte sich um ein vorbildliches Verhalten bemühen.

Klischeevorstellungen (Vorurteile) über Jugendliche und Jugendgruppen sowie Pauschalurteile über Jugendverhalten sind als lernpsychologische Barrieren für eine jugendgemäße Berufsausbildung denkbar ungeeignet. Der Ausbilder sollte in seinem Führungsverhalten zu erkennen geben, daß er die besondere Situation des Jugendlichen versteht und Bereitschaft demonstrieren, dem Jugendlichen bei der Überwindung von Lern- und Entwicklungsschwierigkeiten jederzeit zu helfen. Das schafft Vertrauen! Eine gesunde Vertrauensbasis ist wesentliches Motiv für aktive und andauernde Lernbereitschaft.

3.0.2. Die individuelle Lebenssituation des Jugendlichen

Der Jugendliche befindet sich zu Beginn der Ausbildung in einem bestimmten Entwicklungsstand, der sich im weiteren Verlauf ständig wandelt. Mit **Entwicklung** bezeichnet man einen Prozeß fortschreitender Veränderungen körperlicher und verhaltensmäßiger Merkmale sowie vieler Eigenschaften eines Menschen.

Der Entwicklungsstand eines Auszubildenden ist das Ergebnis des bis dahin erfolgten Zusammenwirkens von **Erbanlagen** und **Umwelteinflüssen**. Man unterscheidet in der Entwicklungspsychologie zwischen angeborenen und erworbenen Merkmalen.

Angeborene Merkmale sind in den Erbanlagen verwurzelt. Man kann jedoch nicht zuverlässig sagen, welche Eigenschaften eines Menschen vornehmlich von den Anlagen gesteuert werden und relativ umweltstabil sind. Die bei einem Jugendlichen festgestellten Eigenschaften können demnach sowohl anlage- als auch umweltbedingt sein.

Erworbene Merkmale entfalten sich aus den Umwelteinflüssen. Erbanlagen und Umwelt steuern im wechselseitigen Zusammenspiel den Verlauf der Entwicklung mit. Für die Entfaltung einer Anlage ist von entscheidender Bedeutung, wie weit jemand durch Umweltanregung Gelegenheit erhielt, sie zu entwickeln. Man sollte deshalb in der Ausbildung anlagebedingte Begabungen nicht überschätzen. Häufig haben Umwelteinflüsse und persönlicher Selbstgestaltungswille, Interessen und Ausdauer, Phantasie und andere motivierende Faktoren einen beachtlichen Einfluß auf die Ausformung der Eigenschaften eines Jugendlichen.

Für den Entwicklungsprozeß spielt auch die persönliche Reifung eine wesentliche Rolle. Als **Reifung** bezeichnet man den Entwicklungsbereich, der unabhängig von Umwelteinflüssen abläuft. Der Reifungsprozeß zeigt sich nach außen durch fortlaufend veränderte Verhaltensweisen. Zusätzlich kann man auch einen reifungsbedingten Erwerb völlig neuer Verhaltensformen feststellen.

Einen weiteren starken Einfluß im Entwicklungsverlauf hat das **Lernen**. Darunter versteht man den Erwerb von neuen oder den Ausbau von vorhandenen Verhaltensweisen. Lernbedingte Prozesse sind beispielsweise das Aneignen der Sprache sowie motorische Fertigkeiten und Kenntnisse.

Die folgende Übersicht zeigt die Faktoren, die das Verhalten des Jugendlichen maßgeblich beeinflussen:

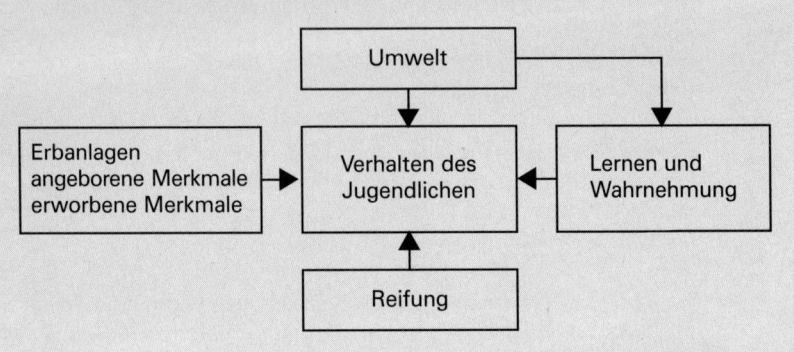

3.1. Mensch und Umwelt

Wenn jemand geboren wird, wird er in eine Gemeinschaft eingebettet, die von Anfang an mit ihm rechnet und an seiner weiteren Entwicklung beteiligt ist. Der Mensch lebt also nicht allein.

Jedem Menschen werden bestimmte Erbanlagen mit auf den Weg gegeben. Diese werden dann gewissermaßen in einem Wechselwirkungsprozeß mit der Umwelt bearbeitet. Einen wesentlichen Beeinflussungsvorgang durch die Umwelt (Eltern, Schule, Ausbildung) nennt man Erziehung.

Die Umwelt hat einen sehr großen Einfluß auf die Entwicklung eines Menschen und auf sein aktuelles Verhalten. Jeder Mensch wird aber nicht nur von der Umwelt beeinflußt, sondern er wirkt ebenso auf seine Umgebung zurück. Er befindet sich ständig in einer lebendigen Auseinandersetzung mit seiner Umwelt. Er nimmt deren Einflüsse auf, verarbeitet sie und wirkt dann auf die Umwelt in einer bestimmten Weise zurück.

Um das Agieren und Reagieren der ihm anvertrauten Lehrlinge bestmöglich zu erkennen und zu verstehen, ist es von Nutzen, wenn der Ausbilder über die Beschaffenheit der menschlichen Anlagenbereiche nachdenkt.

3.1.0. Die Anlagenbereiche des Menschen

Der Mensch ist ein einzigartiges, personales und einheitliches Wesen. Man kann jedoch drei Anlagenbereiche erkennen. Es sind die körperlichen, seelischen und geistigen Anlagen, die in jedem Menschen eine Einheit bilden und zueinander in Beziehung stehen. Weil die Anlagen eine Einheit bilden, kann man auch sagen, sie bedingen sich gegenseitig, sie beeinflussen sich und sind voneinander abhängig. Dieser Zusammenhang gibt einen wichtigen Hinweis: Jedes Einwirken auf einen Anlagenbereich eines Menschen löst regelmäßig Reaktionen auch in anderen Bereichen aus. Das kann positiv und negativ sein.

Dazu einige Beispiele aus dem Bereich der Ausbildung:

– Wenn ein Ausbilder seinen Auszubildenden völlig ungerechtfertigt tadelt, greift er in dessen seelischen Bereich ein. Der Auszubildende ist dadurch verstimmt, wird lustlos und arbeitet deshalb vielleicht weniger oder ungenau.

– Der Ausbilder läßt seinen Auszubildenden ständig nur Hilfsarbeiten verrichten. Dadurch liegen dessen geistige Anlagen brach, er wird lustlos und uninteressiert, vielleicht sogar widerwillig und aufsässig, da er ständig unterfordert ist.

– Ein Mitarbeiter leidet an einer versteckten Krankheit, ein Eingriff in die körperlichen Anlagen. Dieser Mitarbeiter wird mutlos und unzufrieden werden, er wird in seiner Leistungsbereitschaft nachlassen. Die Erkrankung wird sich auch auf sein Gemüt, seine Laune und seinen seelischen Zustand auswirken und dort Reaktionen hervorrufen.

Die folgende Abbildung soll den Zusammenhang verdeutlichen:

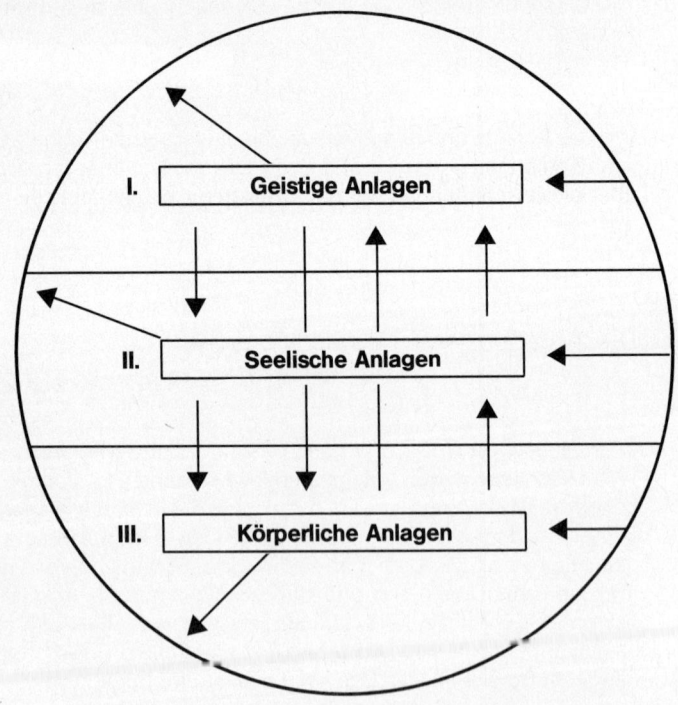

Durch die Einflüsse von außen und die Antriebe von innen entsteht bei jedem Menschen ein Zusammenspiel der Anlagenbereiche in einer ganz bestimmten individuellen Prägung. Darin unterscheidet sich ein Mensch vom anderen. Das Zusammenwirken der Anlagen in einer ganz bestimmten Beziehungsordnung ergibt das konkret Lebendige, das Individuum, das Ich, die Persönlichkeit.

Aus dieser Überlegung läßt sich auch der Begriff des menschlichen Charakters ableiten: Der Charakter ist die spezielle Eigenart, die Wesensart der menschlichen Seele im Zusammenspiel der Anlagenbereiche. Geprägt durch Stimmung und Gefühle, Affekte und Leidenschaften, Triebe und Neigungen, Entschlüsse und Handlungen.

Die drei Anlagenbereiche lassen sich zwar nicht streng voneinander trennen; sie sind ineinandergreifend zu sehen. Dennoch soll versucht werden, sie einzeln aufzuzeichnen:

Geistige Anlagen

Das sind die dem menschlichen Körper innewohnenden Kräfte des Verstandes und der Vernunft. Es ist die Fähigkeit zu denken, Begriffe zu bilden und Beziehungen zu erfassen. Es ist das Gedächtnis, die Fähigkeit, Erlebtes und Erlerntes zu behalten und bei entsprechender Gelegenheit wieder einzusetzen. Es ist die Intelligenz, die Fähigkeit des Individuums, zweckmäßig über Denkmittel zu verfügen und sich rasch auf neue Forderungen an sein Denken einzustellen. Ausdruck der Anlagen sind das bewußte Tun und Handeln, die Entscheidungen und Entschlüsse. Aber auch unbewußtes Tun gehört hierzu.

Seelische Anlagen

Das sind Stimmungen und Laune, Gemüt und Gefühlsregungen eines Menschen. Sie werden einmal von innen durch triebliche Anlagen gesteuert, sie sind aber auch von außen durch die Umwelt sehr stark beeinflußbar. Sie üben einen großen Einfluß auf das Verhalten des menschlichen Körpers aus und werden andererseits sehr wesentlich vom Befinden des Körpers geprägt. Ärger und seelische Beklemmungen können beispielsweise Magengeschwüre verursachen. Stimmungen und Gefühle sind einflußbedingt einem ständigen Wandel unterworfen.

Körperliche Anlagen

Das ist die Gestalt des menschlichen Körpers mit all seinen Gliedern. Das sind Bewegungen, körperliche Verfassung, Leistungsvermögen, Geschicklichkeit und die Harmonie des menschlichen Organismus.

3.1.1. Begabung und Fähigkeiten

Aus dem Bild der menschlichen Anlagenbereiche ist auch zu erkennen, daß sich Jugendliche nach ihrer Begabung und ihren Fähigkeiten voneinander unterscheiden. Die Begabung eines Menschen zeigt sich als Ergebnis des Zusammenwirkens von Erbanlagen und Umwelteinflüssen. Sie ist demnach bestimmt von den angeborenen Fähigkeiten und dem was die bisherige Umwelt (Erziehung) daraus gemacht hat. Durch Beobachtung und den Umgang mit Jugendlichen kann man Begabungsschwerpunkte, besondere Interessen und unterschiedliche Fähigkeiten feststellen. Der Ausbilder sollte bestrebt sein, sich ein klares Bild über Begabung und Fähigkeiten seiner Auszubildenden zu verschaffen, um Lehrtätigkeit und Erziehungsarbeit gezielt danach ausrichten zu können.

Grundlegend kann man bei Jugendlichen zwei wesentliche Begabungsrichtungen erkennen:

Die einen sind mehr praktisch veranlagt, die anderen mehr theoretisch. Innerhalb dieser Grundrichtungen läßt sich jedoch noch eine Menge an verschiedenen Begabungsschwerpunkten feststellen. Dies sollen folgende Beispiele aufzeigen:

– Abstraktionsvermögen	=	Die Fähigkeit, Begriffe zu bilden
– Kombinationsfähigkeit	=	Sinnvolle Zusammenhänge erkennen können
– Urteilsfähigkeit	=	Beziehungen erfassen können
– Kritikfähigkeit	=	Urteile überprüfen können
– Gestaltungsfähigkeit	=	Formen entwickeln können
– Vorstellungsvermögen	=	Abstrakt und räumlich denken können

Weitere Beispiele für Grundfähigkeiten:

- Belastungsfähigkeit

- Geschicklichkeit

- Reaktionsvermögen

- Soziale Kontaktfähigkeit

- Konzentrationsfähigkeit
- Gedächtnis
- Auffassungsvermögen
- Logisches Denkvermögen

Nur manuelle Geschicklichkeit ist bei den heutigen Anforderungen sicherlich nicht ausreichend für das gründliche Erlernen eines Handwerksberufes, es sind auch geistige Fähigkeiten gefordert. So kommt es in technischen Berufen wesentlich auf eine technisch-konstruktive Begabung an. Bei vielen praktischen Arbeiten ist auch ein gutes Augenmaß und die Fähigkeit, Formen aufzufassen und zu gestalten ein wesentliches Eignungsmerkmal. Wer ein schwaches räumliches Vorstellungsvermögen hat, wird Mühe haben, technische Zeichnungen oder Bauzeichnungen anzufertigen oder zu lesen.

Die Tatsache, daß Jugendliche, die infolge ihrer guten Begabung nie recht gelernt haben, sich anzustrengen, oft in ihren Leistungen nachlassen, läßt den Umkehrschluß zu, daß man bei der Ausbildung auch in vielen Bereichen Anlagen fördern kann. Dabei ist eine sehr wichtige Begabungsrichtung die Kreativität. Schöpferische Fähigkeiten lassen sich bis zu einem bestimmten Grad entfalten. Eigenständiges Lösen von Problemen und das Erarbeiten von Verbesserungsvorschlägen können als kreative Leistungen bezeichnet werden.

3.1.2. Die menschlichen Bedürfnisse

Die Bedürfnisse (auch Motive genannt) spielen im menschlichen Leben eine große Rolle. Das hat die Gesellschaft längst erkannt und beschäftigt sich intensiv damit, die menschlichen Bedürfnisse zu erkennen und zu befriedigen (Beispiele: Werbung, Freizeitangebote). Das sollte man auch in der betrieblichen Ausbildung beim Umgang mit Jugendlichen beachten. Man sollte versuchen, die individuellen Bedürfnisse der anvertrauten Lehrlinge zu erfahren, sie zu berücksichtigen und für die betriebliche Ausbildung zu nutzen.

Nach einer kürzlichen Umfrage des Allensbach-Institutes über die Bedürfnisse von Arbeitnehmern in Betrieben legten die Befragten besonderen Wert auf einen sicheren Arbeitsplatz, ein gutes Betriebsklima und interessante Arbeit.

Die Bedürfnisse sind Antriebe und Beweggründe zum Handeln, zum Tun. Wenn ein Ausbilder die Bedürfnisse seiner Auszubildenden kennt, kann er sich bei Zielsetzungen in der betrieblichen Ausbildung besser auf seine Lehrlinge einstellen, sie stärker motivieren.

Man unterscheidet nach Bedeutung und Rangordnung, Bedürfnisstrukturen. Ein gutes Beispiel dazu bietet Maslow in seiner Bedürfnispyramide:

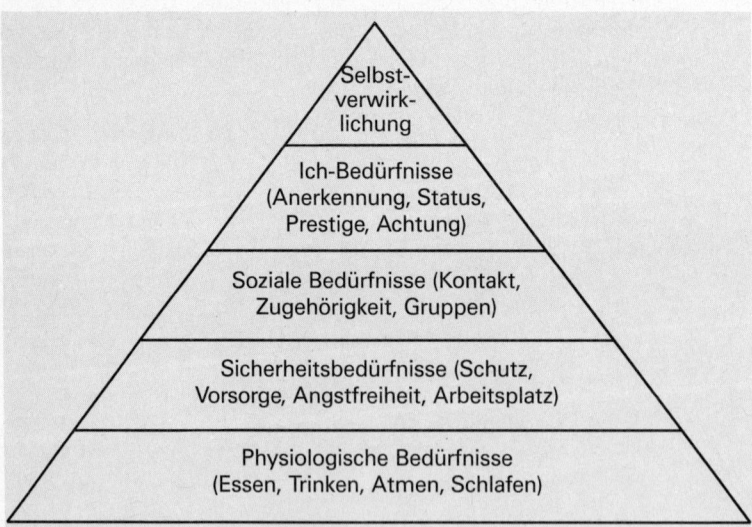

Maslow geht von der Annahme einer hierarchischen Anordnung der Grundbedürfnisse aus und unterstellt, daß höhere Bedürfnisse erst dann aktiviert werden, wenn die darunter liegenden befriedigt sind.

Bedürfnisse eines Menschen sind also so etwas wie Triebfedern; sie sorgen für Spannung und Aktivität. Je stärker ein Bedürfnis wirkt, um so mehr versucht der Mensch, alle Möglichkeiten auszuschöpfen, es zu befriedigen. Das wird bei den sog. menschlichen Grundbedürfnissen besonders deutlich (Hunger, Durst). Wichtig ist zu erkennen, daß alle Handlungen von Motiven ausgelöst und durchgeführt werden. Dabei können die auslösenden Momente konkret und bewußt, manchmal auch unbewußt sein.

Triebliche Anlagen und Neigungen eines Menschen wecken auch Bedürfnisse. Für den Jugendlichen sind in seinem Entwicklungsprozeß vier triebliche Anlagen zu nennen, die eine besondere Bedeutung haben:

- Der Selbsterhaltungstrieb

- Der Geselligkeitstrieb

- Der Geltungstrieb

- Der Sexualtrieb

Aus dem Selbsterhaltungstrieb entsteht für den Jugendlichen das Bedürfnis nach Sicherheit und Geborgenheit im Betrieb, nach Selbstbehauptung in der Gruppe und nach Selbstbestätigung beim Lernen und Arbeiten.

Aus dem Geselligkeitstrieb wächst das Bedürfnis nach menschlicher Gemeinschaft, nach sozialen Bindungen. Der Jugendliche möchte einen Freundes- und Bekanntenkreis haben. Solange es Menschen gibt, gibt es ein Zusammenleben in Gruppen. Im Betrieb befindet sich der Jugendliche in zwischenmenschlichen Beziehungen mit Gleichaltrigen oder Arbeitskollegen unterschiedlichen Alters. In seiner Freizeit wendet er sich Gruppen zu, um dort seine Interessen zu verfolgen. Kann der Jugendliche die Ziele einer Gruppe bejahen und sich dafür einsetzen, wird er Geborgenheit und Anerkennung finden.

Aus dem Geltungstrieb des Jugendlichen entsteht das Bedürfnis nach Anerkennung, Selbstverwirklichung, Entfaltung von Fähigkeit und Verantwortung.

Gerade im Entwicklungs- und Reifungsprozeß wird der Jugendliche sehr stark von sexuellen Bedürfnissen und Neigungen gesteuert. Dies bereitet ihm oft Schwierigkeiten und führt zu einem unkontrollierten und von ihm selbst nicht begreifbaren Verhalten.

Für einen nachhaltigen Erfolg in der betrieblichen Ausbildung ist unabdingbar notwendig, daß sich der Ausbilder darum bemüht, die besonderen individuellen Bedürfnisse der Jugendlichen zu erkennen und sein Lehren sowie seine Mitarbeiterführung darauf auszurichten. Den Grundbedürfnissen eines Jugendlichen nach Vertrauen, Anerkennung, Selbstachtung und Selbstverwirklichung kann er am ehesten entsprechen, wenn er die Ausbildung überlegt plant, abwechslungsreich gestaltet und seinen Lehrling nach gründlicher Vermittlung mit selbständigen Arbeitsaufgaben betraut und ihm Verantwortung überträgt.

3.2. Das Wirken der Umwelteinflüsse auf den Jugendlichen

Jeder Mensch wird von Geburt an durch seine materielle und soziale (mitmenschliche) Umgebung mehr oder weniger stark beeinflußt. Sein Gestaltungs- und Entwicklungsprozeß sowie die Entfaltung seiner Persönlichkeit werden durch die von außen auf ihn einwirkende Umwelt wesentlich geprägt. Wie sehr einzelne Umweltfaktoren einen Menschen

BEREICHE	Natürliche Umwelt	Privat- bereich	Schule	Medien	Betrieb
F	Wetter	Elternhaus	Lehrer	Fernsehen	Ausbilder
A	Klima	Familie	Klasse	Rundfunk	Gesellen
K	Landschaft	Freund/in	Schul- freund	Filme	Mitlehrlinge
T		Hobby		Zeitungen	Arbeitsplatz
O		Vereine		Zeit- schriften	Arbeit selbst
R		Bekannte		Bücher	Betriebs- klima
E		Gruppen			Betriebs- struktur
N		Kirche			
		Politik			
V	Körper- liche Verfassung	Leistungs- streben	Gruppen- verhalten	Wissen	Leistungs- streben
E				Verhalten	
R	Wider- stands- fähigkeit	Sprachge- brauch	An- passung	Mei- nungen	Selbständig- keit
H		Anspruchs- niveau			Verant- wortung
A					
L		Einordnen			Einordnen
T		Unter- ordnen			Team-Geist
E					
N					

beeinflussen, hängt wesentlich von seinem Wesen ab. Die gleiche Umwelt wird von verschiedenen Personen auch unterschiedlich wahrgenommen und bewertet. Demnach unterscheidet man zwischen einer tatsächlichen (objektiven) und einer persönlich wahrgenommenen (subjektiven) Umwelt. Wie aufmerksam ein Mensch sich seiner Umwelt zuwendet, entscheiden eigene Bedürfnisse und Interessen, Einstellungen und Neigungen, Erlebnisse und Erfahrungen.

Die Beziehungen des Menschen zur Umwelt sind zweiseitig: Der Mensch wird einerseits von seiner Umwelt beeinflußt, er wirkt andererseits aber auf seine Umwelt zurück. Die vielfältigen persönlichen und sachlichen Beeinflussungsfaktoren haben eine auch altersbedingt unterschiedliche Wirkung. Der Ausbilder sollte beachten, daß weit überwiegend die subjektive Umwelt das Verhalten des arbeitenden Menschen und besonders des Auszubildenden beeinflußt.

Nach Umweltbereichen gegliedert soll die Tabelle auf Seite 133 einzelne Einflußfaktoren aufzeigen und auf typische Wirkungsmöglichkeiten auf das Verhalten hinweisen.

Aus der Übersicht ist zu erkennen, daß auch die naturgegebene sachliche Umwelt (wie Landschaft, Wetter und Klima) Verhalten und Befinden eines Menschen beeinflußt. Das breite Wirkungsfeld erstreckt sich von der Familie über die Schule und den Betrieb bis hin zu den Massenmedien.

Aus der großen Zahl der möglichen Beeinflussungsfaktoren werden einige schwerpunktartig näher beschrieben.

3.2.0. Die Familie

Durch psychologische Erhebungen wurde nachgewiesen, daß Kinder aus vollständigen und intakten Familien sich in der Berufsausbildung häufiger gut bewähren als solche aus gestörten Familienverhältnissen. Diese Feststellung darf man jedoch nicht verallgemeinern. Die individuelle Lebenssituation eines Jugendlichen bestimmt viele seiner Verhaltensweisen. So ist es bedeutsam, ob ein Jugendlicher als Einzelkind oder im Kreis von mehreren Geschwistern aufgewachsen ist. Unterschiedliche Erziehungsformen der Eltern führen zu bestimmten Einstellungen, die das spätere Leistungsstreben und das Anspruchsniveau beeinflussen.

Lern- und Verhaltensstörungen in der Ausbildung finden nicht selten ihre Ursache im Elternhaus. Konnte sich die Mutter in der Kindheit ganztägig um den Jugendlichen kümmern, werden Lernstörungen seltener sein. Vaterlos aufgewachsene Jugendliche suchen oft in ihrem Ausbilder einen Vaterersatz. Das bietet gerade dem Ausbilder im Handwerksbetrieb die Chance, den Jugendlichen in seiner Persönlichkeitsentfaltung besonders zu fördern. Mutterlos aufgewachsene Jugendliche sind oft kontaktscheu und unzugänglich.

Sehr wichtig ist die Einstellung der Eltern zur Ausbildung selbst und die Bereitschaft, den Ausbilder in seinen Bemühungen zu unterstützen. Positiv ist zu werten, wenn Eltern bei ihren Kindern auf eine sinnvolle Freizeitgestaltung einwirken und es vermeiden, sie zusätzlich zu belasten. Eine Kontaktpflege zum Elternhaus ist dem Ausbilder zu empfehlen.

3.2.1. Die Berufsschule

Nach dem Besuch der Hauptschule, durch die der Jugendliche bereits in seiner geistigen und persönlichen Entwicklung wesentlich gesteuert wurde, bildet die Berufsschule einen weiteren Schwerpunkt, der den Auszubildenden fachlich und persönlich weit stärker beeinflussen kann als es der Zeitanteil des Berufsschulunterrichts vermuten läßt. Vor allem wirken soziale Beziehungen, das Zusammenleben in Gruppen und möglicherweise Konflikte zwischen Lehrern und Schülern auf Einstellung und Verhalten des Lehrlings im Betrieb ein.

Probleme können entstehen, wenn Lehrlinge den Anforderungen des Berufsschulunterrichts nicht voll gewachsen sind, oder wenn die Schule den Lernerwartungen des Lehrlings nicht oder unzureichend entsprechen kann. Diesem Problem kann man begegnen durch eine zweckmäßige Abstimmung zwischen den Lehrplänen in den Schulen und dem betrieblichen Ausbildungsplan. Im Konzert der Ausbildung hat auch die Schule einen begrenzten Erziehungsauftrag.

3.2.2. Die Medien

Presse, Rundfunk und besonders Film und Fernsehen können die Jugendlichen, weil sie sich in einem Entwicklungsprozeß befinden und noch keine festen Wertvorstellungen für ihr eigenes Leben entwickelt haben, sehr
stark beeinflussen. Dieser Verantwortung sollten sich oft Programmge-
stalter beim Fernsehen mehr bewußt sein. Ein Ausbilder sollte sich mit
den Einflußmöglichkeiten der Massenmedien intensiv befassen. Das wird
ihm helfen, mehr Verständnis für manche Verhaltensweisen von Jugendlichen zu gewinnen und ihm ermöglichen, durch geeignete Maßnahmen
rechtzeitig dagegen zu steuern.

Anerkennenswert ist das Bemühen von Hörfunk und Fernsehen, durch
Wissensvermittlung (Telekolleg) der beruflichen und Allgemeinbildung
des Jugendlichen zu dienen.

Da Jugendliche von den Massenmedien Informationen erwarten, ist deren Einfluß auf den Prozeß der Meinungsbildung nicht zu unterschätzen.
Eine große Gefahr geht von Massenmedien dann aus, wenn sie durch einseitige Darstellungen Informationen verfälschen. Besonders im Prozeß
der politischen Meinungsbildung läßt sich die Jugend von der Bericht-
erstattung in Massenmedien wesentlich beeinflussen.

Nachteilig auf Einstellungen, Interessen und Eigenschaften der Jugend
kann sich die Werbung in Medien auswirken.

3.2.3. Die betriebliche Umwelt

Die Einflußmöglichkeiten der betrieblichen Umweltfaktoren auf Entwicklung und Verhalten des Jugendlichen sind für den Ausbilder von besonderer Bedeutung. Denn hier kann er mitentscheiden und mitgestalten. Der Erfolg der Ausbildung hängt nicht unwesentlich davon ab, wieweit es dem Ausbilder gelingt, die betrieblichen Einflußfaktoren positiv zu gestalten. Entscheidende Einflußgröße für das Wohlbefinden eines Menschen am Arbeitsplatz ist sicherlich auch das Betriebsklima. Es soll deshalb nachstehend behandelt werden.

Das Betriebsklima

Das Wort Klima beschreibt einen Zustand, einen Verlauf und eine Stimmung in einem begrenzten Bereich. Das Betriebsklima zeigt an, wie sich in einem Betrieb die zwischenmenschlichen Beziehungen der arbeitenden Menschen untereinander gestalten und wie das Verhältnis der Vorgesetzten zu den unterstellten Mitarbeitern ist. Es sagt auch, wie die Beschäftigten zum Betrieb und zu seinen Führungskräften eingestellt sind.

Das Betriebsklima wächst aus kleinen Dingen des täglichen Miteinanderarbeitens, aus dem gemeinsamen Verfolgen der wirtschaftlichen Ziele. Geprägt wird es von den ganz persönlichen menschlichen Beziehungen, von der betrieblichen Organisation, der Menschenführung und der Bereitschaft zwischen Betriebsleitung und Beschäftigten, einander als Partner zu verstehen und sich danach zu verhalten.

Ein gutes Betriebsklima fördert das Wohlbefinden der arbeitenden Menschen am Arbeitsplatz und führt zu guten Leistungen im Betrieb und bei der Ausbildung. Ein schlechtes Betriebsklima hemmt die Leistungsbereitschaft der Beschäftigten und Auszubildenden, führt zu mangelhaften Leistungen und stört das Vertrauen der tätigen Menschen untereinander. Gerade der Ausbilder sollte deshalb um ein günstiges Betriebsklima bemüht sein.

Das Betriebsklima kann positiv beeinflußt werden:

- Wenn das Zusammengehörigkeitsgefühl der Beschäftigten untereinander gestärkt wird.

- Wenn Vorgesetzte die unterstellten Mitarbeiter in ihrer Arbeit ernstnehmen, Leistungen anerkennen und auf deren Anliegen eingehen.

- Wenn zwischen Vorgesetzten und Mitarbeitern, dementsprechend zwischen Ausbilder und Lehrlingen, ein Vertrauensverhältnis zustande kommt und gefördert wird.

- Wenn die Mitarbeiter einander vertrauensvoll begegnen und hilfsbereit sind.

- Wenn eine gerechte Arbeitseinteilung und Entlohnung angestrebt werden.

- Wenn die Verantwortungsbereitschaft bei den Mitarbeitern geweckt wird.

Die personalen Einflußfaktoren

In der Ausbildung und bei der täglichen Arbeit im Betrieb tritt der Jugendliche immer wieder in zwischenmenschliche Beziehungen mit den übrigen Beschäftigten ein. Er erfährt die Welt der Erwachsenen in einer besonderen Situation in ihrem Verhalten und mit ihren Problemen. Er erlebt, wie Menschen unterschiedlicher Anlagen und Neigungen, auch politischer Meinungen, im Rahmen des betrieblichen Geschehens bereitwillig oder auch zwangsweise miteinander auskommen. In der Gruppe seiner nahezu gleichaltrigen Mitlehrlinge befindet er sich in einem ständigen Eingliederungs- und Anpassungsprozeß.

Ganz wesentlich wird der Ausbilder den Jugendlichen durch seinen Führungsstil und sein Verhalten beeinflussen. Er ist für ihn funktionales Leitbild in einer organisatorischen Ordnung. Das bedeutet, der Jugendliche wird ihn in vielfältiger Weise nachahmen, sich nach seinem Verhalten orientieren. Deshalb sollte der Ausbilder im Sinne einer guten Erziehung ein vorbildliches Verhalten vorleben. Wichtigste Grundlage für eine positive Einflußwirkung des Ausbilders auf den Jugendlichen ist eine gesunde Vertrauensbasis.

Auch die Gesellen im Betrieb können als Arbeitskollegen den Lehrling positiv und negativ beeinflussen. Sie wirken dann positiv, wenn sie die Ausbildung ernst nehmen, geeignete Verhaltensweisen vorleben und eine echte Partnerschaft auch mit den Lehrlingen anstreben. Negative Einflüsse werden von ihnen ausgehen, wenn sie sich abfällig über Ausbildung und Betrieb sowie Vorgesetzte äußern, mangelhafte Arbeit ausführen, die Lehrlinge als Laufburschen mißbrauchen oder in sonstiger Weise das betriebliche Zusammenleben stören.

Unter seinen Mitlehrlingen befindet sich der Jugendliche in vielfachen Gruppenbeziehungen, die in ihrer Einflußkraft wesentlich davon bestimmt werden, welchen Status er innerhalb der Gruppe hat. Lernbereite und leistungsorientierte Jugendliche werden überwiegend motivierend auf das Lernverhalten wirken. In Arbeitsgruppen und in der beruflichen Wirklichkeit kann der Jugendliche vor allem lernen, sich einzuordnen, anzupassen und zu bewähren. Er kann aber auch selbst Gruppenleben aktiv mitgestalten.

Die sachlichen Einflußfaktoren

Die wohl bedeutendste Einflußgröße bildet hier für den Jugendlichen die Arbeit selbst. Wird der Auszubildende mit interessanten, abwechslungsreichen, selbständigen und verantwortlichen Aufgaben immer wieder betraut, wird das motivierend auf seine Lernbereitschaft wirken. Monotone und langweilige Arbeitsverrichtungen sowie ständige Hilfstätigkeiten werden Leistungsbereitschaft und Lernwillen wesentlich vermindern.

Indem Jugendliche mit Werkstoffen, Werkzeugen, Meßgeräten und Maschinen umgehen und ganz bestimmte Aufgaben (montieren, prüfen, reparieren) unter wirtschaftlichen Gesichtspunkten lösen, lernen sie selbständig, sorgfältig und ordentlich zu arbeiten. Sie werden sich funktionales und wirtschaftliches Denken aneignen, das Planen und Organisieren des Arbeitsablaufes erfahren und zur Kooperationsfähigkeit erzogen. Ihre kreativen Anlagen und Fähigkeiten lassen sich dadurch entfalten.

Auch die Beschaffenheit des Arbeitsplatzes – richtige Arbeitshöhe, Licht-Luftverhältnisse, funktionierende Werkzeuge – werden Verhalten und Lernbereitschaft des Jugendlichen spürbar beeinflussen.

3.3. Der jugendliche Entwicklungsprozeß

Jeder Mensch durchläuft einen besonderen Lebensabschnitt, der für seine Persönlichkeitsentfaltung von entscheidender Bedeutung ist, die Jugendentwicklung. Sie zeigt sich als individueller Entwicklungs- und Reifungsprozeß im körperlichen, geistigen und seelischen Bereich. Ziel dieses Prozesses ist das Heranreifen einer selbständigen und eigenverantwortlich handelnden Persönlichkeit. Selbstverständlich hat der Weg zu diesem Ziel bereits im Säuglingsalter begonnen und sich in der Kindheit fortgesetzt. Über das Jugendalter hinweg endet er schließlich beim Erwachsenen. Aber auch der Erwachsene wird nicht statisch an einem erreichten Punkt verharren, er wird vielmehr durch Lernprozesse auch im weiteren Lebensverlauf sein Verhalten und somit sein Persönlichkeitsbild verändern.

Besonders der jugendliche Entwicklungsverlauf wird sehr stark von Umwelteinflüssen jeglicher Art mitbestimmt. Obwohl jeder Jugendliche einen ganz individuellen Entwicklungsprozeß durchmacht, lassen sich Ähnlichkeiten in einzelnen Phasen feststellen. So paßt sich die Jugend bis zu einem gewissen Grade auch den jeweiligen Lebensbedingungen ihrer Zeit an. Die Jugend der Romantik gebärdete sich romantisch, die Jugend der Aufklärung aufgeklärt, und die heutige junge Generation setzt sich mit den Fragen der Gegenwart auseinander.

Jugendentwicklung läßt sich als besondere Sturm- und Drangzeit erkennen, in der sich der heranreifende Mensch aus idealistischen Vorstellungen heraus vor vielschichtige Probleme gestellt sieht und stark schwankenden Stimmungen unterworfen ist. Es bedarf deshalb während dieser Zeit eines besonderen Einfühlungsvermögens beim Ausbilder, um den Jugendlichen in seinem Verhalten und Reagieren zu verstehen.

Um erkennen zu können, in welchem Entwicklungsstadium der Jugendliche sich gerade befindet, ist zunächst klar abzugrenzen, wann Jugendentwicklung beginnt und wann sie endet. Das läßt sich relativ genau bestimmen. Jugendalter ist der Zeitraum zwischen Kindheit und Erwachsensein.

Es ist der Lebensabschnitt, in den ein Mensch nach Abschluß der Kindheit eintritt und den er wieder verläßt, sobald er erwachsen ist. Um den jugendlichen Entwicklungsprozeß in seiner Bedeutung erkennen und verstehen zu können, sollte man sich diese Abgrenzung bewußt machen. Die folgende Skizze soll das unterstützen.

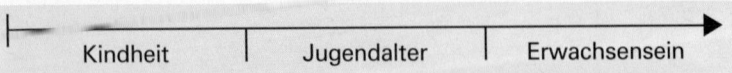

Kindheit   Jugendalter   Erwachsensein

3.3.0. Der Status als Abgrenzungsbegriff

Für die Standortbestimmung, das Standortbewußtsein eines Menschen, verwendet die Psychologie den Begriff „Status" (lat.: stare = stehen).

Der Status eines Menschen zeigt also an, wo und wie er in der Gesellschaft und in seiner Umwelt dasteht. Er sagt auch, wie der Mensch sich selbst in der ihn umgebenden Gemeinschaft sieht und wie er von ihr gesehen wird. Er bringt ferner zum Ausdruck, wie bewußt jemand seinen Standort einnimmt und ihn behauptet.

Das Kind hat einen abgeleiteten Status. Das bedeutet, es befindet sich in einer mehr oder weniger bewußt gewollten Abhängigkeit von den Eltern als Bezugspersonen, sieht sich aber selbst an einen Standort gebunden, den es nicht verlassen will. Es führt in Abhängigkeit und in ständiger Beziehung zu den Eltern ein gewisses Eigenleben. Dabei erkennt es die Satellitenstellung gegenüber den Eltern an und erwirbt aus dem abgeleiteten Status das Gefühl der Geborgenheit. In diesem Rahmen entwickelt es schon ein vernehmbares Selbstbewußtsein. Um seinen Status zu sichern, ist das Kind bemüht, von den Eltern in seinem Verhalten anerkannt zu werden. Es übernimmt gleichzeitig Wertvorstellungen und Einstellungen der Eltern und sieht die Welt auch mit den Augen seiner Eltern.

Der Jugendliche hat keinen Status. Er ist nicht mehr Kind, aber auch noch nicht Erwachsener. Solange er die Jugendentwicklung durchläuft, befindet er sich in einer Übergangsphase von einem Standort zum andern. Das heißt, er fühlt sich nicht an einen festen Ort gebunden, an dem er verharren und sich behaupten will. Bewußt durchschreitet er eine Übergangsphase, in der er sich gesteuert von einer idealistischen Weltvorstellung zunächst allein durchzusetzen und seinen Weg zum Eigenstatus zu finden sucht.

Der Erwachsene hat einen eigenen Status, auch Primärstatus genannt. Sobald ein Mensch das Jugendalter durchschritten und abgeschlossen hat, sieht er sich aus eigener Überlegung und Überzeugung in einer festen Rolle innerhalb der Gesellschaft. Er hat durch Erfahrung in der Jugendentwicklung für sich ein Standortbewußtsein entwickelt, das er jetzt als Erwachsener aus eigenem Entschluß gestaltet, und in dem er sich behaupten will.

Man unterscheidet demnach drei Lebensabschnitte:

- Kindheit = Abgeleiteter Status

- Jugendalter = Übergangsphase

- Erwachsensein = Eigen-Status

3.3.1. Drei Entwicklungsphasen des Jugendalters

Nach einer verfeinerten Betrachtungsweise unterscheidet die psychologische Wissenschaft drei Teilabschnitte des Jugendalters, die einen jeweils unterschiedlichen Phasenverlauf erkennen lassen:

Vorpubertät, Pubertät und Adoleszenz.

Altersmäßig läßt sich das Jugendalter nicht in Jahreszahlen festlegen, weil jeder einzelne Entwicklungsprozeß unterschiedlich einsetzt und auch verschieden endet. Als Durchschnittswert kann man den Zeitraum vom 11. bis zum 21. Lebensjahr annehmen. Nach individueller Veranlagung und unterschiedlichen Umweltbedingungen (Klima, Ernährungsweise, Stadt-Land, soziales Milieu) sind Abweichungen nach unten oder oben feststellbar. Auch die einzelnen Teilabschnitte sind nicht exakt durch Jahresangaben abzugrenzen, sie sind vielmehr an physischen und Verhaltensmerkmalen zu erkennen. Die drei Teilabschnitte des Jugendalters lassen sich jeweils mit einer treffenden Phasenbezeichnung verdeutlichen:

- Die Vorpubertät = Aufbruchphase

- Die Pubertät = Orientierungsphase

- Die Adoleszenz = Reifephase

a) Die Vorpubertät

Der Übergang von der Kindheit zum Jugendalter ist durch das plötzlich einsetzende Längenwachstum relativ deutlich markiert. Durch den schnellen Wachstumsprozeß wird die Körpergestalt des Jugendlichen entharmonisiert, lange Arme und lange Beine führen zu unbeholfenen Bewegungsformen. Da die geistige Entwicklung nachhinkt, kann der Jugendliche das biologische Geschehen nicht verstehen und bekommt dadurch immer wieder Schwierigkeiten. Vorpubertät ist gekennzeichnet durch ein stürmisches Aufbrechen des Jugendlichen, begleitet von idealistischen Vorstellungen mit dem Ziel, die Erwachsenenwelt anzusteuern. In dieser Phase will er seinen Weg allein gehen. Losgelöst von den Bindungen des Elternhauses stürmt er darauf los, eckt da und dort an, zeigt wenig Einsicht für das Erwachsenenverhalten, erfährt Enttäuschungen und ist besonderen Stimmungsumschwüngen unterworfen. Sein Streben und Verhalten ist geprägt von einer allgemeinen inneren und äußeren Unruhe, er ist unausgeglichen und launisch, niedergeschlagen und reizbar, begeistert und gutgelaunt, mal himmelhochjauchzend, mal zu Tode betrübt.

Das ständige Anecken bei den Erwachsenen und vergebliches Bemühen, Idealvorstellungen durchzusetzen, kann beim Jugendlichen zur Frustration führen. Er kehrt dann in sich, wird introvertiert. Bei den folgenden Überlegungen über sein Schicksal findet er zu der Einsicht, daß er den Weg ins Erwachsenenalter nicht alleine schafft. Hier endet die Phase der Vorpubertät.

b) Die Pubertät

Nachdem der Jugendliche introvertiert einige Zeit mit sich selber beschäftigt war, wagt er langsam wieder den Weg nach außen. Er öffnet sich vorsichtig, zunächst noch mißtrauisch aber zunehmend kontaktsuchend wieder seinen Mitmenschen. Er wird extravertiert und beginnt sich nun an Leitbildern zu orientieren. Dabei folgt er mehreren Leitbildern mehr oder weniger stark, übernimmt von ihnen bestimmte Verhaltensweisen und sieht darin eine helfende Unterstützung für seinen eigenen Weg. Eine verstärkt einsetzende geistige Entwicklung läßt ihn in der Auseinandersetzung mit seiner Umwelt, seinen Leitbildern, zunehmend erkennen, welchen Weg er für sich konkret einschlagen sollte. Aus einer wachsenden Beurteilungsfähigkeit findet er für sich eigene Wertvorstellungen, die zu seiner Selbstgestaltung beitragen. Ihm wird immer klarer, wie er sein späteres Leben gestalten und welchen Standort er als Erwachsener in der Gesellschaft einmal einnehmen will. Sein Tun und Handeln wird spürbar zielgerichtet. Damit endet die Pubertätsphase.

c) Die Adoleszenz

Der Jugendliche mündet jetzt in den eigentlichen Reifungsprozeß ein. In dieser Phase stabilisieren sich die Lebensvorgänge. Durch Lernprozesse sichert er die in der Pubertät gewonnenen Erkenntnisse über anzustrebende Verhaltensformen ab. Mit zunehmender Sachbezogenheit steigert er auch sein Selbstwertgefühl. Er versucht, sich ein eigenes Weltbild aufzubauen und ist bereit, soziale Verantwortung zu übernehmen. Das Verhalten seiner Mitmenschen kann er immer besser verstehen.

Aus der Übersicht sind psycho-physische Merkmale der Entwicklung des Jugendlichen in den einzelnen Teilabschnitten nach unterschiedlichen Betrachtungsweisen zu erkennen:

Psycho-physische Merkmale der Entwicklung des Jugendlichen

	Vorpubertät (ca. 11-14)	Pubertät (ca. 14-16)	Adoleszenz (ca. 17-20)
1. Körperliche Entwicklung	Starkes Wachstum in die Höhe, unbeherrschte Bewegung, schlacksig, Stimmbruch, Erwachen des Geschlechtstriebes	Primäre Geschlechtsmerkmale bilden sich aus, Breitenwachstum, Bewegung gestaltet sich harmonisch	Abschluß des Wachstums, Reifung
2. Interesse, Aufmerksamkeit	Kritisches Verhältnis zur Umwelt, praktische Interessen, gegen Ende Abschließung nach Außen, starkes Innenleben (Introversion)	Aufmerksamkeit auch nach außen, kritische Stellungnahme zum Tun der Mitmenschen, reges geistiges Interesse	Starke berufliche Interessen, eigene Weltanschauung, eigene Wertung der Dinge, Schaffung eines eigenen Weltbildes
3. Gedächtnis, Lernfähigkeit	Vom mechanischen zum sinnvoll logischen Gedächtnis. Lernen ist auf egoistische Motive gebaut (Erkenntnisdrang)	Starke Phantasie, Lernen ist vielseitig. Kreativität setzt stark ein, starke Wissensneigungen	Lernen ist auf Interessen und Neigungen ausgerichtet, sachlich und klar
4. Denken	Umstellung vom konkreten (anschaulich) zum abstrakten (unanschaulich) Denken, Formulierungsschwierigkeiten – deshalb Schlagworte	Sprachliche Ausdrucksfähigkeit wird besser. Das Denken ist noch stark subjektiv gefärbt. Es beginnt die Verantwortungsbereitschaft	Kritisches und sachliches Denken. Wissen führt zu einem einheitlichen Weltbild
5. Gefühl, Gestimmtsein	Innere Spannung, starke und schnelle Erregbarkeit, Launenhaftigkeit, empfindlich, labil, kränkbar	Leidenschaftlich, schwärmerisch, Minderwertigkeitsgefühle, Bewunderung von Idealen, Leitbildsuche	In das Gefühlsleben tritt langsam Ruhe ein, es wächst Tendenz zum Ausgleich
6. Arbeitsweise	Konzentrationsschwäche, stark schwankende Arbeitsintensität. Wachsender Leistungswille gegen Ende	Arbeitsweise wird mehr durch Neigung und Interesse bestimmt. Konzentration zunehmend, Leistungsverhalten bessert sich	Aufgabenbewußtsein, zielstrebige Arbeitsweise, Schaffensdrang, Leistungsstreben
7. Wille und Energie	Stark ausgeprägter Eigenwille (Trotz), Wille ist noch nicht zielgerichtet, Energie schwankend	Das Wollen wird zielstrebig und kommt in geordnete Bahnen. Die Disziplin nimmt zu. Leitbildorientierung	Der Wille ist klar auf Ziele ausgerichtet
8. Soziales Verhalten	Scheu, energisch, unsicher, Trotz, Jähzorn, gleichgültig, aggressive Trennung der Geschlechter, Mißtrauen gegen Eltern, Streben nach Selbständigkeit	Zu Beginn: Menschenscheu, Kontaktarmut, jedoch dann vorsichtige Kontaktsuche, Anlehnungsbedürfnis, Ausprägung eines autonomen Gewissens	Aktives Einfügen in die Gesellschaft, Ausgleich mit den Mitmenschen, Entfaltung sozialer Einstellungen

3.4. Jugend und Gesellschaft

Für das Reifen eines Jugendlichen zur Persönlichkeit ist von entscheidender Bedeutung, wie seine soziale Entwicklung verläuft. Darunter versteht man, wie er in die menschliche Gemeinschaft hineinwächst, ihre soziale Ordnung und in ihr wirksame Beziehungen kennenlernt, wie er erfährt, in ihr Verpflichtungen übernehmen zu müssen und verantwortungsbewußt an der Gestaltung des menschlichen Zusammenlebens mitzuarbeiten. Im Rahmen seiner Selbstfindung strebt der Jugendliche an, sich zunehmend vom Elternhaus zu lösen und unabhängig zu werden. In der Begegnung mit der Gesellschaft der Erwachsenen setzt er sich kritisch mit deren Wertvorstellungen und Verhaltensformen auseinander und ist um ein eigenes Wertsystem bemüht. Durch das Bewältigen der Sexualität hat er einen besonderen Reifungsprozeß zu durchschreiten, der ihm oft Schwierigkeiten bereiten kann. Unterstützt durch die berufliche Ausbildung entwickelt er erste Lebenspläne und schreitet beachtlich zur wirtschaftlichen Selbständigkeit voran.

In seinem Streben, unabhängig zu werden, will der Jugendliche selbständig planen und entscheiden. Er eignet sich Wertvorstellungen an, die er aus innerer Überlegung entwickelt hat. Er peilt realistische Ziele an, die sich mit seinen eigenen Fähigkeiten und den von der Umwelt gegebenen Möglichkeiten vereinbaren lassen. Dabei entwickelt er die Befähigung zu einer angemessenen Selbstkritik.

Er wird bereit, seine eigenen Leistungen und sein Verhalten kritisch zu beurteilen, Mängel und Unzulänglichkeiten zu erkennen. Er zeigt sich einsichtig, wenn andere an ihm Kritik üben.

In diesem sozialen Entwicklungsverlauf sollte der Ausbilder die ihm anvertrauten Jugendlichen nicht blockieren. Vielmehr sollte er versuchen, bei der betrieblichen Ausbildung das Unabhängig- und Selbständigwerden des Jugendlichen in jeder Weise zu fördern. Das kann er insbesondere durch kleine Aufgabenstellungen verbunden mit entsprechenden Erfolgserlebnissen.

3.4.0. Der sogenannte Generationskonflikt

Konflikte zwischen Erwachsenen und Jugendlichen hat es schon immer und überall gegeben. Ein zunehmendes Selbständigkeits- und Freiheitsstreben des Jugendlichen erweckt Wünsche und Erwartungen, die bei ihrer Erfüllung nicht selten bei den Eltern, die sich für ihre Kinder auch im Jugendalter noch voll verantwortlich fühlen, Widerstand auslösen. Gerade Art und Umfang der Freizeitgestaltung und damit verbundene Probleme (abendliches Nachhausekommen, Konsumwünsche, Freundschaftsbeziehungen, Diskothekenbesuch und Hobbys) lösen oft Verständigungsschwierigkeiten aus. Dabei sehen Eltern die eingelebte Ordnung der Familie und ihre eigene Autorität bedroht, das verstärkt noch ihre Abwehrhaltung.

Jugendliche empfinden es als demütigend, wenn sie noch wie ein Kind behandelt und möglicherweise bestraft werden. Es stört sie, wenn die Eltern weiterhin gluckenhaft um sie besorgt sind und ihnen zu wenig Vertrauen entgegenbringen. Für Erziehungsmaßnahmen und Beschränkungen in ihrem Freiheitsraum haben sie kein Verständnis, wenn dies nicht ausdrücklich begründet wird.

Eltern vergessen auch gerne, wie sie sich selbst als Jugendliche gegen Autoritäten auflehnten und seinerzeit energisch versuchten, ihr eigenes Leben zu gestalten. Sie haben ein Wunschbild über das Sollverhalten der heranwachsenden Jugend, das sie selbst früher abgelehnt hatten.

Erziehungspraktiken, die den Freiraum des Jugendlichen kontinuierlich erweitern, begünstigen sein natürliches und notwendiges Streben nach Selbständigkeit. Zwang und anhaltende Bevormundung beschränken es.

Spannungen und Konflikte zwischen den Generationen treten in allen Lebensbereichen des Jugendlichen auf. Viele Mißverständnisse und Verständigungsschwierigkeiten entstehen durch den Altersunterschied in den verschiedenen Lebensabschnitten. Der von Idealen gesteuerte, körperlich aktive junge Mensch, der die harten Realitäten des Lebens erst erfahren muß, findet oft kein Verständnis bei den realistisch und vorsichtig handelnden älteren Menschen. Spannungen ergeben sich auch aus unterschiedlichen Wertsystemen beider Altersgruppen.

Bei älteren Menschen werden beispielsweise politische Auffassungen durch Erfahrungen und unmittelbare Beobachtungen geprägt, während jüngere sich stärker durch Propaganda steuern lassen. Deshalb fehlt den verschiedenen Generationen oft der gemeinsame Nenner für eine Verständigung.

Trotz allen Freiheitsstrebens des Jugendlichen ist er auch und besonders in der betrieblichen Ausbildung bereit, Autorität anzuerkennen, wenn sie ihm überzeugend geboten wird. Deshalb sollte sich der Ausbilder bemühen, seine Autorität auf eine gesunde Vertrauensbasis zu stellen. Dies kann er erreichen durch Geduld und Verständnis, vorbildliches Verhalten, sachliche Überzeugung und klare Zielsetzungen. Er sollte eine positive Grundeinstellung zur Jugend demonstrieren und mit der Jugend „mitgehen". Wer die Jugend versteht und bereit ist, ihre Sorgen und Probleme zu verstehen, kann sie auch beeinflussen. Wer ihre Ideale mitträgt, kann sie auch für neue Ideale gewinnen!

3.5. Gruppenverhalten von Jugendlichen

Die Lösung des Jugendlichen vom Elternhaus ist mit einer verstärkten Hinwendung zu Freunden und Freundesgruppen verbunden. Der Geselligkeitstrieb eines Menschen bewirkt nach einer gewissen Entfremdung vom Elternhaus den Drang zu neuen Lebensgemeinschaften. Viele Jugendliche fühlen sich in einer von den Erwachsenen geprägten Welt, deren Ansprüche und Normen ihnen noch teilweise fremd und unverständlich sind, oft nicht anerkannt und unverstanden.

Dementsprechend suchen Sie fehlende Anerkennung und Verständnis in der Gemeinschaft von altersgleichen Jugendlichen. In diesen Gruppen sucht der Jugendliche Geborgenheit, Verständnis und Unterstützung bei der Durchsetzung seiner eigenen Ansprüche auf dem Weg zum Selbständigwerden.

Ist ein Jugendlicher in einer Gruppe erst einmal aufgenommen, übernimmt er von ihr relativ unkritisch Lebensstil, Meinungen und Wertvorstellungen.

Weil er sich unter Gleichaltrigen befindet, verleiht ihm die Gruppe Sicherheit und er braucht sie zur Selbstbestätigung und Identitätsfindung. Aus dem Gefühl der Geborgenheit in der Gruppe wächst auch seine Bereitschaft, für die Gruppe etwas zu tun, für sie einzutreten. Dabei kann die Gruppensolidarität soweit gehen, daß der einzelne sich gegen seine Einsicht und Überzeugung verhält. Das Bedürfnis des Jugendlichen, Gruppen zu bilden und in Gruppen zu leben, besteht auch in der betrieblichen Ausbildung.

Um typisches Gruppenverhalten von Jugendlichen besser verstehen zu können, ist es für den Ausbilder sehr wichtig, sich Grundkenntnisse in der Gruppenpsychologie anzueignen.

3.5.0. Gruppenpsychologische Grundlagen

Seit alter Zeit ist der Mensch auf das Zusammenleben in Gemeinschaften angelegt und angewiesen. Das hat ihm aber auch schon immer Schwierigkeiten bereitet. Schon Aristoteles, ein Schüler des berühmten griechischen Philosophen Sokrates, hat festgestellt: „Überhaupt ist es in den menschlichen Verhältnissen eine schwierige Sache um das Zusammenleben und die Gemeinschaft". Das Zusammenleben mit anderen beinhaltet nicht nur ein Miteinander (Partnerschaft, Zusammenarbeit), sondern auch ein Gegeneinander (Konflikt, Konkurrenzkampf). Ein beständig rein harmonisches Zusammenleben ist nicht nur utopisch, es wäre wahrscheinlich auch äußerst langweilig.

Definition der Gruppe

Die Zusammenschlüsse von Menschen, gleich aus welchem Anlaß, nennt man Gruppen.

> Unter einer Gruppe versteht man den Zusammenschluß von mehreren Personen mit gleichen oder ähnlichen Interessen zur Verfolgung eines gemeinsamen Zieles. Neben der Tatsache, daß für eine Gruppe mehrere Personen wichtig sind, gibt es noch die Bestimmungsmerkmale „gleiche oder ähnliche Interessen" und ein „gemeinsames Ziel".

Formelle Gruppen

Ziele und damit auch die Interessen können von außen vorgegeben werden. So findet der Jugendliche in seinem Freizeitbereich organisierte Jugendgruppen mit festgelegten Aufgaben und Zielen vor, oder er wird in einem Sportverein Mitglied einer Mannschaft und erhält dadurch eine echte Aufgabe mit einer klaren Zielsetzung. Sobald ein Betrieb mehrere Arbeitskräfte beschäftigt, sind für einen reibungslosen organisatorischen Betriebsablauf Gruppenbildungen erforderlich.

> Solche Gruppen nennt man formelle Gruppen. Bei ihnen sind das Gruppenziel, die Rollen der einzelnen Mitglieder (Aufgaben) und gleichzeitig die Normen (genaue Verhaltensregeln und Beziehungen), nach denen sich jedes Mitglied zu richten hat, festgelegt.

Um einer solchen Gruppe angehören zu können, muß ein Gruppenmitglied nachträglich die Ziele und die Interessen der Gruppe zu seinen eigenen machen, sonst ist die Gruppe gefährdet oder das Mitglied schließt sich aus. In einer betrieblichen Kleingruppe spricht man von guter oder schlechter Zusammenarbeit. Wenn einer sich „quer stellt", sind dadurch die Ziele der Gruppe und des Betriebes, aber auch die Gruppe selbst gefährdet.

Informelle Gruppen

Gruppen, die mehr zufällig oder aus einer spontanen Situation heraus entstehen, nennt man informelle Gruppen. Sie bilden ihre Interessen und Zielsetzungen von innen heraus. Solche zufällig entstandenen Gruppen können sich schnell wieder auflösen oder einen starken Zusammenhalt entfalten.

Oft genügt ein kleiner aktueller Anlaß, der eine informelle Gruppe entstehen läßt (z. B. auf dem Betriebsausflug). So lange die Zielsetzung der so entstandenen informellen Gruppe im Geselligkeitsbereich im und außerhalb des Betriebes bleibt, ist sie ungefährlich für die gesamte Betriebsgemeinschaft, sie kann evtl. sogar fördernde Wirkung haben.

Man sollte jedoch im Betrieb die informellen Gruppen beobachten. Sie können für das ganze Sozialgefüge sehr wichtig sein: Positiv wirken sie dann, wenn gute Kameradschaft in einer informellen Gruppe die Arbeit der formellen Gruppe befruchtet. Negativ dann, wenn durch ständiges Meckern oder Untergraben der Arbeitsmoral in den Arbeitspausen oder auf dem Heimweg das Betriebsklima und damit das Zusammenleben der Gesamtgruppe „Betrieb" gestört werden.

Gruppenstruktur, Status, Rolle

Jede formelle Gruppe entwickelt neben vorgegebenen auch eigene Strukturen. Darunter ist ihre innere Organisation und die Rangordnung der Mitglieder zu verstehen. Den Rang, den ein Gruppenmitglied dabei einnimmt, nennt man Status. Jedes Mitglied einer Gruppe hat eine bestimmte Rolle wahrzunehmen, sie beschreibt seine Aufgabe. Diese kann gruppenbezogen (Gruppensprecher) oder sachbezogen (Organisator, Initiator) und selbstbezogen (Star, Spaßvogel) sein. Die Gruppe fordert von jedem Mitglied ein bestimmtes Verhalten bezüglich seiner Rolle; das nennt man Rollenerwartung. Jede Gruppe entwickelt und errichtet eigene Normen und Wertvorstellungen, die das Verhalten der Mitglieder beeinflussen und mitbestimmen. Ein Rollenkonflikt entsteht dann, wenn das tatsächliche Verhalten eines Mitgliedes von der Sollerwartung abweicht.

Soziogramm

Die Beziehungen der einzelnen Gruppenmitglieder untereinander nach Sympathie und Antipathie kann man graphisch darstellen, man nennt das Soziogramm. In einem Soziogramm wird zunächst jedes Mitglied der Gruppe durch einen kleinen Kreis, ein Dreieck oder ein Quadrat festgelegt und durch Ziffer oder seinen Namen bezeichnet. Dann werden die Beziehungen zwischen den einzelnen Gruppenmitgliedern durch Pfeile dargestellt.

Soziogramm für eine formelle Gruppe mit 13 Personen:

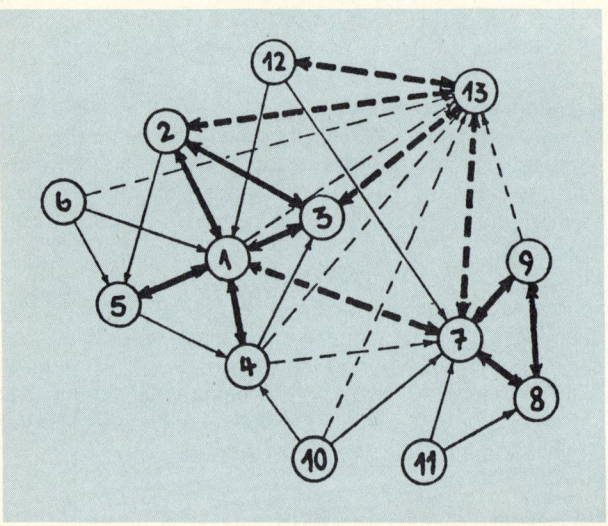

Soziogramm-Beispiel:

Positive Wahl (Sympathie)

Negative Wahl (Ablehnung)

Dabei zeigt die Pfeilspitze zum Gewählten.

Gegenseitig positive Wahl

Gegenseitig negative Wahl

Einseitig bejahend und ablehnend

Gegenseitige Sympathie oder Ablehnung wird demnach durch eine doppelt starke Linie gekennzeichnet.

Rollenverteilung innerhalb der auf Seite 152 dargestellten Gruppe:

Nr. 1 = „Star" der Gruppe

Nr. 7 = „Oppositionsführer"

Nr. 13 = „Schwarzes Schaf" (Allseitig abgelehnt und selbst ablehnend)

Die Gruppe hat zwei aktive informelle Untergruppen:

Erste Untergruppe = Nr. 1, 2, 3, 4, 5 (Nr. 1 ist Mittelpunkt)

Zweite Untergruppe = Nr. 7, 8, 9

Beide Gruppen stehen sich feindlich gegenüber
(erkennbar an der gegenseitigen Ablehnung von 1 und 7).

Nr. 6 und 11 = Randfiguren einer informellen Gruppe

Nr. 10 und 12 = Randfiguren mit typischer „Mitläufer-Haltung"

Die hier dargestellte Gruppe ist dadurch gefährdet, daß sie in zwei Cliquen auseinanderfällt und daß sie relativ viele Randfiguren enthält, die nicht in die Gruppe integriert sind. (Das Beispiel ist entnommen aus E. Höhn und Ch. P. Schick: Das Soziogramm, Verlag C. J. Hogrefe, Göttingen.)

Die Bande als besondere Gruppenform

Jugendliche sind im Freizeitbereich oft gefährdet, zufällig in eine sogenannte Bande zu geraten. Eine Bande ist gekennzeichnet durch ein spezielles Gruppenziel, strenge Rollenverteilung und harte Rollenerwartung. Sie hat sehr enggefaßte Normen und ist oft feindselig eingestellt. Wenn ein Jugendlicher in eine Bande geraten ist, ist es sehr schwierig, ihn wieder herauszuführen. Das kann nur sehr behutsam und mit besonderem Geschick geschehen. Der falscheste Weg wäre sicherlich, dem Jugendlichen die Mitgliedschaft in der Bande ohne Begründung zu verbieten.

3.5.1. Gruppenbildung im Betrieb

Wie bereits erwähnt, können nicht nur alle im Betrieb arbeitenden Menschen (Inhaber, Vorgesetzte, Gesellen, Lehrlinge) als eine Gruppe betrachtet werden, es sind außerdem noch weitere Gruppen aus organisatorischen und anderen Gründen mit unterschiedlichen Zielsetzungen möglich.

> Die aus organisatorischen Gründen aufgabenorientiert entstehenden Gruppen sind formelle Gruppen. Die aus sozialer Orientierung entstehenden Gruppen sind überwiegend informeller Art.

Neben den formellen Beziehungen bestehen im Betrieb noch zahlreiche andere zwischenmenschliche Beziehungen, die einen beachtlichen Einfluß auf das Betriebsgeschehen ausüben können. Diese informellen Beziehungen entwickeln sich einmal aus den Bindungen innerhalb der formellen Gruppe, andererseits aber auch aus gemeinsamen Interessen (Verein, Hobby) oder sozialen Merkmalen wie Alter, Geschlecht, Verwandtschaft und gemeinsame Heimat. Informelle Gruppen werden oft spontan gebildet, haben zunächst keine besonderen Ziele, können sich aber zu sehr starken Gruppenformen entfalten. Sie bedeuten dann eine Gefahr, wenn ihre Ziele im Widerspruch zum Betriebsziel stehen, wenn ihre Verhaltensnormen den Betriebsfrieden stören. Das ist der Fall, wenn der informelle Gruppenführer eine starke Stellung in der Gruppe hat und negativ zum Betrieb steht. Wenn die betriebliche Organisation Lücken aufweist, wird die Bildung von negativ eingestellten informellen Gruppen begünstigt.

Positiv ist dagegen, wenn in einer formellen Gruppe sich die informellen Beziehungen aller Gruppenmitglieder so günstig entwickeln, daß die Gruppe dadurch in ihrem Gruppenbewußtsein gestärkt wird und gruppeneigene Initiativen entfaltet. Dann erfüllt sie eine wichtige soziale Funktion, weil sie ihren Mitgliedern das Gefühl verleiht, als Mensch anerkannt zu werden. Der einzelne fühlt sich bestätigt, sicher und geborgen. Er ist deshalb auch bereit, für die Gemeinschaft einzutreten und für sie Opfer zu bringen. Solche Gruppen schaffen ein gesundes Betriebsklima.

Wenn mehrere Auszubildende in einem Betrieb ihre Ausbildung gleichzeitig beginnen, werden sie Gruppen bilden. Alle Auszubildenden eines Betriebes sind eine formelle Gruppe. Dem Ausbilder wird es nützlich sein, wenn er diese Gruppenbildung verfolgt und ihre Entwicklung genau beobachtet. Er wird dann erfolgreich sein, wenn er mit der Gruppe geht, in und an der Gruppe arbeitet und die Lehrlinge in der Sprache ihrer Gruppe anspricht. Dabei sollte er rechtzeitig Konflikte in Gruppen erkennen und bei auftretenden Problemen im Zusammenleben Initiativen zu deren Lösung ergreifen.

3.6. Führung und Betreuung von Jugendlichen

Neben der rein fachbezogenen Ausbildung für einen Beruf hat der Ausbilder die verantwortungsvolle und schwierige Aufgabe, den Jugendlichen zu führen und zu betreuen. Der Ausbilder hat mit Menschen umzugehen, die auch als jugendliche Individuen von ihrer Einmaligkeit überzeugt sind und wünschen, daß diese angenommen und ernstgenommen wird. Das erfordert von ihm viel Menschenkenntnis und viel Verständnis für Situationen, die logisch nicht zu begreifen sind. Jede Situation im betrieblichen Ablauf, jeder Mensch ist einmalig, nichts wiederholt sich in völlig gleicher Weise. Vom Ausbilder wird erwartet, daß er bei seinem Agieren und Reagieren die Besonderheiten einer Situation erkennt und sich danach verhält.

Wer Jugendliche auf Dauer erfolgreich führen und erziehen will, muß sie verstehen und ihr Wesen sowie ihre Bedürfnisse möglichst genau und tiefgründig erfahren. Sicherlich kann man das Wesen eines Menschen nicht vollständig erkennen. Es ist aber möglich, das individuelle Verhalten eines anvertrauten Jugendlichen weitgehend zu erforschen, indem man ihn beobachtet, mit ihm spricht und über seine konkret gelebten Verhaltensweisen nachdenkt. Wie viel man vom Wesen eines anderen erfährt, hängt entscheidend davon ab, wie man sich selbst ihm mitteilt, ihm anvertraut. Menschen werden in ihrem Verhalten durch Wille, Gefühle, Vernunft und Normen gesteuert. Je umfassender und gründlicher der Ausbilder die ihm anvertrauten Jugendlichen in ihrem Wesen und ihrem Verhalten erkennt, um so erfolgreicher kann er sie erziehen und führen.

3.6.0. Der Erziehungsauftrag des Ausbilders

Gerade der Jugendliche benötigt in seiner Entwicklung, in seinem Reifen zur Persönlichkeit Hilfe. Der Ausbilder sollte seinen Erziehungsauftrag darin sehen, die im Wesen einer Person vorhandenen Werte zu entfalten. Einen Menschen erziehen bedeutet, seine Eigenschaften und Kräfte zu suchen, seine Möglichkeiten und Grenzen zu erkennen. Dies in der Absicht, die dem Individuum angelegten Fähigkeiten zu entfalten. Gerade im heutigen Wirtschaftsleben besteht die Gefahr, daß einzelne Fähigkeiten, die die Einmaligkeit eines Menschen und damit seiner Person auszeichnen, immer weniger Entfaltungsmöglichkeiten erhalten. Das Dasein eines Menschen ist nicht allein mit selbstgemachten Erfahrungen zu meistern, er muß auch konkrete Orientierungen für sein Handeln und Tun erhalten.

Eine besondere Möglichkeit, die in einem Menschen schlummernden Anlagen zu entwickeln, bietet die berufliche Erziehung. Hier kann er durch konkrete Aufgaben seine Anlagen entfalten. Sofern ein Jugendlicher beim Erlernen eines Berufes Gestaltungsmöglichkeiten findet, seine Kräfte einsetzen und entwickeln kann, wird der Beruf für ihn einen besonderen Wert und tiefen Sinn bekommen.

Bedauerlicherweise wirkt die technische Entwicklung mit ihrer Spezialisierung diesem Ziel teilweise entgegen. Um so mehr sollte der Ausbilder bei der beruflichen Bildung bestrebt sein, eine ganzheitliche und vielschichtige Vermittlung der fachlichen Fertigkeiten und Kenntnisse anzustreben.

Ziel jeder Erziehung ist in erster Linie die persönliche Selbständigkeit. Der einzelne Mensch kann seine Aufgabe auf Dauer nicht in einer bloßen Anpassung an bestehende Verhältnisse sehen. Notwendig ist das selbständige Handeln in eigener Verantwortung. Erziehung sollte deshalb auf die einzelne Person ausgerichtet im Beruf und in der Freizeit das Streben nach verantwortlicher Eigenständigkeit besonders fördern.

Einführung des Lehrlings im Betrieb

Wenn ein junger Mensch eine Berufsausbildung beginnt, findet er sich in einer besonderen Situation. Er tritt aus einer seit Jahren gewohnten Umwelt im Elternhaus und der Schule in eine völlig neue Umgebung, in die betriebliche Umwelt ein. Der Ausbilder sollte deshalb unbedingt am ersten Tag mit dem Lehrling ein Einführungsgespräch führen, in dem er ihm den Betrieb vorstellt, das Arbeitsprogramm erläutert und auf die Besonderheiten des Betriebes hinweist. Wenn möglich, sollte der Ausbilder den neuen Lehrling selbst den Mitarbeitern im Betrieb vorstellen und dadurch ein befremdendes Gefühl in einer neuen Umgebung abbauen. In den ersten Wochen der betrieblichen Ausbildung bedarf der Lehrling einer verstärkten persönlichen Betreuung. Diese läßt sich zweckmäßigerweise dadurch erreichen, daß man den Lehrling einem erfahrenen Gesellen zur persönlichen Fürsorge anvertraut. Er wird den neuen Mitarbeiter mit den Arbeits- und Sozialräumen vertraut machen und ihn an einem bestimmten Ausbildungsplatz einführen. Eine solche Betreuung weckt bei dem Lehrling Vertrauen und verleiht ihm das Gefühl, als heranreifende Persönlichkeit geachtet und geschätzt zu werden.

3.6.1. Der Ausbilder – ein Leitbild für den Jugendlichen

Beim Jugendlichen erwünschte Verhaltensweisen kann der Ausbilder äußerst wirksam durch eigenes Vorleben vermitteln und fördern. Er ist für den Jugendlichen Vorgesetzter und damit eine durch Aufgabenstellung festgelegte Bezugsperson. Er ist für den Jugendlichen ein **Leitbild**.

Unter Leitbild versteht man die Vorstellung von einem Verhalten eines anderen Menschen, das man selbst als nachahmenswert empfindet, oder das innere Ablehnung hervorruft: Man unterscheidet zwei Arten von Leitbildern:

- ein funktionales Leitbild und

- ein freigewähltes Leitbild.

Das funktionale Leitbild entsteht aufgrund einer besonderen Beziehung. Beispiele dafür sind für den Jugendlichen die Eltern, Lehrer, der Ausbilder.

Aufgrund einer konkreten Aufgabenstellung, nämlich einen Beruf zu vermitteln, wird der Ausbilder funktionales Leitbild. Für ihn bedeutet das, er kann sich nicht aussuchen, ob er Leitbild sein will oder nicht, er ist Leitbild für den Auszubildenden. Er sollte deshalb stets bemüht sein, solche Verhaltensweisen vorzuleben, die im Sinne einer guten Erziehung nachahmenswert sind. Sofern ihm dieses gelingt, wird er für den Jugendlichen zum Vorbild. Der Ausbilder sollte sich immer bewußt machen, daß der Jugendliche von ihm auch Verhaltensformen übernimmt, die nicht nachahmenswert sind.

Was nachahmenswert ist, entscheiden einmal das sich entfaltende autonome Gewissen des Jugendlichen und andererseits die von der menschlichen Gemeinschaft gelebten und für richtig empfundenen Verhaltensformen.

Freigewählte Leitbilder sind für den Jugendlichen solche, die er sich aufgrund besonderer Ereignisse oder besonderer Ausstrahlung selbst frei wählt. Beispiele hierfür sind:

Filmstars, Fußballidole, aber auch Mitlehrlinge, Gesellen und möglicherweise auch der Ausbilder. Den freigewählten Leitbildern wird der Jugendliche im allgemeinen unkritischer folgen und ihnen auch mehr Nachsicht zeigen bei Verhaltensformen, die er selbst nicht nachahmenswert findet.

Wenn der Ausbilder für den Jugendlichen als funktionales Leitbild auch noch freigewähltes Leitbild ist, ist der Idealfall gegeben.

Ein Leitbild kann, wie festgestellt, positiv und negativ wirken. Das Vorbild ist ein positives Leitbild.

3.6.2. Menschentypen

Obwohl jeder Mensch etwas Einmaliges, Einzigartiges darstellt, kann man feststellen, daß es Menschen gibt, die sich ähnlich verhalten. Aus dieser Erkenntnis heraus hat die Wissenschaft schon immer versucht, die Menschen aufgrund ihres Verhaltens in Gruppen einzuteilen. Danach kann man zwei Grundtypen unterscheiden:

- Den introvertierten Menschen und

- Den extravertierten Menschen.

Der introvertierte Mensch ist nach innen gekehrt, er wirkt oft scheu, zurückhaltend und beschäftigt sich häufig mit sich selbst. Der extravertierte Mensch ist stark nach außen gerichtet, er ist sehr mitteilsam, ist gesellschaftlich aktiv und bereit, sein Wesen offen zu zeigen.

Eine andere Grundtypeneinteilung zeigt uns den ökonomisch ausgerichteten und den sozial eingestellten Menschen.

Der ökonomisch ausgerichtete Mensch orientiert sein Tun und Handeln an Ergebnissen. Für ihn ist wichtig, was dabei herauskommt, welchen Nutzen er aus einer Situation oder einem Handeln ziehen kann. Der sozial eingestellte Mensch ist mehr auf andere ausgerichtet. Er fragt sich bei seinen Handlungen, wie das ein anderer empfindet, wie er darauf reagiert. Für ihn ist nicht gleichgültig wie es dem Nachbarn geht, er zeigt sich sehr stark hilfsbereit und findet es befriedigend, wenn er anderen Menschen helfen kann.

Wissenschaftler haben versucht, die Menschen in Gruppen einzuordnen. Dabei wird von ihnen jedoch eindeutig festgestellt, daß es den Reintypen in der Wirklichkeit nur selten gibt. Man findet häufig Mischformen vor, bei denen aber bestimmte Merkmale doch erkennbar sind. Durch die Begegnung mit der Umwelt kann ein bestimmter Typ natürlich sein an sich vorhandenes Verhalten auch ändern.

Aus der griechischen Geschichte ist die Einteilung nach Temperamenten bekannt. Ein griechischer Arzt, namens Hippokrates, der auch als Begründer der wissenschaftlichen Medizin gilt, hat versucht, die Menschen aufgrund ihres Verhaltens und ihres seelischen Zustandes zu erforschen. Diese bereits über 2.000 Jahre alte Typenlehre wird auch heute noch beachtet und als Mittel, Menschen zu erkennen, eingesetzt. Auch hier gilt, daß ein Temperament sein Verhalten durch Begegnung mit der Umwelt anpassen bzw. ändern kann.

Die vier Temperamente werden beispielhaft kurz beschrieben:

1. Der Phlegmatiker

gleichgültig, träge, schwer erregbar, kaltblütig, er läßt sich nicht leicht aus der Ruhe bringen, was um ihn geschieht, interessiert und stört ihn nicht.

2. Der Melancholiker

schwermütig, entschlußunfähig, müde, grübelnd, kann sich nicht entscheiden, sieht Probleme überall, depressiv.

3. Der Choleriker

leicht erregbar, aufbrausend, leidenschaftlich, jähzornig, heftiger ausgeprägter Willensmensch, ausdauernd und energisch bei der Arbeit und Pflichterfüllung.

4. Der Sanguiniker

lebhaft, sprunghaft, begeisterungsfähig, leichtblütig, feurig, leichte Auffassungsgabe.

3.6.3. Erziehungsmittel in der Ausbildung

Maßnahmen, Handlungen und Entscheidungen, die der Ausbilder als Mittel einsetzt, um bei den zu betreuenden Lehrlingen ein erwünschtes Verhalten oder eine bestimmte Einstellung zu erreichen, nennt man Erziehungsmittel.

Wenn der Ausbilder in konkreten Situationen ganz bestimmte Erziehungsmittel anwendet, sollte er darauf achten, daß sie der gewünschten Zielsetzung entsprechen, angemessen sind und sich harmonisch in den praktizierten Führungsstil einordnen. Dabei ist die besondere Situation zu berücksichtigen, in der sich der Betroffene gerade befindet. Erziehungsmittel sollten daran gemessen werden, wie weit sie geeignet sind:

- Interessen zu wecken und nicht zu beeinträchtigen,
- Erfolgserlebnisse zu schaffen und nicht zu erschweren,
- zur Einsicht zu führen und sie nicht zu verhindern.

Ein Lob kann anspornen aber auch zugleich überheblich machen, ein Tadel kann zur Besinnung führen, aber auch zu Widerstand reizen. Ein Wettbewerb kann anregend wirken, aber auch zur Resignation führen. Die Wirkungsweise kann personen- und situationsbedingt verschieden sein.

In der betrieblichen Ausbildungspraxis kann man nach geeigneten und nicht geeigneten Erziehungsmitteln unterscheiden. Wesentliches Element eines geeigneten Erziehungsmittels ist: Beim Jugendlichen führt es über Einsicht zum erwünschten Ziel. Nicht oder wenig geeignete Erziehungsmittel können kurzfristig auch einen Erfolg bewirken. Das Ergebnis wird aber nicht auf Dauer sein, weil es nicht aus der inneren Einsicht des Jugendlichen herbeigeführt wurde.

Geeignete Erziehungsmittel sind:
- klare und genau festgelegte Ziele setzen
- genau formulierte Aufgaben stellen
- ermutigen und aufmuntern
- Beratungs- und Informationsgespräche
- Anerkennung
- sachliche Kritik
- Erfolgskontrolle

Nicht geeignete Erziehungsmittel sind:

- Strafe

- Drohung und leere Versprechungen

- persönlicher Tadel

- Lobhudelei

Klare Aufgaben und Zielsetzungen führen zu einer geradlinigen Mitarbeiterführung, der Geführte weiß, wie er dran ist und was man von ihm erwartet.

Ermutigung und Aufmunterung fördern das Lernen, sie helfen Lernschwierigkeiten überwinden und wirken motivierend. Anerkennung, die stets sachbezogen ausgesprochen werden sollte, dient der Selbstbestätigung und ist geeignet, Lernbereitschaft in jeder Weise zu wecken.

Sachliche Kritik in einem gut geführten Gespräch vorgetragen, kann beim Jugendlichen zur Einsicht führen und ihn so befähigen, daß er sein Verhalten, seine Einstellung von sich aus eigenmotiviert ändern will. Erfolgskontrolle, methodisch als Soll-Ist-Vergleich durchgeführt, ist ein sehr wertvolles nicht zu unterschätzendes Erziehungsinstrument. Sie sollte aber keinesfalls überfallartig durchgeführt werden. Der Auszubildende soll wissen, wann und wie er kontrolliert wird.

Wenn man Strafe als nicht geeignetes Erziehungsmittel ansieht, ist der Begriff sehr eng zu fassen. Darunter soll hier verstanden werden, eine Maßnahme, die bewußt schmerzen soll und die in keinem Zusammenhang zum gezeigten Fehlverhalten steht. Dazu ein Beispiel aus dem Elternhaus: „Weil Du zu spät nach Hause gekommen bist, wird Dein Taschengeld für einen Monat gestrichen".

Dementsprechend wäre folgende Entscheidung als harte Maßnahme und Zielsetzung, aber nicht als Strafe zu sehen: „Weil Du an diesem Samstag trotz gegenteiligen Versprechens wieder zu spät nach Hause gekommen bist, darfst Du am kommenden Samstag nicht ausgehen!".

Strafen, wie beschrieben, führen nicht zur Bereitschaft, das Verhalten aus Einsicht zu ändern. Sicherlich kann man mit Strafen eine zeitweilige, äußerlich verursachte Disziplinierung erreichen, eine dauerhafte Verhaltensänderung wird damit fast nie erreicht.

Unter Drohung soll hier verstanden werden, das Ankündigen einer Diszi-
plinarmaßnahme, die man aber dann nicht durchführt. Leere Verspre-
chung bedeutet, der Ausbilder verspricht eine Belohnung für ein erwünschtes Ziel, hält aber dann sein Versprechen nicht ein.

Lobhudelei oder überschwengliches Lob ist aus pädagogischer Sicht von
einer sachbezogenen echten Anerkennung zu unterscheiden. Lobhudelei,
meist personenbezogen ausgesprochen, verfehlt bald ihre Wirkung und
kann sogar in eine unerwünschte Richtung führen.

3.6.4. Entstehen und Erkennen von Erziehungsschwierigkeiten

Jeder Ausbilder wird im Rahmen seiner Lehrtätigkeit gelegentlich vor Problemen im erzieherischen Bereich stehen, die ihm Schwierigkeiten bereiten können. Solche Erziehungsschwierigkeiten oder Verhaltensstörungen sind bei den ihm anvertrauten Jugendlichen auch bei durchwegs normalem Ausbildungsverlauf zu beobachten.

Jede Erziehungsschwierigkeit stellt sich anders dar und kann in einer oder mehreren Ursachen begründet sein. Der Ausbilder benötigt besonderes Geschick und viel Einfühlungsvermögen, um ein Erziehungsproblem dauerhaft zu lösen. Dabei wird es entscheidend darauf ankommen, wieweit es dem Ausbilder gelingt, den Jugendlichen zur Einsicht zu führen. Der Jugendliche, der ein Fehlverhalten zeigt, muß die innere Bereitschaft finden, sein Problem selbst lösen zu wollen. Nur dann besteht Aussicht auf einen nachhaltigen Erfolg.

Um Erziehungsprobleme erfolgreich angehen zu können, sollte der Ausbilder zunächst überlegen, wie bei einem Jugendlichen Erziehungsschwierigkeiten entstehen und wie man sie erkennen kann.

Entstehen von Erziehungsschwierigkeiten

Verhaltensstörungen und Erziehungsschwierigkeiten lassen sich immer auf ganz bestimmte konkrete Ursachen zurückführen. Für die Vielfalt möglicher Ursachen sollen nach Gruppen geordnet die folgenden Beispiele dienen:

- Entwicklungsbedingte Ursachen:

  Triebüberschuß, Minderbelastbarkeit, Bewältigung sexueller Probleme, ausgeprägte einseitige Interessenlage, emotionale Instabilität

- Erziehungsbedingte Ursachen:

  Frustration im Kindes- und Jugendalter, mangelhafte Erziehung, Verwöhnung als Einzelkind

- Physisch bedingte Ursachen:

  Krankheit, Schwächlichkeit, zu wenig Schlaf, falsche oder unzureichende Ernährung

- Betriebsbedingte Ursachen:
  langweilige und eintönige Arbeitsausführungen, schlechte Arbeits-
  bedingungen, Über- und Unterforderung, Verhalten des Ausbilders,
  der Gesellen, der Mitlehrlinge, gestörtes Betriebsklima
- Sonstig umweltbedingte Ursachen:
  Freizeitgruppen, Freund/Freundin, sportliche Übertreibung, überzo-
  genes Anspruchsniveau aus dem Elternhaus, politische und religiöse Einstellung

Konflikte lösen Erziehungsschwierigkeiten aus

Der Konflikt zeigt einen Zustand, in dem man sich zwischen einander
widersprechenden Verhaltensweisen entscheiden muß oder eine Situation, bei der man ein vorgegebenes oder selbstgestecktes Ziel nicht
erreichen kann. Beide Konfliktsituationen, der Entscheidungskonflikt
und der Zielkonflikt, führen zu einer unangenehm empfundenen Spannung.

Eine Konfliktsituation nicht bewältigen zu können, führt regelmäßig zur
Frustration. Darunter versteht man das vergebliche Bemühen, etwas
Bestimmtes zu erreichen oder zu bewirken.

Frustrationen können entstehen durch Behinderung des Wollens, durch
tatsächliche oder eingebildete Ungerechtigkeit, durch Benachteiligung
oder Zurücksetzung. Aus der Frustration heraus drängt der Jugendliche
in bestimmte Verhaltensformen, die sich anlagebedingt unterschiedlich
äußern können.

Aggression und Aufsässigkeit

Unter Aggression versteht man ein aktives feindseliges Verhalten gegen
sich selbst und andere, das in Tätlichkeit und Zerstörungswut ausarten
kann. Unter Aufsässigkeit versteht man eine passiv auflehnende Verhaltensweise gegen Personen und Anordnungen.

Resignation

Sie tritt dann ein, wenn der Jugendliche aus der Frustration heraus aufgibt, sein Schicksal als unabänderlich ansieht und deshalb alle Aktivitäten
einstellt.

Regression

Der Jugendliche zieht sich in ein früheres Stadium seiner Entwicklung zurück. Das zeigt sich in kindlichem Verhalten, im Nachäffen von Personen, um nicht gelöste Probleme zu überspielen.

Verdrängung oder Fluchtreaktionen

Der Jugendliche versucht, die ungelöste Konfliktsituation zu verdrängen oder er flüchtet aus der ihn bedrückenden Situation. Daraus entstehen oft neue Konflikte, die zu seelischen Störungen führen können.

Erkennen von Erziehungsschwierigkeiten

Durch intensives Beobachten lassen sich Erziehungsschwierigkeiten bis zu einem gewissen Grad in ihrem Umfang und ihrer Bedeutung erfassen. In vielen Fällen führt aber erst das gutgeführte Kritikgespräch zur vollständigen Klärung eines bestimmten Sachverhaltes und zum Herausfinden der konkreten Ursachen.

Eine Befragung anderer Mitarbeiter im Betrieb, wie dies in der Praxis bedauerlicherweise allzu oft geschieht, sollte man als Ausbilder tunlichst vermeiden. Dies führt nämlich oft zu Störungen im Gruppenverhalten des betroffenen und befragten Mitarbeiters. Wird der Ausbilder durch Gesellen oder Mitlehrlinge auf ein Erziehungsproblem hingewiesen, sollte er diese Informationen zunächst gründlich und kritisch prüfen.

Einer oft verbreiteten Meinung, man solle zur Lösung eines Erziehungsproblems immer die Eltern mitheranziehen, ist ebenfalls entgegen zu treten. Es gibt Situationen, bei denen der Ausbilder tatsächlich auf eine Mitwirkung des Elternhauses angewiesen ist. Das sollte aber eine seltene Ausnahme sein. Gerade bei der Beseitigung von Erziehungsschwierigkeiten kann der Ausbilder zeigen, daß er fähig und in der Lage ist, ein Problem mit dem betreffenden Jugendlichen allein zu lösen. Das bietet ihm die wertvolle Chance, beim Jugendlichen das Vertrauen zu stärken. Allerdings nur dann, wenn er sich dabei geschickt verhält. Das Kritikgespräch als wesentliches Instrument zur Lösung von Erziehungsschwierigkeiten wird deshalb in einem eigenen Kapitel behandelt.

3.6.5. Planmäßiges Vorgehen bei Erziehungsschwierigkeiten

Zunächst ist zu klären, bei welchen Erziehungsschwierigkeiten oder Verhaltensstörungen der Ausbilder eingreifen muß, um sie abzustellen. Die vielen kleinen Problemsituationen im täglichen Arbeitsablauf, kleine Reibereien unter den Lehrlingen oder vorübergehende Stimmungen und Launen eines Jugendlichen sollten nicht überbewertet werden, in diesen Fällen muß der Ausbilder nicht eingreifen.

Die kleinen Problemfälle des Alltags sollten junge Menschen untereinander selbständig lösen bzw. selbst damit fertig werden. Dies dient ihrer sozialen Reifung. Der Ausbilder muß dann handeln, wenn er bei einem Jugendlichen ein schwerwiegendes, ernsthaftes und nachhaltiges Fehlverhalten feststellt, welches das Ausbildungsziel gefährden könnte.

Beispiele für solche Erziehungsschwierigkeiten sind:

- Aggression und Aufsässigkeit, deutlich spürbarer Leistungsabfall, Diebstahl im Betrieb, unerlaubtes Fernbleiben von der Arbeit oder der Berufsschule, unehrliches Verhalten gegenüber Vorgesetzten und Kollegen, nachhaltige Unordnung am Arbeitsplatz, mangelnde Konzentrationsfähigkeit, Unzugänglichkeit, Hemmungen und Angst.

Wenn auch jede Erziehungsschwierigkeit als ein konkretes Einzelereignis anzusehen ist und deshalb eine individuelle Behandlung erfordert, gibt es dennoch einige Grundregeln, die der Ausbilder unbedingt beachten sollte. Dazu bietet sich eine logische Schrittfolge an:

- Feststellung des Sachverhaltes

- Ermittlung der möglichen Ursachen und Zusammenhänge

- Behandlung und Lösung des Problems

- Entscheidung und Maßnahmen

- Erfolgskontrolle

Das Fehlverhalten ist nach Bedeutung und Umfang genau zu ergründen. Man sollte möglichst viele Tatsachen sammeln und sich nicht durch Vermutungen steuern lassen. Informationen sollten kritisch überprüft werden.

Der Zusammenhang zwischen Ursache und Wirkung ist oft nur schwierig zu erkennen. Der Ausbilder sollte gezielt fragen, wie es zu der Schwierigkeit gekommen ist. Dabei muß er auch überlegen, ob er selbst irgendwie zu der Problemsituation beigetragen hat. Neben vielen betrieblichen Ursachen sollten auch solche aus dem Privatbereich überprüft werden.

Sobald der Ausbilder die eigentlichen Ursachen herausgefunden hat, sollte er im Gespräch mit dem betroffenen Jugendlichen gemeinsam eine Lösung des Problems anstreben. Dabei kommt es entscheidend darauf an, dem Jugendlichen die Bedeutung seines Fehlverhaltens bewußt zu machen und ihn mit viel Geschick zur Einsicht zu führen. Dazu ist Verständnis und Geduld des Ausbilders erforderlich. Sinnvoll und erfolgversprechend wird es sein, wenn der Ausbilder den Jugendlichen aktiv in die Problemlösung einschaltet, ihn selbst darüber nachdenken läßt, wie er am besten aus dieser Schwierigkeit herausfinden kann. Selbstverständlich sollte er dabei seine Hilfe anbieten.

Die getroffenen Entscheidungen und festgelegten Maßnahmen sollten einerseits die individuelle Situation des Jugendlichen berücksichtigen, andererseits aber konsequent durchgeführt werden. Der Lösungsweg muß für den Jugendlichen klar erkennbar sein.

Da eine ernsthafte Erziehungsschwierigkeit das Ausbildungsziel gefährdet, ist es erforderlich, den Erfolg der festgelegten Maßnahme zu überprüfen.

3.7. Führungsverhalten des Ausbilders

Der Erfolg in der betrieblichen Ausbildung wird wesentlich vom Führungsstil beeinflußt. Führungskräfte sollten danach streben, daß sich die Beschäftigten – auch die Auszubildenden – im Betrieb wohl fühlen und die ihnen übertragenen Arbeiten interessiert, gerne und verantwortungsbereit ausführen.

Arbeitende Menschen haben auch am Arbeitsplatz Bedürfnisse. Sie wünschen, daß ihre Fähigkeiten berücksichtigt werden, ihre Leistung anerkannt und ihnen Achtung entgegengebracht wird. Das trifft auch und besonders für die Erziehung der auszubildenden Jugendlichen zu. Ein Betrieb als organisatorisches Gebilde kommt nicht ohne Führung aus. Es müssen immer Menschen da sein, die fähig und bereit sind, Entscheidungen zu treffen. Der betriebliche Arbeitsablauf und der Ausbildungsverlauf müssen organisatorisch geordnet und entsprechende Maßnahmen getroffen werden. Dazu ist Führungswissen erforderlich.

Der Ausbilder hat bei der betrieblichen Ausbildung Führungsaufgaben wahrzunehmen, die ein besonderes Geschick, Geduld und Einfühlungsvermögen erfordern. Er wird am ehesten erfolgversprechend arbeiten können, wenn er bei den Jugendlichen die notwendige Autorität besitzt. Er wird als Autorität besonders dann anerkannt sein, wenn er sich durch fachliches Wissen, Fähigkeiten und Berufserfahrung auszeichnet. Seine Autorität sollte sich aber auch unbedingt auf menschliche Qualitäten stützen können. Jugendliche erwarten, daß ihr Vorgesetzter die gleichen Verhaltensweisen zeigt und vorlebt, die er von ihnen verlangt. Sie haben ein feines Empfinden dafür, ob sie von ihrem Ausbilder gerecht behandelt werden, ob er für ihre Probleme Verständnis zeigt und sie in ihrer Persönlichkeitsentwicklung respektiert.

Mit einigen grundlegenden Erkenntnissen der Menschenführung sollte sich deshalb der Ausbilder vertraut machen.

3.7.0. Führungsstile in der Ausbildung

Der Führungsstil beschreibt nach Art, Form und Umfang die in einem Betrieb verwirklichten Führungsprinzipien und die eingesetzten Führungstechniken. Durch ihn wird das Befinden der im Betrieb Beschäftigten wesentlich bestimmt. Der Erfolg eines Betriebes wird entscheidend vom Führungsstil beeinflußt. Dabei ist bedeutend, wie klar die Grundsätze eines Führungsstils von den Führungskräften beachtet und von den Beschäftigten als richtig anerkannt und respektiert werden. Für eine erfolgreiche Ausbildung dürfte der Führungsstil am besten geeignet sein, bei dem es gelingt, Initiative und Mitdenken der Auszubildenden zu wecken. Es gibt bestimmte Führungsprinzipien, die jeder Ausbilder lernen und praktizieren kann. Ob er damit erfolgreich ist, hängt entscheidend davon ab, wie seine geistige Grundhaltung zur Führung selbst ist.

In der Praxis unterscheidet man drei grundlegende Führungsstile, nämlich

- den autoritären Führungsstil

- den laissez-faire Führungsstil und

- den kooperativen Führungsstil

Dazu findet man Mischformen und abgewandelte Führungsstile, die aber letztlich auf einen der genannten zurückzuführen sind. Um die Bedeutung der einzelnen Führungsstile klarer erkennen zu können, sollte man sich zunächst die Frage bewußt vorlegen:

Was heißt Menschen führen?

Führen heißt, Menschen zu veranlassen, das zu tun, was man von ihnen will.

Das bedeutet: Wer Menschen führen will, muß selber zunächst ein Ziel haben. Erst dann kann er bewußt die ihm anvertrauten Menschen auf dieses Ziel hinsteuern. Mit welchem Erfolg das vom Führenden angestrebte Ziel erreicht wird, hängt entscheidend davon ab, wie die Menschen dorthin geführt werden. Es ist ein wesentlicher Unterschied, ob durch Befehl oder durch Aufgabenstellung geführt wird. Während der Befehl das Mitdenken des Untergebenen weitgehend ausschaltet, wird durch die Aufgabenstellung das Mitdenken und Mitwirken des Unterstellten angeregt. Wer durch Aufgabenstellung führt, berücksichtigt die bei seinen Mitarbeitern vorhandenen Bedürfnisse.

Der autoritäre Führungsstil

Der autoritäre Führungsstil ist durch eine deutliche Über- und Unterordnung gekennzeichnet (durch Befehl und Gehorsam). Von oben wird ein Befehl nach unten gegeben. Von unten erfolgt der Gehorsam (Befehlsausführung) nach oben.

Vorgesetzter

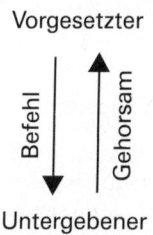

Untergebener

Der rein autoritär führende Vorgesetzte sagt in seinem Befehl genau, was der Untergebene wann und wie zu tun hat. Er erwartet, daß sein Befehl nach Anordnung und in gleichem Umfang bedingungslos ausgeführt wird. Der Vorgesetzte trifft alle Entscheidungen ausschließlich selbst, der Untergebene hat sie entgegenzunehmen und auszuführen. Auf soziale Bedürfnisse und persönliche Interessen der Beschäftigten nimmt der autoritäre Führungsstil kaum Rücksicht. Die Arbeitskraft ist für den Betrieb solange interessant und wichtig, wie sie durch getreue Befehlsausführung Leistung erbringt. Eigeninitiative und Mitdenken der Beschäftigten bei der Arbeitsausführung ist nicht erwünscht.

In der betrieblichen Praxis erfordert dieser Führungsstil, wenn er überhaupt funktionieren soll, eine starke Persönlichkeit. Er kann nur solange praktiziert werden, wie der Inhaber eines Betriebes den gesamten Arbeitsablauf noch vollständig überblicken und alle Entscheidungen selbst sachgerecht treffen kann. Hier überschätzen bewußt autoritär führende Inhaber oft ihr Leistungsvermögen. Sie übersehen auch, daß ein Führen unter Druck und Zwang die Leistungsbereitschaft der Beschäftigten auf Dauer wesentlich mindert. Autoritär Führende sind daran zu erkennen, daß sie immer überlastet sind, nie Zeit haben und meinen, ohne sie könne der Betrieb nicht reibungslos laufen. Durch ihr fehlerhaftes Verhalten haben sie bei ihren Arbeitskräften Eigeninitiative weitgehend unterdrückt. Sie sind aber selten bereit, den Fehler bei sich zu suchen und klagen schließlich über gesunkene Arbeitsmoral und mangelndes Interesse der Beschäftigten.

Der patriarchalische Führungsstil ist dem rein autoritären verwandt. Er beruht ebenfalls auf eine deutliche Über- und Unterordnung. Der Patriarch erteilt seine Befehle und erwartet Gehorsam. Aber im Gegensatz zum rein autoritären Führungsstil sorgt er auch noch für seine Untertanen, wenn sie einmal nicht mehr für ihn arbeiten können.

Der patriarchalische Führungsstil war lange Zeit typisch für den Handwerksbetrieb. Er wird auch heute noch im Handwerk praktiziert, obwohl er in größeren Handwerksbetrieben aus mehreren Gründen sicherlich nicht mehr geeignet ist.

Der laissez-faire Führungsstil

Der laissez-faire Führungsstil bedeutet ein weitgehend passives Führungsverhalten. Er ist dadurch gekennzeichnet, daß eigentlich keine Führung erfolgt. Der Ausdruck laissez-faire ist der französischen Sprache entnommen und besagt „laßt machen, laßt tun". Er wurde zu einem Begriff des Wirtschaftsliberalismus und sollte bewirken, daß die Wirtschaft besser florieren könnte, wenn der Staat sich nicht einmischte.

Als Führungsstil bezeichnet er etwas, was eigentlich in der Wirtschaft nicht sein sollte, nämlich eine gewisse Gleichgültigkeit in der Führung. Diese Gleichgültigkeit ist gleichzusetzen mit Führungslosigkeit. Er wird häufig mit freiheitlicher Führung (Freizügigkeit) verwechselt, und darin liegt seine Gefahr. Da der Führende sich nachgebend verhält, im wesentlichen die Dinge treiben läßt, ohne einzugreifen, entwickelt sich bei den Beschäftigten ein unsicheres und oft ratloses Verhalten. Strebsame Arbeitskräfte können sich nicht entsprechend entfalten, die betrieblichen Ziele werden vernachlässigt und die sozialen Beziehungen gestört.

Formen einer laissez-faire Führung sind bei der betrieblichen Ausbildung abzulehnen. Weil seine negativen Auswirkungen oft zu spät erkannt werden, können die Folgen einer solchen Führung verheerend sein.

Der kooperative Führungsstil

Der kooperative Führungsstil beruht auf demokratischen Prinzipien. Kooperativ (mitwirkend) bedeutet, alle im Betrieb Tätigen arbeiten und wirken zusammen, um gemeinsam das gesteckte Betriebsziel zu erreichen. Dieser Führungsstil ist gekennzeichnet durch eine echte Partnerschaft zwischen Inhaber, Vorgesetzten und Mitarbeitern. Geistige Grundlage ist die Erkenntnis des Führenden, daß er allein die Ziele des Unternehmens nicht erreichen kann. Er weiß, daß der Erfolg des Unternehmens wesentlich von der Leistungsbereitschaft seiner Mitarbeiter abhängt. Er berücksichtigt in seiner Führung die Bedürfnisse der Beschäftigten am Arbeitsplatz und weckt so bei ihnen die innere Bereitschaft, Eigeninitiative zu entwickeln, bei der Arbeitsausführung mitzudenken und Verantwortung zu tragen.

Der Vorgesetzte stellt dem Mitarbeiter eine Aufgabe oder erteilt einen Auftrag, der Mitarbeiter führt sie in Eigenverantwortung aus. Das so entstehende Vertrauensverhältnis wirkt auf beide Partner motivierend.

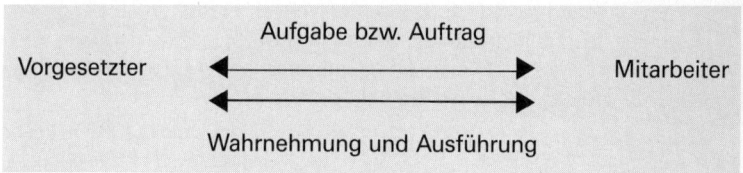

Die gegenseitige Beziehung ist bei der kooperativen Führung als eine partnerschaftliche Gleichordnung zu sehen. Vorgesetzte und unterstellte Mitarbeiter wissen, daß ihre jeweiligen Interessen in der gemeinsamen Zielverfolgung am besten gewahrt werden. Gegenseitiges Vertrauen weckt die Leistungsbereitschaft und fördert die Zufriedenheit am Arbeitsplatz.

Die kooperative Führung hat eine klare Konzeption. Sie setzt grundlegende organisatorische Maßnahmen voraus und beruht auf einheitlichen Führungsprinzipien.

Für Klein- und Mittelbetriebe des Handwerks ist die partnerschaftliche Führung unbedingt empfehlenswert. Auch sie werden mit der autoritär-patriarchalischen Führungsform auf Dauer nicht mehr erfolgreich sein können. Natürlich darf man kooperative Führung in diesen Betriebsgrößen nicht starr anwenden, sie ist vielmehr der jeweiligen Betriebsgröße sinngemäß anzupassen.

Bei der Überlegung, welchen Führungsstil man anwenden sollte, ist einem weitverbreiteten Irrtum entschieden entgegenzutreten, nämlich, es könnten in einem Betrieb mehrere Führungsstile gleichzeitig nebeneinander erfolgversprechend praktiziert werden. Das würde zwangsläufig zu großen Problemen führen.

Daran sollte man denken: Autoritäre Führungsformen sind nicht mehr geeignet, die im Betrieb arbeitenden Menschen zu selbständigem Denken, Handeln und Entscheiden anzuregen. Veränderte wirtschaftliche, technische und soziologische Bedingungen erfordern einen partnerschaftlichen Führungsstil.

Ziel einer kooperativ geführten Ausbildung:

Erhöhung der Qualifikation durch Lern- und Arbeitsbereitschaft der Auszubildenden, Zufriedenheit in der Ausbildung und ein freundliches Lernklima. Ein guter Ausbilder hat einen „guten Draht" zu seinen Lehrlingen; er biedert sich nicht an, zeigt aber Verständnis, Einfühlungsvermögen und Entgegenkommen. Außerdem vermittelt er seinen Lehrlingen Anerkennung für qualifizierte Leistungen und motiviert sie dadurch für weiteres Lernen. Er schafft ihnen Erfolgserlebnisse, die sie als Motiv für eigenverantwortliches Arbeiten brauchen.

3.7.1. Anerkennung und Kritik – wichtige Führungsinstrumente in der Ausbildung

Für den Ausbilder, der nach kooperativem Führungsstil eine partnerschaftliche Ausbildung betreibt, sind Anerkennung und Kritik zwei wichtige Führungsmittel. Beide dienen einer erfolgreichen Ausbildung, weil sie geeignet sind, die Leistung der Lehrlinge zu verbessern und gleichzeitig positiv auf das Betriebsklima einzuwirken.

Zum Verständnis der folgenden Aussagen ist es unbedingt erforderlich, genau zu unterscheiden zwischen einer anerkennenden Bemerkung und einem Anerkennungsgespräch sowie zwischen einer korrigierenden Bemerkung und einem Kritikgespräch.

Wenn der Ausbilder im betrieblichen Alltag einem Lehrling gegenüber eine anerkennende oder korrigierende (kritisierende) Bemerkung macht, muß er dabei keine Besonderheiten berücksichtigen. Er sollte lediglich darauf achten, daß seine Äußerungen klar und sachbezogen der Situation entsprechen.

Dazu ein Beispiel:

Der Ausbilder überprüft bei seinen Lehrlingen den Ausbildungserfolg. Dabei korrigiert er beim Lehrling A die Führung der Feile mit der Bemerkung: „Sie müssen den Schub bis zum Ende des Feilenblattes führen" und anerkennt beim Lehrling B die saubere Arbeitsausführung mit dem Hinweis „sehr ordentlich, machen Sie so weiter"!

Ein Anerkennungsgespräch soll der Ausbilder dann führen, wenn sich ein Lehrling über einen längeren Zeitraum besonders bemüht oder eine überdurchschnittliche Leistung geboten hat.

Ein solches Gespräch läßt sich zweckmäßigerweise nach quartalsmäßigen Ausbildungsabschnitten führen. Gespräch bedeutet, beide Teilnehmer sollen zu Wort kommen. So kann der Ausbilder seinen Lehrling beispielsweise dazu ermuntern, ihm zu berichten, wie er eine bestimmte Leistung erbracht hat. Das kann den Wert der Anerkennung vertiefen und festigen.

Ein Kritikgespräch muß der Ausbilder immer dann führen, wenn die Lernleistung oder das Verhalten eines Lehrlings spürbar nicht den an ihn gestellten Anforderungen entspricht und dadurch das gesamte Ausbildungsziel gefährdet ist.

Demnach ist ein Kritikgespräch nicht bei einer vorübergehenden oder geringfügigen Verhaltensstörung zu führen, sondern dann, wenn ein nachhaltiges und ernsthaftes Fehlverhalten oder ein Erziehungsproblem vorliegt.

Gemeinsame Gesichtspunkte für Anerkennungs- und Kritikgespräche

Wenn die Gespräche erfolgreich verlaufen sollen, müssen sie unbedingt die folgenden Bedingungen erfüllen:

- Der Ausbilder soll sich Zeit nehmen und das Gespräch vorbereiten.
- Das Gespräch soll in einer partnerschaftlichen Atmosphäre stattfinden. Eine partnerschaftliche Atmosphäre schafft Vertrauen und verleiht dem Gesprächspartner das Gefühl, daß er als Mensch in seiner Persönlichkeit geachtet wird.
- Beide Gespräche sollten nur unter vier Augen geführt werden.
- Das Gespräch soll sachbezogen und rechtzeitig geführt werden. Sachbezogene Kritik kann zwar weh tun, sie ist aber nicht verletzend.

Sachbezogene Anerkennung ermöglicht es dem Ausbilder, ohne psychologische Störungen auftreten zu lassen, mit demselben Lehrling bei Bedarf ein Kritikgespräch zu führen. Einige Formulierungen sollen den Unterschied zwischen sachbezogen und persönlichkeitsbezogen herausstellen:

„Diese Arbeiten haben Sie sehr unsauber ausgeführt" (sachbezogen). „Sie sind aber ein Schlamper" (persönlichkeitsbezogen). „Sie haben das Lager sehr ordentlich aufgeräumt" (sachbezogen). „Sie sind der Größte" (persönlichkeitsbezogen).

Rechtzeitig bedeutet, das Gespräch soll im direkten Zusammenhang mit der Leistung bzw. dem Fehlverhalten geführt werden, aber ohne Emotionen.

- Beide Gespräche sollten nur unter vier Augen geführt werden. Denn sowohl Anerkennung als auch Kritik sind nur für die betreffende Person bestimmt. Bei der Kritik ist dieses Erfordernis auch sofort einleuchtend, es gilt aber auch für die Anerkennung. Wenn man vor der Gruppe einem einzelnen Anerkennung ausspricht, entsteht die Gefahr, daß die danebenstehenden Mitlehrlinge das als indirekte Kritik auffassen. Es kann auch die Gruppengemeinschaft stören, weil die anerkannte Leistung des einzelnen von den übrigen Mitgliedern aus subjektiver Sicht anders gesehen wird, als es der Ausbilder bewertete. Eine bedauerlicherweise noch häufig vertretene Meinung, man könne durch Anerkennung der Leistung eines einzelnen vor der Gruppe die übrigen Gruppenmitglieder zur Leistungssteigerung anspornen, ist falsch. Anders verhält es sich, wenn die Lehrlingsgruppe eine Leistung gemeinsam erbracht hat. Hier soll der Ausbilder der Gruppe insgesamt Anerkennung aussprechen.

Das Anerkennungsgespräch

Wie wertvoll und wichtig Anerkennung ist, wird dem Ausbilder recht deutlich, wenn er an seine eigene berufliche Tätigkeit und auch an sein Privatleben denkt. Hat man Anerkennung erfahren, wurde man dadurch motiviert zu besserer Leistung, zu größerer Zufriedenheit. Wurde einem Anerkennung versagt, so wirkte sich das negativ auf Stimmung und Leistungsbereitschaft aus.

Anerkennung ist ein wichtiger Reizfaktor zur Leistungssteigerung; sie schafft Erfolgserlebnisse und beeinflußt mittelbar das Betriebsklima. Die Auszubildenden fühlen sich durch Anerkennungsgespräche in ihrer Ausbildungsleistung bestätigt. Das wiederum weckt ihr Selbstwertgefühl, führt zur Zufriedenheit am Arbeitsplatz und bringt neue Leistungsbereitschaft. Der Ausbilder sollte stets beachten: Verdiente, aber nicht ausgesprochene Anerkennung ist vorenthaltener Lohn! Zur rechten Zeit ausgesprochene Anerkennung kann so manches Kritikgespräch überflüssig machen. Das Bedürfnis nach Anerkennung durch den Ausbilder ist bei allen Lehrlingen vorhanden.

Bedauerlicherweise werden Anerkennungsgespräche im betrieblichen Ausbildungsalltag zu selten als Führungsmittel eingesetzt. Oft liegt es daran, daß der Ausbilder nicht die erforderliche Zeit einplant, um verdiente Anerkennung auszusprechen. Gelegentlich führen Ausbilder deshalb keine Anerkennungsgespräche, weil sie befürchten, ihre Lehrlinge könnten bei zuviel Anerkennung in der Leistung nachlassen. Mancher Ausbilder meint auch, es sei für ihre Lehrlinge Anerkennung genug, wenn sie keine Kritik an ihnen übten. In der unterlassenen Kritik liegt bei ihnen bereits eine unausgesprochene Anerkennung. Solche Meinung ist irrig; denn Anerkennung und Kritik, richtig angewendet, lassen sich beide nebeneinander setzen.

Das Führen von Anerkennungsgesprächen bereitet dem Ausbilder keine besondere Schwierigkeit. Dennoch sollte er darauf achten, daß Anerkennung aufrichtig und berechtigt ist, sie darf nicht übertrieben werden, weil sie sonst ihre Wirkung als Führungsmittel verliert. Der Lehrling soll spüren, daß der Ausbilder sich wirklich über eine Leistung oder ein positives Verhalten freut. Durch gut geführte Anerkennungsgespräche wird sich das partnerschaftliche Verhältnis zwischen Ausbilder und Lehrlingen festigen und verbessern.

Das Kritikgespräch

Das Wort Kritik ist der griechischen Sprache entnommen und bedeutet „beurteilen". Somit hat der Begriff eigentlich eine neutrale Bedeutung. In der betrieblichen Praxis und auch in anderen Lebensbereichen hat sich seine Bedeutung aber gewandelt, man versteht unter Kritik häufig etwas Negatives und empfindet sie deshalb als etwas Unangenehmes.

Jeder Ausbilder hat sicherlich in seinem beruflichen oder privaten Leben schon Kritik erfahren müssen. Er hat sie nicht gerne entgegengenommen, besonders dann nicht, wenn sie unberechtigt war. Der Ausbilder sollte deshalb besonders behutsam vorgehen, wenn er mit einem seiner Lehrlinge ein Kritikgespräch führen muß. Er sollte auch genau auf die Zielsetzung achten:

Durch Kritik sollen falsches Verhalten oder mangelhafte Leistung korrigiert und Fehlerquellen künftig ausgeschaltet werden. Kritik soll nicht strafen, sie soll vielmehr bessern helfen und den betreffenden Lehrling dahinführen, daß er sein fehlerhaftes Verhalten aus innerer Einsicht selbst ändern will.

Ein Kritikgespräch ist ein schwieriges und von beiden Gesprächspartnern unangenehm empfundenes Gespräch. Der Ausbilder sollte deshalb besonders auf bestimmte Regeln achten. Ein gut geführtes Kritikgespräch läßt sich in folgende logisch aufgebaute Abschnitte gliedern:

- Kontakt schaffen
- Den Sachverhalt vortragen
- Gegendarstellung anhören
- Beurteilen und Entscheiden
- Kontakt wieder herstellen

a) Kontakt schaffen

Wenn der Ausbilder ein Kritikgespräch führen will, muß er zunächst zu seinem Lehrling einen Kontakt finden, sonst kann das Gespräch nicht erfolgversprechend verlaufen und die Kritik würde ihr Ziel verfehlen. Er soll gewissermaßen eine „Kontaktbrücke" errichten, die so stark sein sollte, daß sie die folgende Kritik tragen kann. Beste Voraussetzung dafür ist eine partnerschaftliche Atmosphäre. Eine solide Vertrauensbasis zum Lehrling erleichtert das Gespräch. Möglichkeiten, Kontakt zu gewinnen, sind anerkennende Worte für bisherige Leistungen oder ein kurzes Gespräch über mehr allgemeine Dinge. Ziel der Kontaktphase ist, den Mitarbeiter für die Kritik so vorzubereiten und zu öffnen, daß er sie im rechten Sinne versteht.

b) Sachverhalt vortragen

Schon vorher war der Tatbestand oder Sachverhalt, der Anlaß zur Kritik ist, weitestgehend einwandfrei zu klären. Es sollten jetzt möglichst nur Tatsachen vorgetragen werden. Wenn der Ausbilder jedoch auf Vermutungen oder Berichte angewiesen ist, hat er das zu bemerken. Wenn er den Sachverhalt schildert, darf er sich nicht unterbrechen lassen, damit der Zusammenhang erhalten bleibt. Anschließend bietet er dem Mitarbeiter Gelegenheit, sich zum vorgehaltenen Sachverhalt zu äußern.

c) Gegendarstellung anhören

Wenn der Lehrling nun zum Sachverhalt Stellung nimmt und sein Verhalten zu erklären versucht, sollte der Ausbilder unbedingt zuhören und seinen Gesprächspartner nicht unterbrechen. Denn auch hier muß der Zusammenhang erkennbar und beurteilungsfähig zu Tage treten. Durch Zuhören kann der Ausbilder partnerschaftliches Verhalten demonstrieren. Sofern sich der Lehrling noch nicht so recht zum Sachverhalt äußern will, sollte man ihn zum Sprechen anregen.

d) Beurteilen und Entscheiden

Zunächst ist das Ergebnis aus b) und c) festzustellen. Aus einer möglichst gründlichen Klärung des Sachverhaltes ergibt sich der Ansatz für ein gerechtes Beurteilen und eine zweckmäßige Entscheidung. In der Beurteilung sollte der Ausbilder eindeutig festlegen, was am Verhalten des Lehrlings zu bemängeln ist. Dabei hat er möglichst objektiv vorzugehen und darf sich nicht von Emotionen oder persönlicher Verärgerung leiten lassen. Er sollte gemeinsam mit seinem Lehrling einen Weg aufzeichnen, der zu einer Beseitigung des Fehlverhaltens führt. In seiner Entscheidung muß das Ziel des Kritikgesprächs klar erkennbar werden, nämlich die Änderung des Verhaltens beim Lehrling. Die Entscheidung positiv zu formulieren und dem Lehrling Hilfe anzubieten, ist wesentliche Erfolgsbedingung.

e) Kontakt wieder herstellen

Am Ende des Kritikgespräches sollte der Ausbilder erklären, daß die Grundlage für eine weiterhin vertrauensvolle Zusammenarbeit gegeben ist, wenn das Fehlverhalten des Lehrlings beseitigt wurde. Mit dem Abschluß des Kritikgespräches muß auch der Fall tatsächlich erledigt sein. Auf ihn darf nicht mehr zurückgegriffen werden, außer im Wiederholungsfalle. Man könnte das Gespräch etwa mit folgenden Worten beenden: „Wir haben die Angelegenheit besprochen und gemeinsam einen Weg zur Lösung des Problems gefunden. Sofern Sie Ihr Verhalten ändern, wird Ihnen nichts nachgetragen". Die Kontaktphase am Schluß des Kritikgespräches gliedert den Lehrling gewissermaßen wieder in die Betriebsgemeinschaft ein und soll seine Bereitschaft zur weiteren vertrauensvollen Mitarbeit wecken.

Wenn wiederholte Kritikgespräche des Ausbilders in einem konkreten Fall nicht zur gewünschten Änderung im Verhalten des Lehrlings führen, muß der Ausbilder daraus schließlich Konsequenzen ziehen und den Lehrling abmahnen. Sollte auch die klar formulierte Abmahnung ohne Wirkung bleiben, tritt als letzte Maßnahme die fristlose Kündigung des Ausbildungsverhältnisses aus wichtigem Grund ein. Wenn diese Feststellung auch hart klingen mag, so ist zu beachten, daß der Lehrling wegen fehlender Bereitschaft, sich zu ändern, die harte Entscheidung selbst heraufbeschworen und sich dementsprechend auch zuzuschreiben hat.

Das Führen eines Kritikgespräches ist zweifelsohne eine der schwierigsten Aufgaben des Ausbilders. Es kann nur erfolgversprechend verlaufen, wenn es nach der aufgezeigten Weise richtig geführt wird. Folgende in der betrieblichen Praxis häufig auftretende Fehler sollte der Ausbilder bei partnerschaftlicher Führung unbedingt vermeiden.

Fehler beim Üben von Kritik

Typische Fehler, die der Ausbilder im Arbeitsalltag beim Üben von Kritik vermeiden sollte, sind:

- Kritik am Lehrling vor Kollegen oder Gesellen
- Kritik durch Sticheleien oder ironische Bemerkungen
- Kritik durch beauftragte Dritte
- Kritik in Abwesenheit des Lehrlings
- statt Kritik ablehnende Haltung
- Kritik über Telefon

- Der Ausbilder übt Kritik am Lehrling vor Kollegen oder Gesellen. Eine Bloßstellung vor anderen ist persönlich verletzend und bringt Störungen in die Arbeitsgruppe.

- Der Ausbilder kritisiert seinen Lehrling durch Sticheleien oder ironische Bemerkungen. Das ist ebenfalls verletzend, weil sich der Lehrling nicht verteidigen kann und die vorgefaßte Meinung schweigend aufnehmen muß.

- Der Ausbilder übt Kritik am Lehrling über einen beauftragten Dritten. Das führt zu einer nachhaltigen Störung der Vertrauensbasis zwischen Ausbilder und Lehrling sowie dem Überbringer. Auf eine solche Art wird nur die vorgefaßte Meinung des Ausbilders übermittelt, der Sachverhalt bleibt ungeklärt.

- Der Ausbilder übt Kritik in Abwesenheit des Lehrlings. Dies wird zwangsläufig das Vertrauensverhältnis zwischen Ausbilder und kritisiertem Lehrling belasten, da die Mitlehrlinge den Kollegen meistens informieren. Die anwesenden Lehrlinge fühlen sich von der Art des Vorgehens selbst betroffen und fragen sich, ob der Ausbilder in ihrer Abwesenheit über sie zu anderen genauso negativ spricht.

- Der Ausbilder scheut sich davor, an einem bestimmten Fehlverhalten eines Lehrlings Kritik zu üben. Stattdessen nimmt er ihm gegenüber eine ablehnende Haltung ein. Dadurch wird der Lehrling unsicher, weil er nicht weiß, woran er ist, er merkt aber, daß sein Ausbilder ihn schneidet. Auch hier unterbleibt die Klärung des Sachverhaltes, weil sich der Lehrling nicht rechtfertigen kann.

- Der Ausbilder übt telefonisch Kritik. Dies ist ein höchst bedenkliches Vorgehen, weil dabei die Regeln des Gesprächsablaufes nicht eingehalten werden können. Der wichtige direkte Kontakt (Blicke, Gesten, Mimik) fehlt weitgehend, wichtige Informationen gehen so verloren.

3.7.2. Gesundheitliche Betreuung des Jugendlichen

Im Rahmen seiner Einflußmöglichkeiten sollte der Ausbilder bestrebt sein, die ihm anvertrauten Lehrlinge zu einer gesundheitsfördernden Verhaltensweise zu erziehen und gesundheitliche Gefährdungen von ihnen fernzuhalten. Durch ständige Betreuung kann er sie regelmäßig über Unfallverhütung und Sicherheitsvorschriften im Betrieb informieren, ihnen den Wert einer vernünftigen Freizeitgestaltung vermitteln und aufzeigen, wie man durch richtige Ernährung und ausreichenden Schlaf seiner Gesundheit dienen kann.

Maßnahmen zur Unfallverhütung

Neben einer wiederholten Aufklärung über Unfallgefahren kann der Ausbilder vor allen Dingen dadurch Unfälle vermeiden, daß er seinen Lehrlingen klare Arbeitsanweisungen gibt und überhaupt eine pädagogisch geschickte Ausbildung durchführt. Quartalsweise durchgeführte Lehrgespräche über Unfallverhütung im Betrieb können vorbeugend wirken. Bei der Vorbereitung für jede Unterweisung sollte der Ausbilder sorgfältig prüfen, ob die durchzuführende Arbeit Gefahrenpunkte beinhaltet und wie man den Lehrling gezielt darauf hinweisen kann.

Unfälle und Krankheiten haben oft seelische Ursachen. Deshalb sollte der Ausbilder Über- und Unterforderung bei seinen Lehrlingen in der Ausbildung vermeiden und durch eine gerechte und menschenwürdige Behandlung die seelische Gesundheit des Jugendlichen fördern.

Beachten der Leistungskurve

Unter normalen Voraussetzungen schaltet der menschliche Organismus während des Tages wechselweise mehr auf Leistung oder mehr auf Erholung. Man spricht hier von Leistungskurven. Im Tagesablauf strebt der Mensch nach einer etwa einstündigen Einleitungsphase, einer höheren Leistungsbereitschaft zu, die gegen Mittag wieder etwas abfällt. Nach der Mittagspause bedarf es wieder einer längeren Anlaufphase bis der Mensch eine höhere Leistungsbereitschaft erreicht, die bis kurz vor Arbeitsende anhält. Sicherlich haben diese Leistungskurven eine Bedeutung, sie lassen sich jedoch nur sehr schwer in den täglichen Ausbildungsablauf eingliedern. Es ist deshalb viel wichtiger und wirkungsvoller, wenn der Ausbilder dafür sorgt, daß seine Lehrlinge für die konkreten Ausbildungstätigkeiten gut motiviert sind. Das läßt sich im betrieblichen Alltag auch realisieren. Motivation für den konkreten Fall bewirkt vielmehr Leistungsbereitschaft als der Ablauf einer Leistungskurve.

Vernünftige Freizeitgestaltung

Das Freizeitverhalten der anvertrauten Jugendlichen wird der Ausbilder nur begrenzt beeinflussen können. Dennoch sollte er im Rahmen des Möglichen darauf hinwirken, daß seine Lehrlinge ihre Freizeiten besser gestalten. Freizeit soll in erster Linie entspannen und der Erholung dienen. In beratenden Gesprächen ist es dem Ausbilder immer wieder möglich, geeignete Vorschläge zu unterbreiten.

4. Rechtsgrundlagen der Berufsbildung

4.0. Einführung zum Berufsbildungsrecht

Kenntnisse des Berufsbildungsrechts sind für alle, die in irgendeiner Weise mit der Ausbildung zu tun haben, notwendig. Das gilt gleichermaßen für den Ausbilder vor Ort, für den Lehrling und für den Ausbildungsberater der Kammer. Wenn aber die für die Berufsbildung wesentlichen rechtlichen Bestimmungen beleuchtet werden, ist es unerläßlich, zunächst einmal einige grundlegende Bemerkungen über die Funktion und die Formen des Rechts allgemein voranzuschicken und danach auf die Stellung des Berufsbildungsrechts in unserem Verfassungs- und Rechtssystem einzugehen.

4.0.0. Funktion des Rechts

Das Recht und somit die Geschichte des Rechts ist so alt wie die Menschheit selbst. Menschliches Leben ist seiner Natur nach auf Gemeinschaft angelegt; die Menschen sind in ihrem Dasein aufeinander angewiesen und aufeinander eingestellt. Der einzelne Mensch kann seine Lebensmöglichkeiten nur in Beziehung zu anderen Menschen verwirklichen. So verschieden und vielgestaltig die Formen menschlichen Zusammenlebens auch sein mögen – von den einfachen, wenig gegliederten Gemeinschaften zu Beginn der Menschheitsgeschichte über die ersten Gesetzeswerke des babylonischen Königs Hammurabi um 1700 v. Chr. bis hin zu den großen Industriegesellschaften unserer Zeit – Gemeinschaftsbezogenheit ist ein Merkmal aller menschlicher Existenz, wobei die Frage nach den richtigen und besten Formen dieses Zusammenlebens die Geschichte der Philosophie und der politischen Ideen von ihren Anfängen bis heute bestimmte.

Menschliches Zusammenleben hat sich stets innerhalb einer Ordnung abgespielt, für die kennzeichnend war, daß bestimmte Regeln galten und anerkannt wurden. Diese Regeln beruhten auf den menschlichen Sittengesetzen, fußten auf der sittlichen Haltung der Menschen und hatten die Aufgabe, das Zusammenleben der Menschen zu ordnen und zu schützen sowie Gerechtigkeit zu ermöglichen. Obwohl die Regeln menschlichen

Zusammenlebens in der Form sozialer Normen nicht zeitlos sind, sondern weitgehend von Wertbildern und Ideologien als Prozeß gesellschaftlicher Entwicklung abhängen, müssen wir heute mehr denn je erkennen, daß der Konsens über die Grundlagen des Rechts verlorengeht und somit eine von allen Menschen anzuerkennende Begriffsbestimmung über die Funktion des Rechts kaum mehr möglich erscheint. Gleichwohl bleibt es eine vorrangige gesellschaftspolitische Aufgabe, die Frage nach den Quellen und der Funktion des Rechts immer neu zu stellen und die Antwort darauf unter Berücksichtigung der sozialen Entwicklung in der Gemeinschaftsbezogenheit aller menschlicher Existenz zu suchen.

4.0.1. Formen des Rechts

Nach diesen allgemeinen Ausführungen soll nun der Frage nachgegangen werden, in welchen Formen unsere Rechtsordnung das Verhältnis des einzelnen zur Gesellschaft, aber auch das Verhältnis der einzelnen Menschen zueinander regelt. Dabei sind, ohne Anspruch auf Vollständigkeit, folgende Unterscheidungen denkbar:

- gesetztes Recht

- Gewohnheitsrecht

- Richterrecht

- vereinbartes Recht

Zum **gesetzten Recht** zählen
Gesetze, Rechtsverordnungen und Satzungen.

Gesetze kommen auf dem in der Verfassung vorgesehenen Wegen der Gesetzgebung, also durch die Legislative, zustande (Gesetze im „formellen Sinne"). Gesetzgeber von Bundesgesetzen ist der Bundestag unter Mitwirkung des Bundesrates, Landesgesetze werden durch das in den Landesverfassungen bestimmte Organ der Legislative (Landtag, Abgeordnetenhaus, Bürgerschaft) verabschiedet. Für die Berufsbildung wichtige Gesetze sind z. B. das Berufsbildungsgesetz, die Handwerksordnung, das Jugendarbeitsschutzgesetz und die Schulgesetze der einzelnen Länder.

Rechtsverordnungen sind Rechtsnormen, die nicht durch die Legislative, sondern durch Exekutivorgane (Regierungs- und Verwaltungsorgane) erlassen werden und im Rang unter den Gesetzen stehen. Sie setzen stets eine gesetzliche Ermächtigung voraus, die nach Inhalt, Zweck und Ausmaß hinreichend bestimmt gefaßt sein muß. Da Rechtsverordnungen aber ebenso wie die Gesetze eine unbestimmte Zahl von Fällen durch Gebote und Verbote verbindlich regeln, werden sie auch als „Gesetze im materiellen Sinne" bezeichnet. Das Berufsbildungsgesetz und die Handwerksordnung nennen häufig den Bundesminister für Wirtschaft als ermächtigten Verordnungsgeber.

Satzungen werden von den juristischen Personen des öffentlichen Rechts, z. B. Gemeinden, Kammern und Verbänden, zur Regelung der ihnen im Rahmen der Selbstverwaltung überwiesenen Aufgaben erlassen. Man spricht insoweit auch von „statutarischem" Recht. Alle Bestimmungen im Bereich der Berufsbildung, die von den Kammern für ihren Zuständigkeitsbereich erlassen werden, sind rechtlich Satzungen, auch wenn dieser Begriff in den Bestimmungen nicht auftaucht. Satzungen im Rechtssinne sind z. B. Gesellen- und Meisterprüfungsordnungen sowie die Anordnung zum Führen von Ausbildungsnachweisen.

Gewohnheitsrecht ist ungeschriebenes Recht, das sich im Laufe der Zeit bei den Menschen als Regel und Maßstab für Recht und Unrecht herausgebildet hat und allgemein anerkannt wird. Dabei darf es sich jedoch nicht nur um eine vorübergehende gleichmäßige Übung in der menschlichen Gesellschaft handeln; erforderlich ist vielmehr der allgemeine Wille, daß diese Rechtsregel auch als Rechtssatz gelten soll. Viele Regeln des Völkerrechts sind gewohnheitsrechtlich entstanden, aber auch im nationalen Bereich gibt es gewohnheitsrechtliche Regelungen, z. B. im Wege- und Nachbarschaftsrecht.

Von **Richterrecht** spricht man dann, wenn bestimmte Lebenssachverhalte im formellen Recht nicht oder nur ungenügend geregelt sind, weil der Gesetzgeber, aus welchen Gründen auch immer, nicht tätig wird. Auch wenn bestimmte Tatbestände in Form von Generalklauseln gefaßt sind oder unbestimmte Rechtsbegriffe in Gesetzen verwendet werden, entsteht Regelungsbedarf durch die Rechtsprechung, weil die Normen einheitlich ausgelegt und angewendet werden müssen. Richterrecht „korrigiert" somit in gewissem Maße gesetztes Recht unter dem Gesichtspunkt der Gerechtigkeit. Viele im Arbeitsrecht anerkannte Grundsätze sind durch die Rechtsprechung entwickelt worden.

Schließlich spricht man von **vereinbartem Recht,** wenn zwei oder mehrere Parteien entweder aufgrund gesetzlicher Ermächtigung oder aus freien Stücken im Rahmen der Vertragsfreiheit sich zu einem Tun oder Unterlassen verbindlich verpflichten.

Eine weitere Unterscheidungsmöglichkeit bei den Formen des Rechts ist die in öffentliches und privates Recht. Diese Unterscheidung fragt danach, wer die Beteiligten in einer rechtlich geregelten Beziehung sind und in welchem Verhältnis sie zueinander stehen.

Um **öffentliches Recht** handelt es sich dann, wenn der Staat als Inhaber hoheitlicher Gewalt in Gesetzen oder Verordnungen dem einzelnen Bürger gegenübertritt. Es herrscht ein Über- bzw. Unterordnungsverhältnis, von der staatlichen Gewalt wird etwas „angeordnet", „genehmigt" oder „verboten". Öffentliches Recht liegt auch dann vor, wenn das rechtliche Verhältnis zwischen verschiedenen Trägern staatlicher Gewalt (z. B. zwischen Bund und Ländern) betroffen ist, Verstöße gegen Bestimmungen des öffentlichen Rechts ahndet die Staatsgewalt mit Strafen bzw. Bußen. Zum öffentlichen Recht gehören beispielsweise Verfassungsrecht, Verwaltungsrecht, Strafrecht, Steuerrecht und Polizeirecht.

Das **private Recht** regelt das Verhältnis rechtlich gleichrangiger Partner zueinander, d.h., die handelnden Rechtssubjekte sind gleichgeordnet bzw. gleichrangig. Privatrechtliche Ansprüche richten sich in aller Regel auf Vertragserfüllung, Unterlassung oder Schadensersatz, nicht aber auf Strafen. Privatrechtliche Beziehungen bestehen beispielsweise zwischen Vermieter und Mieter, zwischen Käufer und Verkäufer oder zwischen Arbeitgeber und Arbeitnehmer. Zum Privatrecht gehören das bürgerliche Recht, das Handelsrecht, große Bereiche des Arbeitsrechts, das Patentrecht und das Urheberrecht. Auch der Staat kann privatrechtlich handeln, nämlich dann, wenn er quasi als Privatperson am Wirtschaftsleben teilnimmt: Eine Behörde kauft für ihre Bediensteten eine neue Büroeinrichtung.

Das **Berufsbildungsrecht** enthält Elemente des öffentlichen und des privaten Rechts; daraus folgt, daß alle an der Berufsausbildung Beteiligten sich immer wieder darüber klar werden müssen, daß es sich um keine einheitliche Rechtsmaterie handelt.

4.1. Grundlegende Bestimmungen

4.1.0. Wesentliche Bestimmungen des Grundgesetzes

Das am 23. Mai 1949 verkündete Grundgesetz (GG) ist die Verfassung der Bundesrepublik Deutschland und hat das Ziel, die Staatsgewalt in gesetzmäßig festgelegte Bahnen zu lenken und sie zu kontrollieren sowie die Rechte der einzelnen Bürger gegenüber dem Staat zu garantieren. Das GG gilt seit dem 3. Oktober 1990 auch in den neuen Bundesländern Mecklenburg-Vorpommern, Brandenburg, Sachsen-Anhalt, Thüringen und Sachsen. Im einzelnen regelt das GG in seinen elf Abschnitten die Grundrechte der Staatsbürger, das Verhältnis zwischen Bund und Ländern, die Aufgaben und Befugnisse der Staats- bzw. Verfassungsorgane, die Gesetzgebungskompetenz von Bund und Ländern, die Ausführung der Bundesgesetze und die Bundesverwaltung, die Rechtsprechung, das Finanzwesen sowie die Voraussetzungen und Konsequenzen des Verteidigungsfalles.

Die Bundesrepublik Deutschland ist nach der Verfassung ein an rechtsstaatlichen Grundsätzen orientierter demokratischer und sozialer Bundesstaat. Von einem Staat kann jedoch erst dann gesprochen werden, wenn er über ein Staatsgebiet, ein Staatsvolk und eine Staatsgewalt verfügt. Diese drei Elemente müssen vorhanden sein, damit ein soziales Gebilde als Staat definiert werden kann.

Das **Staatsgebiet** ist ein festumgrenzter Teil der Erdoberfläche, auf dem sich die staatlichen Aktionen entfalten und das zugleich den Geltungsbereich der staatlichen Normen darstellt. Das Staatsgebiet ist heute dreidimensional, weil dazu nicht nur die Erdoberfläche, sondern auch der darüber befindliche Luftraum und der Bereich unter der Erdoberfläche gehört. Alles staatliche Recht findet jedoch seine Schranken in der faktischen Beherrschbarkeit des Luftraumes und des Erdinneren. Zum Staatsgebiet gehört ferner das den Küsten vorgelagerte Meer und der darunter befindliche Festlandsockel bis zu einer Entfernung von drei Seemeilen. Eine große Anzahl von Küstenstaaten hat jedoch inzwischen durch einseitige Erklärung sein Hoheitsrecht auf das vorgelagerte Küstenmeer teilweise bis zu 200 Seemeilen ausgedehnt, vor allem aus wirtschaftlichen und strategischen Gründen.

Ein Gebiet ohne Bevölkerung kann kein Staat sein. Das personale Element ist daher ein unverzichtbares Merkmal eines Staates. **Staatsvolk** im rechtlichen Sinne ist die Gesamtheit der Staatsangehörigen, also derjenigen Personen, welche die Staatsangehörigkeit des betreffenden Staates besitzen. Wie die Staatsangehörigkeit erworben oder verloren wird, bestimmt das Recht des jeweiligen Staates.

Man muß zwischen Staatsvolk und Nation unterscheiden, diese Begriffe sind nicht identisch und dürfen nicht verwechselt werden. Von einer Nation spricht man, wenn ein Volk aufgrund gemeinsamer Abstammung, gleicher Sprache und gleicher Kultur sich im Sinne einer politischen Geschichts- und Schicksalsgemeinschaft zusammengehörig fühlt. Wo Staat und Kulturnation in diesem Sinne zusammenfallen, handelt es sich um einen Nationalstaat (z. B. Schweden, Deutschland). Wenn ein Staatsvolk sich aus mehreren Nationalitäten zusammensetzt, spicht man von einem Nationalitätenstaat (Belgien, Schweiz). Die häufige politische Instabilität solcher Staaten ist im Jahre 1991 besonders deutlich geworden an den Ereignissen in der ehemaligen Sowjetunion und in Jugoslawien.

Bevölkerung und Territorium machen noch keinen Staat aus. Damit die erforderlichen Staatsziele erreicht werden sowie Sicherheit und Freiheit der Staatsbürger gedeihen können, müssen die dafür erforderlichen Mittel bestimmt und eingesetz werden können, darüber hinaus muß sichergestellt sein, daß die Befolgung der Anordnungen notfalls erzwungen werden kann. Die so eingesetzte Herrschafts- und Ordnungsmacht wird als **Staatsgewalt** bezeichnet. Staaten, die ihre Herrschafts- und Ordnungsmacht im Staatsgebiet gegenüber dem Staatsvolk aus eigenem Recht und ohne Einmischung anderer Mächte einsetzen und durchsetzen können, werden als souverän bezeichnet.

Die **Staatsform** ist abhängig davon, wer als Staatsoberhaupt den Staat vertritt. Ist dieses ein im Wege der Erbfolge gekröntes Staatsoberhaupt (König, Fürst, Großherzog), handelt es sich um eine **Monarchie**. In dieser Staatsform herrscht insoweit keine Rechtsgleichheit, als das Staatsoberhaupt nur aus einer bestimmten Familie (Dynastie) oder aus einem bestimmten Stand (Adel) hervorgehen kann. In der **Republik** vertritt den Staat ein gewählter Staatspräsident oder ein Staatsrat (Kollegium). In dieser Staatsform herrscht insoweit Rechtsgleichheit, als unter bestimmten Voraussetzungen jeder Staatsbürger zum Staatsoberhaupt gewählt werden kann.

Die Unterscheidung in die beiden Staatsformen Monarchie und Republik ist rein formaler Natur, sie kennzeichnet lediglich die Stellung des Staatsoberhauptes. Sie beantwortet jedoch nicht die Frage, wer die politische Macht in einem Staate innehat und wie die politische Macht übertragen wird. Diese Frage beantwortet die **Regierungsform,** je nach dem, ob die Staatsgewalt „von oben" diktiert wird oder aber vom Volk ausgeht. Demnach unterscheidet man bei den Regierungsformen zwischen Diktatur und Demokratie.

In einer **Diktatur** (Herrschaft eines einzelnen, einer Gruppe oder Partei) geht die Regierung in der Regel nicht aus dem Volk hervor (keine freien Wahlen) und kann vom Volk weder kontrolliert noch abgesetzt werden.

Als Wesenszüge einer Diktatur können gelten: Keine Grundrechte, keine Koalitionsfreiheit, keine Versammlungsfreiheit, keine Pressefreiheit, keine freie Entscheidung des Volkes und keine Gleichheit der Bürger vor dem Gesetz.

In einer **Demokratie** geht die Regierung aus dem Volk hervor (freie Wahlen), wird vom Volk kontrolliert und kann vom Volk bzw. der Volksvertretung abgesetzt werden. „Demokratie ist eine Regierung aus dem Volk, durch das Volk und für das Volk" (Abraham Lincoln). Kennzeichnend für eine demokratische Regierungsform sind folgende Kriterien:

- alle Staatsgewalt geht vom Volke aus
- die Staatsgewalt wird vom Volk in allgemeinen, unmittelbaren, gleichen, freien und geheimen Wahlen ausgeübt
- Pluralismus der Meinungen
- Herrschaft auf Zeit
- parlamentarische Verantwortlichkeit der Regierung
- Unabhängigkeit der Gerichte

Staats- und Regierungsformen sind in verschiedenen Verbindungen möglich. Absolute Monarchie, parlamentarische Monarchie, konstitutionelle Monarchie, parlamentarisch-repräsentative Demokratie, präsidiale Demokratie.

Das Grundgesetz bekennt sich ausdrücklich zur **Rechtsstaatlichkeit,** weil die Rechtsordnung und die Rechtsprechung die Grundlage friedlichen und sicheren menschlichen Zusammenlebens sind. Dabei ist insbesondere die Gewaltenteilung eine unerläßliche Garantie für die Erhaltung von Freiheit und Demokratie in einem Staatswesen. Das bedeutet, daß Gesetzgebung (Legislative), ausführende Gewalt (Exekutive) und Rechtsprechung (Judikative) von einander unabhängig sein müssen und sich gegenseitig kontrollieren. Die Gesetzgebung ist an die verfassungsmäßige Ordnung, die Verwaltung und die Rechtsprechung sind an Gesetz und Recht gebunden. Weitere Grundsätze einer rechtsstaatlichen Ordnung sind:

- allen staatlichen Maßnahmen müssen Gesetze zugrundeliegen
- es bestehen verfassungsmäßig festgelegte, unabänderliche Grundrechte
- jedermann hat Anspruch auf rechtliches Gehör

- niemand darf seinem gesetzlichen Richter entzogen werden
- die Richter sind unabhängig und nur dem Gesetz unterworfen

Wenn das GG die Bundesrepublik einen **Sozialstaat** nennt, so wird mit dieser Kennzeichnung keine besondere Staatsform umrissen, sondern ein elementares Staatsziel genannt. Es ist damit ausdrücklich die verfassungsmäßige Verpflichtung des Staates verankert, bei aller Freiheit und Entwicklung der demokratischen Spielregeln soziale Gesichtspunkte, insbesondere den Schutz der Schwächeren, innerhalb des Staatswesens nicht außer acht zu lassen.

Letztlich ist die Bundesrepublik Deutschland ein **Bundesstaat;** sie ist also föderalistisch organisiert. Sowohl der Bund als auch die 16 Bundesländer besitzen eigene, unabgeleitete Staatsgewalt; Gesamtstaat und Gliedstaaten haben somit Staatsqualität. Die Staatsgewalt ist zwischen Bund und Ländern so aufgeteilt, daß keiner sie insgesamt innehat, sondern zwischen ihnen annähernd ein Gleichgewicht besteht. Allerdings darf nicht verkannt werden, daß die Gesetzgebung sich auf wesentlichen Gebieten immer mehr auf den Bund verlagert, wobei der verfassungsrechtliche Grundsatz „Bundesrecht bricht Landesrecht" ein übriges dazu tut, die föderalistische Struktur der Bundesrepublik zu schwächen. Grundsätzlich üben aber in dem Gebiet eines Bundeslandes jeweils sowohl das Land selbst als auch der Bund unmittelbar Hoheitsrechte aus.

Grundrechte des Staatsbürgers

In jedem freiheitlich-demokratischen Staatswesen gelten bestimmte Grundforderungen des menschlichen Zusammenlebens. Sie sollen Würde und Freiheit jedes einzelnen sichern und unter den Schutz des Staates stellen. Diese sogenannten Grundrechte unterteilt man wie folgt:

Die **Freiheitsrechte** umfassen die freie Entfaltung der Persönlichkeit und die persönliche Freiheit, die Bekenntnisfreiheit, die freie Meinungsäußerung, die Pressefreiheit, die Freiheit der Wissenschaft, die Versammlungsfreiheit, die Vereinigungsfreiheit, die Koalitionsfreiheit, die Freizügigkeit, die freie Berufswahl und das Petitionsrecht.

Die **Unverletzlichkeitsrechte** gewähren das Recht auf Leben und körperliche Unversehrtheit, sichern das Brief-, Post- und Fernmeldegeheimnis, die Unverletzlichkeit der Wohnung, das Eigentum und das Erbrecht.

 *Enteignung*

Die **sozialen Grundrechte** gewähren das Elternrecht, das Recht auf Errichtung privater Schulen, verbieten die Ausbürgerung und die Auslieferung eines Deutschen und gewähren das Asylrecht und Anspruch auf staatliche Fürsorge.

Gegen die Verletzung seiner Grundrechte kann sich der einzelne Staatsbürger im Klagewege wehren. Er muß jedoch auch gewisse **Grundpflichten** anerkennen, nämlich die Pflicht zur Verfassungstreue, die Pflicht der Eltern zur Erziehung der Kinder, die öffentliche Dienstleistungspflicht (z. B. Wehrdienst) und die Pflicht zum sozialgerechten Gebrauch des Eigentums.

Bundespräsident

Der Bundespräsident ist das Staatsoberhaupt der Bundesrepublik, er wird von der **Bundesversammlung** (bestehend aus den Mitgliedern des Bundestages und einer gleichen Anzahl von Mitgliedern, die von den Volksvertretungen der Länder nach den Grundsätzen der Verhältniswahl gewählt werden) auf fünf Jahre gewählt. Eine einmalige Wiederwahl ist zulässig.

Der Bundespräsident ernennt den Bundeskanzler (auf Grund der Wahl im Bundestag) und die Bundesminister (auf Vorschlag des Bundeskanzlers), die Bundesrichter und die Bundesbeamten. Er übt im Einzelfall das Begnadigungsrecht aus.

Bundestag

Das **oberste gesetzgebende Organ** der Bundesrepublik ist der Bundestag. Er besteht aus den gewählten Abgeordneten. Diese sind Vertreter des ganzen Volkes, an Aufträge und Weisungen nicht gebunden und nur ihrem Gewissen unterworfen.

Der Bundestag wird jeweils auf vier Jahre gewählt.

Bei der **Bundestagswahl** ist jeder Deutsche mit 18 Jahren wahlberechtigt und wählbar. Das Wahlsystem beruht auf dem Grundsatz einer mit der Personenwahl verbundenen **Verhältniswahl**.

In der Bundestagswahl bemühen sich die **politischen Parteien** um eine zustimmende Entscheidung des Staatsvolkes. Ihre Mitwirkung bei der politischen Willensbildung des Volkes ist verfassungsrechtlich geschützt.

Je nach der Zahl der gewählten Abgeordneten erhalten eine oder mehrere Parteien (Koalitionen) den Auftrag der Wähler, die Politik für die nächste Gesetzgebungsperiode durch Bildung der Bundesregierung zu bestimmen. Hierin kommt die mittelbare (repräsentative) Demokratie zum Ausdruck.

Bundesrat

Durch den Bundesrat wirken die **16 Länder** an der Gesetzgebung und Verwaltung des Bundes mit. Die Mitglieder des Bundesrates werden von den Landesregierungen bestimmt, nach deren Weisung die ihre Stimme abgeben.

Bundesregierung

Die Bundesregierung besteht aus dem **Bundeskanzler und den Bundesministern**. Der Bundeskanzler bestimmt die Richtlinien der Politik und trägt die politische Verantwortung. Seine Amtszeit endet mit dem Zusammentritt eines neuen Bundestages. Der Bundestag kann dem Bundeskanzler sein **Vertrauen** entziehen, wenn er die Vertrauensfrage stellt. Mit dem Ausscheiden des Kanzlers scheidet die ganze Regierung aus ihrem Amt.

Verhältnis Berufsbildungsgesetz – Handwerksordnung

Unter dem Oberbegriff Berufsbildung regelt das am 1. September 1969 in Kraft getretene **Berufsbildungsgesetz (BBiG)**die Bereiche **Berufsausbildung, berufliche Fortbildung und berufliche Umschulung.** Das Berufsbildungsgesetz gilt auch im Handwerk. Die Bestimmungen der Handwerksordnung (HWO), die bereits seit 1953 in durchaus fortschrittlicher Weise die Berufsausbildung in Betrieben selbständiger Handwerker regelten, wurden durch das Berufsbildungsgesetz geändert und damit in die bundeseinheitlich für alle Wirtschaftszweige geltende Neuregelung einbezogen. Neben diesen geänderten Bestimmungen der Handwerksordnung ist das Berufsbildungsgesetz mit seinen allgemeinen Vorschriften (§§ 1 – 19 BBiG) unmittelbar auf handwerkliche Ausbildungsverhältnisse anzuwenden. Ausschließlich für das Handwerk gelten die Vorschriften der Handwerksordnung über die Meisterprüfung und den Meistertitel.

Das Berufsbildungsgesetz bestimmt im übrigen ausdrücklich, daß die Handwerkskammer **zuständige Stelle** im Sinne dieses Gesetzes für die Berufsbildung in Handwerksbetrieben ist. Dem Handwerk ist es auch weiterhin offiziell gestattet, die Bezeichnung „Lehrling" zu verwenden. In der HWO wird die nach dem BBiG übliche Bezeichnung „Auszubildender" in Klammern hinzugefügt.

Eigenart des Berufsausbildungsverhältnisses (§ 1 Abs. 2 BBiG)

Das Berufsausbildungsverhältnis ist kein reines Arbeitsverhältnis, sondern soll dem Lehrling eine breit angelegte berufliche Grundbildung und die für die Ausübung einer qualifizierten beruflichen Tätigkeit notwendigen fachlichen Fertigkeiten und Kenntnisse in einem geordneten Ausbildungsgang vermitteln. Dem Lehrling sollen ferner die erforderlichen Berufserfahrungen, also insbesondere auch das Verständnis für eine moderne arbeitsteilige Wirtschaft und die Fähigkeit, sich dem Arbeitsleben anzupassen, vermittelt werden. Auch die charakterliche Förderung des Lehrlings, also ein erzieherisches Element, kommt im Berufsausbildungsverhältnis zum Tragen.

Da die zuständigen Stellen, im Handwerk die Handwerkskammern, das Berufsausbildungsverhältnis nach dem Berufsbildungsgesetz überwachen und bei Verstößen regelnd eingreifen können, hat es nicht nur einen privatrechtlichen Charakter, sondern erkennbar auch einen öffentlich-rechtlichen Einschlag. Dennoch entsteht das Ausbildungsverhältnis durch Abschluß eines Vertrages, des Berufsausbildungsvertrags. Dieser enthält eine Reihe von arbeitsrechtlichen Bestimmungen, durch die die unmittelbaren Beziehungen zwischen Ausbildungsbetrieb und Lehrling geregelt werden. Insbesondere sollen dadurch die im Arbeitsrecht entwickelten Schutzvorschriften für Arbeitnehmer auch auf die Lehrlinge ausgedehnt werden.

Begründung des Berufsausbildungsverhältnisses

Der Ausbildende hat mit dem Lehrling bzw. dessen gesetzlichen Vertretern einen **Berufsausbildungsvertrag** zu schließen. Dieser Vertrag ist bereits wirksam, wenn die Parteien nicht von vornherein ein Lehrvertragsformular ausfüllen, sondern die wesentlichen Punkte des Ausbildungsverhältnisses mündlich verbindlich vereinbaren sollten. Auch in dem Falle ist jedoch unverzüglich nach Abschluß des Vertrages dessen wesentlicher Inhalt schriftlich niederzulegen, jedoch spätestens vor Beginn der Berufsausbildung. Die Niederschrift geht über die Innung an die Handwerkskammer, damit dort die Eintragung in die Lehrlingsrolle erfolgt. Anschließend bekommt der Lehrling eine der Ausfertigungen.

Richterrecht

Die Niederschrift des Ausbildungsvertrages muß gem. § 4 BBiG mindestens Angaben enthalten über:

a) Art, sachliche und zeitliche Gliederung sowie Ziel der Berufsausbildung (sog. „Ausbildungsplan")

b) Beginn und Dauer der Berufsausbildung

c) Ausbildungsmaßnahmen außerhalb der Ausbildungsstätte

d) Dauer der regelmäßigen täglichen Ausbildungszeit

e) Dauer der Probezeit *mindestens 1 Monat höchsten 3 Monate*

f) Zahlung und Höhe der Vergütung

g) Dauer des Urlaubs

h) Voraussetzungen, unter denen der Berufsausbildungsvertrag gekündigt werden kann

Für den Abschluß des Berufsausbildungsvertrages soll der von der Handwerkskammer eingeführte Vordruck verwendet werden. (Beispiel: Berufsausbildungsvertrag der Handwerkskammer Hamburg). Ein Ausbildungsplan ist beizufügen.

Handwerkskammer Hamburg
Holstenwall 12, 2000 Hamburg 36, Tel. 35 90 51

Berufsausbildungsvertrag
(§§ 3, 4 Berufsbildungsgesetz — BBiG)

zwischen dem **Ausbildenden** (Betrieb)

(Name und Anschrift)

und dem **Lehrling / Auszubildenden**

(Name und Anschrift)

geb. am:

in:

gesetzlich vertreten durch

Vater: und Mutter: oder Vormund:

Straße

PLZ   Ort

wird nachstehender **Vertrag** zur Ausbildung im Ausbildungsberuf
— ggf. Fachrichtung oder Schwerpunkt angeben —

nach Maßgabe der Ausbildungsordnung oder dem gemäß § 108 Abs. 1 Berufsbildungsgesetz (BBiG) oder § 122 Abs. 5 Handwerksordnung (HwO) weiterhin geltenden Ordnungsmittel geschlossen:

A. Die **Ausbildungszeit** beträgt _____ Jahre.

Ausbildungsordnung

Hierauf wird die Vorbildung / Ausbildung

ausbildungsrichtlinie

mit _____ Monaten angerechnet.

Das Berufsausbildungsverhältnis beginnt am _____

und endet am _____ .

B. Die **Probezeit** beträgt _____ Monate.

C. Ausbildungsstätte: Die Ausbildung findet vorbehaltlich der Vereinbarung unter D in

Filiale

und den mit dem Betriebssitz für die Ausbildung üblicherweise zusammenhängenden Bau-, Montage- und sonstigen Arbeitsstellen statt.

D. Ausbildungsmaßnahmen außerhalb der Ausbildungsstätte finden statt in dem Betrieb _____

über einen Zeitraum von _____ Monaten.

E. Der **Ausbildende zahlt** dem Lehrling / Auszubildenden eine **angemessene Vergütung;** sie beträgt z. Z. monatlich

DM _____ *Berufsbildungsrecht* brutto im ersten Ausbildungsjahr

DM _____ brutto im zweiten Ausbildungsjahr

DM _____ brutto im dritten Ausbildungsjahr

DM _____ brutto im vierten Ausbildungsjahr.

Soweit Vergütungen tariflich geregelt sind, gelten mindestens die tariflichen Sätze. *bzw. Verband-Fach*

F. Die **regelmäßige tägliche Ausbildungzeit** beträgt

_____ Stunden an _____ Tagen pro Woche.

_____ Stunden an _____ Tagen pro Woche.

G. Der Ausbildende gewährt dem Lehrling / Auszubildenden **Urlaub** nach den geltenden Bestimmungen. Es besteht z. Z. ein Urlaubsanspruch

auf _____ Werktage oder _____ Arbeitstage im Jahre _____

auf _____ Werktage oder _____ Arbeitstage im Jahre _____

auf _____ Werktage oder _____ Arbeitstage im Jahre _____

auf _____ Werktage oder _____ Arbeitstage im Jahre _____

auf _____ Werktage oder _____ Arbeitstage im Jahre _____

H. Sonstige Vereinbarungen

197

Die gesetzliche Vertretung des minderjährigen Kindes steht beiden Elternteilen zu. Deshalb müssen in der Regel Vater und Mutter neben dem Lehrling den Berufsausbildungsvertrag unterschreiben. Bei einem unter Vormundschaft stehenden Mündel ist außer der Unterschrift des Vormunds die Genehmigung durch das Vormundschaftsgericht erforderlich.

Das Berufsausbildungsverhältnis beginnt mit einer **Probezeit**. Diese ist zwingend und muß mindestens 1 Monat und darf höchstens 3 Monate betragen. Wird die Probezeit um mehr als $\frac{1}{3}$ der vereinbarten Dauer unterbrochen (d. h. Ausbildung findet an keinem der denkbaren Lernorte statt), so können die Parteien vereinbaren, daß sich die Probezeit um den Zeitraum der Unterbrechung verlängert. Diese Vereinbarung kann bereits zu Beginn der Ausbildung, aber auch noch während der Probezeit getroffen werden. Die Bedeutung der Probezeit für den Ausbildenden und für den Lehrling läßt sich in etwa so darstellen: *Richterrecht*

Probezeit	
Der Ausbildende soll feststellen, ob – der Lehrling den geistigen, körperlichen und charakterlichen Anforderungen genügt – das Ausbildungsziel erreicht werden kann	Der Lehrling soll feststellen, ob – der gewählte Beruf seinen Vorstellungen enspricht – er den geistigen und körperlichen Anforderungen genügen kann
Beide (Ausbildender und Lehrling) sollen prüfen, ob über den gesamten Zeitraum der Ausbildung ein gedeihliches und vertrauensvolles Zusammenarbeiten möglich erscheint.	

Pflichten des Ausbildenden

Der Ausbildungsbetrieb hat dem Lehrling eine angemessene Vergütung zu zahlen. Der Begriff „Ausbildungsvergütung" ist an die Stelle der früheren „Lehrbeihilfe" getreten. Dadurch wird angedeutet, daß zwischen Ausbildendem und Lehrling auch ein Verhältnis von Leistung und Gegenleistung, grundsätzlich also eine arbeitsrechtliche Beziehung, herrscht.

Die Vergütung ist nach dem Lebensalter des Lehrlings so zu bemessen, daß sie mit fortschreitender Berufsausbildung, mindestens jährlich, ansteigt. Die Vergütung ist monatlich zu zahlen. Soweit ihre Höhe nicht tarifvertraglich geregelt ist, muß sie von den Vertragspartnern vereinbart werden. In diesen Fällen wacht die Handwerkskammer darüber, daß die Vergütung nicht unangemessen niedrig festgesetzt wird. Soweit die Innungen Mindestsätze empfohlen haben, sollten diese zugrunde gelegt werden.

Der Lehrling hat Anspruch auf **Fortzahlung der Vergütung** für die Zeit des Berufsschulbesuchs und der Teilnahme an überbetrieblichen Ausbildungsmaßnahmen. Wenn der Lehrling sich für die Berufsausbildung bereit hält, diese aber ausfällt, wenn er ohne eigenes Verschulden erkrankt ist oder wenn er aus einem sonstigen unverschuldeten Grund nicht an der Ausbildung teilnehmen kann, hat der Ausbildende die Vergütung ebenfalls bis zur Dauer von sechs Wochen fortzuzahlen.

Der Ausbildende hat dem Lehrling die Kenntnisse und Fertigkeiten zu vermitteln, die zum Erreichen des Ausbildungszieles erforderlich sind. Die Verantwortung für die Erfüllung dieser Pflicht trifft ihn auch dann, wenn er einen beauftragten Ausbilder einsetzt.

Dem Lehrling sind alle Ausbildungsmittel, insbesondere Werkzeuge und Werkstoffe, kostenlos zur Verfügung zu stellen, soweit diese zur Berufsausbildung und zum Ablegen der Zwischen- und Gesellenprüfung notwendig sind.

Der Ausbildende muß ferner den Lehrling zum **Besuch der Berufsschule** und zum Führen der Berichtshefte anhalten. Er hat außerdem dafür zu sorgen, daß der Lehrling charakterlich gefördert sowie sittlich und körperlich nicht gefährdet wird.

Dem Lehrling dürfen nur Arbeiten übertragen werden, die dem Ausbildungszweck dienen und seinen Körperkräften angemessen sind. Er braucht Aufträge nicht auszuführen, die diesem Gebot entgegenstehen.

Der Lehrling ist für die Teilnahme am Berufsschulunterricht, ebenso für überbetriebliche Unterweisungen wie auch für die Prüfungen vom Ausbildenden freizustellen.

Der Ausbildende hat dem Lehrling ein **Zeugnis** auszustellen, das über Art, Dauer und Ziel der Berufsausbildung sowie über die erworbenen Kenntnisse und Fertigkeiten Auskunft gibt. Auf Verlangen des Lehrlings sind auch Angaben über Führung und Leistungen sowie über besondere fachliche Fähigkeiten in das Zeugnis aufzunehmen.

Pflichten des Lehrlings (Auszubildenden)

Der Lehrling muß sich bemühen, die für das Erreichen des Ausbildungszieles notwendigen Kenntnisse und Fertigkeiten zu erwerben.

Insbesondere hat er

a) die ihm im Rahmen der Berufsausbildung aufgetragenen Verrichtungen sorgfältig auszuführen

b) an überbetrieblichen Unterweisungen teilzunehmen

c) den Weisungen zu folgen, die ihm im Rahmen der Berufsausbildung vom Ausbildenden oder seinem Beauftragten erteilt werden

d) die für die Ausbildungsstätte geltende Ordnung zu beachten

e) Werkzeuge, Maschinen und sonstige Einrichtungen pfleglich zu behandeln

f) über Betriebs- und Geschäftsgeheimnisse Stillschweigen zu wahren

Auflösung des Ausbildungsvertrages

Die **Auflösung** ist in folgenden Fällen möglich:

a) Beiderseitig

Vor Ablauf der im Ausbildungsvertrag vereinbarten **Probezeit** können sowohl der Lehrling als auch der Ausbildende fristlos, schriftlich und ohne Angabe von Gründen kündigen.

Nach Ablauf der Probezeit ist die Auflösung nur noch aus einem wichtigen Grund möglich. Ein wichtiger Grund ist gegeben, wenn Tatsachen vorliegen, auf Grund derer dem Kündigenden unter Berücksichtigung aller Umstände des Einzelfalles und unter Abwägung der Interessen beider Vertragspartner die Fortsetzung des Berufsausbildungsverhältnisses bis zum Ablauf der Ausbildungszeit nicht zugemutet werden kann. Die Kündigung aus wichtigem Grund hat ohne Einhaltung einer Kündigungsfrist zu erfolgen. Sehr viele Kündigungen dieser Art scheitern an den strengen formalen Anforderungen. Gekündigt werden muß schriftlich, und die Kündigungsgründe müssen konkret genannt und nicht bloß vage umschrieben werden. Eine Kündigung aus wichtigem Grund ist unwirksam, wenn die ihr zugrunde liegenden Tatsachen dem zur Kündigung Berechtigten länger als **zwei Wochen** bekannt sind.

b) Durch den Lehrling (Auszubildenden)

Nach der Probezeit kann der Lehrling (bzw. sein gesetzlicher Vertreter) das Berufsausbildungsverhältnis mit einer Frist von vier Wochen kündigen, wenn er die Berusausbildung aufgeben oder sich für eine andere Berufstätigkeit ausbilden lassen will. Die Kündigung muß schriftlich und unter Angabe der Kündigungsgründe erfolgen. Der Ausbildende kann in diesem Fall keinen Schadensersatz verlangen.

c) Die Kündigungsmöglichkeiten beider Vertragsparteien lassen sich schematisch folgendermaßen darstellen:

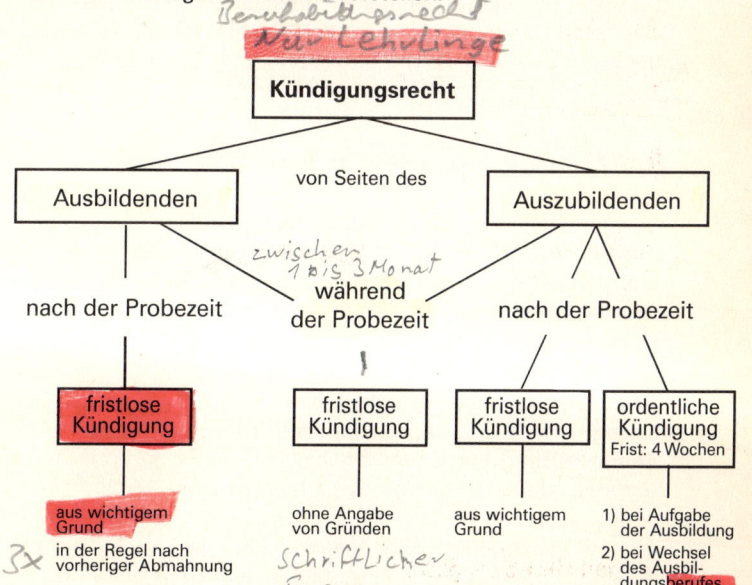

d) Möglich ist auch, daß beide Vertragsparteien (Ausbildender und Lehrling) einvernehmlich die Auflösung des Berufsausbildungsvertrages vereinbaren. Rechtlich handelt es sich dann um einen Auflösungsvertrag.

Schadensersatz bei vorzeitiger Lösung des Berufsausbildungsvertrages

Wird das Berufsausbildungsverhältnis nach Ablauf der Probezeit vorzeitig gelöst, ohne daß ein die Kündigung rechtfertigender wichtiger Grund vorliegt, so kann der Ausbildende oder Lehrling Ersatz des Schadens verlangen, den er durch die von dem anderen zu vertretende Auflösung des Vertrages nachweisbar erlitten hat. Der Anspruch erlischt, wenn er nicht innerhalb von drei Monaten nach Beendigung des Berufsausbildungsverhältnisses geltend gemacht wird.

Streitigkeiten aus dem Ausbildungsverhältnis

1. Instanz

sollen zunächst vom Lehrlingswart der Innung untersucht und, wenn möglich, beigelegt werden. Scheitert dieser Versuch, so ist vor Inanspruchnahme das Arbeitsgerichts der Ausschuß für Lehrlingsstreitigkeiten, soweit ein solcher bei der örtlich und fachlich zuständigen Innung errichtet ist, anzurufen. Der Ausschuß ist auch dann zuständig, wenn der beteiligte Ausbildungsbetrieb nicht Innungsmitglied ist. *Dann das Arbeitsgericht.*

Ende des Ausbildungsverhältnisses

Das Berufsausbildungsverhältnis endet grundsätzlich mit dem Ablauf der Ausbildungszeit. Sie soll nach dem Berufsbildungsgesetz nicht mehr als drei und nicht weniger als zwei Jahre betragen. In Berufen mit hohen theoretischen Anforderungen dauert die Ausbildungszeit jedoch auch weiterhin dreieinhalb Jahre.

Besteht der Lehrling vor Ablauf der vertraglichen Ausbildungszeit die Gesellenprüfung, so endet das Berufsausbildungsverhältnis mit der **bestandenen Prüfung**. Ihm ist unmittelbar nach der Prüfung eine Bescheinigung darüber, daß er bestanden hat, auszuhändigen.

Besteht der Lehrling die Prüfung nicht, so verlängert sich das Berufsausbildungsverhältnis **auf sein Verlangen** bis zur nächstmöglichen Wiederholungsprüfung, höchstens um ein Jahr. Hier kann also der Lehrling durch einseitige Erklärung das Berufsausbildungsverhältnis über die ursprünglich vereinbarte Zeit hinaus ausdehnen. Im Gegensatz dazu kann ein normaler Arbeitsvertrag nur durch übereinstimmende Willenserklärung beider Parteien rechtswirksam abgeändert werden.

Schwierigkeiten entstehen, wenn die Gesellenprüfung erst einige Zeit nach dem vereinbarten Ende des Ausbildungsverhältnisses durchgeführt wird. Der Ausbildungsvertrag ist dann an sich durch Fristablauf beendet. Andererseits bleibt der Ausbildende verpflichtet, dem Lehrling Werkzeuge und Werkstoffe sowie auch die Werkstatt zur Verfügung zu stellen, soweit dies für eine erfolgreiche Gesellenprüfung erforderlich ist. Der Ausbildende bleibt auch, wie dargestellt, verpflichtet, den Lehrling nach einem etwaigen Durchfall in der Gesellenprüfung weiter auszubilden. Daraus folgt, daß das Berufsausbildungsverhältnis nach normalem Zeitablauf, aber vor Ablegung der Gesellenprüfung, zumindest eingeschränkt wirksam bleibt. Daher sollte ein vernünftiger Ausbildender seinen Lehrling jedenfalls bis zur Gesellenprüfung weiter beschäftigen. Für die Zeit vom Ende des Ausbildungsverhältnisses bis zur Gesellenprüfung kann ein Hilfsarbeiterlohn unter der Bedingung vereinbart werden, daß die Gesellenprüfung von dem Lehrling bestanden wird oder dieser nach erfolgloser Gesellenprüfung seine Ausbildung nicht in dem gleichen Betrieb fortsetzt.

Vereinbarungen, die den Lehrling für die Zeit nach Beendigung der Berufsausbildung in der Ausübung seiner beruflichen Tätigkeit beschränken, sind **nichtig**. Ausgenommen hiervon ist eine **Vereinbarung während der letzten drei Monate** der Ausbildungszeit, mit welcher der Lehrling sich verpflichtet,

nach Ablauf des Vertrags mit dem Ausbildenden ein Arbeitsverhältnis von unbestimmter Dauer einzugehen,

oder einen Arbeitsvertrag auf eine Zeit bis zur Höchstdauer von 5 Jahren zu schließen, sofern der Ausbildende für seine weitere Berufsbildung im angemessenen Verhältnis zu dieser Verpflichtung Kosten übernimmt.

Wird der Lehrling im Anschluß an das Berufsausbildungsverhältnis beschäftigt, ohne daß hierfür ausdrücklich etwas vereinbart wird, so gilt ein Arbeitsverhältnis auf unbestimmte Zeit als begründet.

Vereinbarungen die Azubi schlechter stellen sind von Haus aus nichtig

4.1.2. Wesentliche Bestimmungen des zweiten Teils der Handwerksordnung

Verkürzung und Verlängerung der Berufsausbildungszeit

Die Handwerkskammer hat auf Antrag die Ausbildungszeit zu kürzen, wenn zu erwarten ist, daß der Lehrling das Berufsausbildungsziel in der gekürzten Zeit erreicht. Diese Möglichkeit bietet sich etwa für Lehrlinge an, die bereits eine andere Berufsausbildung oder eine längere Schulausbildung (Abitur) hinter sich haben.

Die Kammer kann in Ausnahmefällen auf Antrag des Lehrlings auch die Ausbildungszeit verlängern, wenn beispielsweise wegen längerer Krankheit oder Ausfall der Ausbildung aus anderen Gründen die Erreichung des Ausbildungsziels fraglich und eine Verlängerung erforderlich wird.

Bei einer Verkürzung oder einer Verlängerung der Ausbildungszeit müssen die Beteiligten (Ausbildungsbetrieb, Berufsschule) vorher gehört werden. Eine Abkürzung der Berufsausbildungszeit kann sich auch dadurch ergeben, daß der Lehrling nach Anhören des Ausbildenden und der Berufsschule vor Ablauf seiner Ausbildungszeit zur Gesellenprüfung zugelassen wird. Eine vorzeitige Zulassung zur Gesellenprüfung setzt jedoch voraus, daß sowohl die betriebliche als auch die berufsschulischen Leistungen des Lehrlings mit „gut" bewertet werden. Die vorzeitige Zulassung zur Gesellenprüfung wird vom Gesellenprüfungsausschuß, vielfach nach Anhörung der zuständigen Handwerkskammer, ausgesprochen.

Zwischenprüfung

Während des Ausbildungsverhältnisses ist mindestens eine Zwischenprüfung nach Maßgabe der Ausbildungsordnung durchzuführen. Zwischenprüfungen für Lehrlinge sind im Handwerk schon lange vor Erlaß des BBiG zum Zwecke der Leistungssteigerung des Nachwuchses durchgeführt worden. Sie haben sich gut bewährt.

Der Lehrling soll schon nach Abschluß des ersten Lehrjahres und in späteren Wiederholungen zeigen, ob er das der Dauer seiner Ausbildung entsprechende Ziel erreicht hat oder ob und auf welchem Gebiet etwas nachzuholen ist. Bei Unfähigkeit und Nachlässigkeit des Lehrlings lassen sich noch rechtzeitig entsprechende Maßnahmen treffen. Unter Umständen wird es für den jungen Menschen sogar gut sein, wenn er einen anderen

Beruf ergreift, in dem er seine persönlichen Fähigkeiten und seine Veranlagung vielleicht besser zur Geltung bringen kann.

Für die Abnahme der Zwischenprüfungen sind bei den Innungen in der Regel die Gesellenprüfungsausschüsse zuständig.

Gesellenprüfung

Am Ende der Ausbildungszeit soll der Lehrling die Gesellenprüfung ablegen, in der festgestellt wird, ob der Lehrling die in seinem Handwerk erforderlichen Fertigkeiten beherrscht und die notwendigen praktischen und theoretischen Kenntnisse besitzt. Die Gesellenprüfung hat ferner darzutun, ob der Prüfling mit den im Berufsschulunterricht vermittelten Kenntnissen vertraut ist.

Alles Nähere über die Durchführung der Gesellenprüfung regelt die von der Handwerkskammer mit Genehmigung der obersten Landesbehörde erlassene Gesellenprüfungsordnung.

Die Gesellenprüfung ist für den Lehrling gebührenfrei.

Das Zulassungsgesuch des Prüflings ist schriftlich an den Vorsitzenden des Gesellenprüfungsausschusses zu richten.

Das Gesuch sollte enthalten:

Vor- und Zunamen, Handwerk, Ausbildungsbetrieb und genaue Anschrift des Prüflings, das Zeugnis des Ausbildenden, ein Zeugnis oder eine Bescheinigung über den Besuch einer Berufs- oder Fachschule;

die während des Ausbildungsverhältnisses nach Maßgabe der Bestimmungen der Handwerkskammer geführten Ausbildungsnachweise;

Nachweise über die abgelegten Zwischenprüfungen, gegebenenfalls Vorschläge für das Gesellenstück und den Ort seiner Anfertigung, die Erklärung darüber, ob, wo und wann sich der Prüfling bereits einer Gesellenprüfung unterzogen hat.

Beizufügen ist der mit dem Eintragungsvermerk in die Lehrlingsrolle der Handwerkskammer versehene Berufsausbildungsvertrag oder die Bestätigung der Handwerkskammer über die Eintragung.

Zur Gesellenprüfung ist zuzulassen, wer die Ausbildungszeit zurückgelegt hat oder wessen Ausbildungszeit nicht später als zwei Monate nach dem Prüfungstermin endet. Die Teilnahme an den Zwischenprüfungen, soweit nach der Ausbildungsordnung vorgeschrieben, muß nachgewiesen werden. Vorgeschriebene Berichtshefte müssen vorgelegt werden. Das Berufsausbildungsverhältnis muß in die Lehrlingsrolle eingetragen sein.

Besondere Zulassungsvoraussetzungen sind in § 37 Handwerksordnung geregelt. Hier ist insbesondere die Vorschrift von Bedeutung, wonach auch derjenige zur Gesellenprüfung zuzulassen ist, der nachweist, daß er mindestens das Zweifache der Zeit, die als Ausbildungszeit vorgeschrieben ist, in dem Beruf tätig gewesen ist, in dem er die Prüfung ablegen will.

Über die Zulassung zur Gesellenprüfung entscheidet der Vorsitzende des Prüfungsausschusses. Hält er die Zulassungsvoraussetzungen nicht für gegeben, so entscheidet der Prüfungsausschuß.

Hat der Lehrling die Gesellenprüfung abgelegt, so soll der Prüfungsausschuß ihm bereits am letzten Prüfungstag mitteilen, ob er die Prüfung bestanden oder nicht bestanden hat. Hierüber ist dem Lehrling unverzüglich eine vom Vorsitzenden des Prüfungsausschusses zu unterzeichnende Bescheinigung auszuhändigen.

Der Lehrling erhält sodann von der zuständigen Stelle (Innung oder Handwerkskammer) ein Zeugnis, in dem das Gesamtergebnis der Prüfung und die Ergebnisse der einzelnen Prüfungsleistungen aufgeführt werden müssen.

Gesellenprüfungsausschüsse

Für die Abnahme der Gesellenprüfungen errichtet die Hanswerkskammer Prüfungsausschüsse. Die Handwerkskammer kann Handwerksinnungen ermächtigen, Gesellenprüfungsausschüsse zu errichten, wenn die Leistungsfähigkeit der Handwerksinnung die ordnungsmäßige Durchführung der Prüfung sicherstellt (§ 33 Abs. 1 HwO).

Werden von einer Handwerksinnung Gesellenprüfungsausschüsse errichtet, so sind sie für die Abnahme der Gesellenprüfung aller Lehrlinge der in der Handwerksinnung vertretenen Handwerke ihres Bezirks zuständig, soweit nicht die Handwerkskammer etwas anderes bestimmt. Mehrere Handwerkskammern können bei einer von ihnen gemeinsame Prüfungsausschüsse errichten.

Der Gesellenprüfungsausschuß besteht aus mindestens 3 Mitgliedern, und zwar aus der gleichen Anzahl selbständiger Handwerker und Arbeitnehmer sowie mindestens einem Lehrer einer berufsbildenden Schule. Der Vorsitzende und sein Stellvertreter werden von den Mitgliedern des Ausschusses aus ihrer Mitte gewählt. Sie sollen nicht der gleichen Mitgliedergruppe angehören. Bei Beschlüssen des Auschusses gibt im Falle von Stimmengleichheit die Stimme des Vorsitzenden den Ausschlag.

Die Meisterbeisitzer werden von der Innungsversammlung, die Gesellen von dem Gesellenausschuß gewählt und von der Handwerkskammer auf längsten drei Jahre berufen. Der Lehrer wird im Einvernehmen mit der Schulaufsichtsbehörde nach Anhörung der Innung von der Handwerkskammer berufen.

Die selbständigen Handwerker müssen in dem Handwerk, für das der Gesellenprüfungsausschuß errichtet ist, die Meisterprüfung abgelegt haben oder zum Ausbilden berechtigt sein. Die Arbeitnehmer müssen die Gesellenprüfung in dem Handwerk, für das der Prüfungsausschuß errichtet ist, abgelegt haben und in dem Betrieb eines selbständigen Handwerkers beschäftigt sein.

4.1.3. Öffentlich-rechtliche Regelung und Überwachung der Berufsausbildung

Bundesebene

Auf Bundesebene wirkt das **Bundesinstitut für Berufsbildung,** dessen wichtigstes Organ der Hauptausschuß ist, dem je elf Beauftragte der Arbeitgeber, der Arbeitnehmer und der Länder sowie fünf Beauftragte des Bundes angehören. Das Bundesinstitut, das eigene Rechtsfähigkeit besitzt, hat unter anderem die Aufgabe, Ausbildungsordnungen vorzubereiten, bei der Berufsbildungsstatistik mitzuwirken, die überbetriebliche Berufsausbildung beratend zu fördern und die Bundesregierung in grundsätzlichen Fragen der beruflichen Bildung zu beraten.

Länderebene

Auf Länderebene sind die **Landesausschüsse für Berufsbildung** tätig. Sie haben die einzelnen Landesregierungen in allen Fragen der Berufsbildung zu beraten. Die Aufgaben der Landesausschüsse reichen insofern weiter als die des Bundesinstituts, weil das schulische Berufsbildungswesen unter der Kulturhoheit der Länder steht. Die Landesausschüsse müssen sich also besonders um die Zusammenarbeit zwischen der schulischen und der betrieblichen Berufsausbildung bemühen und bei der Neuordnung und Weiterentwicklung des Berufsschulwesens mitwirken.

Kammerebene

Zuständige Stelle nach dem Berufsbildungsgesetz ist für den Bereich des Handwerks die Handwerkskammer. Soweit Vorschriften nicht bestehen, regelt sie die Durchführung der Berufsausbildung und fördert sie durch Beratung der Ausbildenden und der Lehrlinge (Auszubildenden). Die Kammer ist aber auch verpflichtet, die Durchführung der Berufsausbildung zu überwachen.

Beschlußorgan der Handwerkskammer ist die **Vollversammlung.** Der Berufsbildungsausschuß der Handwerkskammer ist ein Ausschuß dieser Vollversammlung. Daher ist – im Gegensatz zu den Industrie- und Handelskammern – der Berufsbildungsausschuß der Handwerkskammer, soweit es um handwerkliche Berufe geht, nicht das entscheidende Organ für die Regelung der Berufsausbildung im Kammerbezirk. Das letzte Wort in Berufsbildungsangelegenheiten in handwerklichen Berufen hat jeweils die Vollversammlung.

Die Vorschläge und Stellungnahmen des **Berufsbildungsausschusses** gelten jedoch als von der Vollversammlung angenommen, wenn sie nicht mit einer Mehrheit von Dreivierteln der Mitglieder der Vollversammlung in ihrer nächsten Sitzung geändert oder abgelehnt werden. Dies gilt allerdings nicht für solche Beschlüsse, zu deren Durchführung die für Berufsbildung im laufenden Haushalt der Kammer vorgesehenen Mittel nicht ausreichen oder zu deren Durchführung in folgenden Haushaltsjahren Mittel bereitgestellt werden müßten, die die Ausgaben für Berufsbildung des laufenden Haushalts nicht unwesentlich übersteigen. Solche den Kammerhaushalt belastende Beschlüsse des Berufsbildungsausschusses bedürfen der ausdrücklichen Zustimmung der Vollversammlung, können also durch einen einfachen Merhrheitsbeschluß zurückgewiesen werden.

Diese Bestimmung ist wichtig, weil der Berufsbildungsausschuß der Handwerkskammer mit sechs selbständigen Handwerkern (die von der Gruppe der selbständigen Handwerker in der Vollversammlung gewählt werden), mit sechs Arbeitnehmern (die von der Gruppe der Gesellenvertreter in der Vollversammlung gewählt werden) sowie sechs Lehrern an berufsbildenden Schulen besetzt ist. Stimmrecht im Berufsbildungsausschuß haben nur die selbständigen Handwerker und die Gesellenvertreter (sogenanntes paritätisches Stimmrecht). Das Stimmenverhältnis im Berufsbildungsausschuß der Handwerkskammer weicht also von dem der Vollversammlung, in der die Gesellenvertreter nur ein Drittel der Stimmen halten, entscheidend ab.

Der Berufsbildungsausschuß der Kammer ist in allen wichtigen Angelegenheiten der beruflichen Bildung zu unterrichten und zu hören. Vor einer Beschlußfassung in der Vollversammlung über Vorschriften zur Durchführung der Berufsbildung (z. B. Gesellenprüfungsordnung) ist die Stellungnahme des Berufsbildungsausschusses einzuholen. Der Berufsbildungsausschuß kann der Vollversammlung auch von sich aus Vorschläge zur Durchführung der Berufsbildung vorlegen.

Die Handwerkskammer überwacht alle handwerklichen Berufsausbildungsverhältnisse ihres Bezirks. Der Berufsausbildungsvertrag muß ihr zur Kontrolle eingereicht werden. Die Handwerkskammer hat den wesentlichen Inhalt der Berufsausbildungsverträge in die **Lehrlingsrolle** einzutragen. Ein Berufsausbildungsvertrag kann nur dann in die Lehrlingsrolle eingetragen werden, wenn er den gesetzlichen Vorschriften und der **Ausbildungsordnung** entspricht und die persönliche und fachliche Eignung des Ausbildenden für das Einstellen und Ausbilden vorliegen. Die Kammer muß die Eintragung ablehnen oder löschen, wenn diese Eintragungsvoraussetzungen nicht gegeben sind.

Von Bedeutung ist die Eintragung in die Lehrlingsrolle deswegen, weil nur derjenige Lehrling zur Gesellenprüfung zuzulassen ist, dessen Berufsausbildungsvertrag in die Lehrlingsrolle eingetragen worden ist (oder aus einem von ihm nicht zu vertretenden Grund nicht eingetragen wurde).

Die Handwerkskammer prüft aber auch die Eignung der Ausbildungsstätte. Art und Einrichtung des Ausbildungsbetriebes müssen eine ordnungsgemäße und lückenlose Berufsausbildung gewährleisten. Die Zahl der Lehrlinge muß in einem angemessenen Verhältnis zur Zahl der Ausbildungsplätze oder zur Zahl der beschäftigten Fachkräfte stehen, es sei denn, daß anderenfalls die Berufsausbildung nicht gefährdet wird. Der ehemalige Bundesausschuß für Berufsbildung hat zu diesen Punkten jeweils Empfehlungen erlassen, die allerdings diese schwierigen Fragen nicht erschöpfend regeln und die vor allem auch für die Kammern nicht rechtsverbindlich sind.

Eine Ausbildungsstätte, in der die erforderlichen Kenntnisse und Fertigkeiten nicht in vollem Umfang vermittelt werden können, gilt als geeignet, wenn dieser Mangel durch Ausbildungsmaßnahmen außerhalb der Ausbildungsstätte (überbetriebliche Ausbildungsmaßnahme) behoben wird.

Ausbildungsberatung und Untersagungsverfahren

Die Handwerkskammer soll aber nicht nur die Durchführung der Berufsausbildung in den einzelnen Ausbildungsbetrieben überwachen, sondern diese auch durch Beratung der Ausbildenden und der Lehrlinge fördern. Zu diesem Zweck werden bei den einzelnen Kammern **Ausbildungsberater** bestellt. Diese sind berechtigt, unaufgefordert in die Ausbildungsbetriebe zu kommen, um dort ihre Aufgaben wahrzunehmen.

+ Überwachung

Stellt die Handwerkskammer oder der von ihr beauftragte Ausbildungsberater Mängel in der persönlichen und fachlichen Eignung eines Ausbilders oder in der Eignung einer Ausbildungsstätte fest, so fordert die Kammer den Ausbildenden auf, diese Mängel innerhalb einer bestimmten Frist zu beseitigen. Voraussetzung ist jedoch, daß die Mängel überhaupt zu beheben sind und eine Gefährdung des Lehrlings nicht zu erwarten ist.

Ist der Mangel der Eignung nicht zu beheben oder ist eine Gefährdung des Lehrlings zu erwarten oder wird der Mangel nicht innerhalb der gesetzten Frist beseitigt, so hat die Handwerkskammer dies der nach Landesrecht zuständigen Behörde mitzuteilen. Die nach Landesrecht zuständige Behörde hat das Einstellen und Ausbilden zu **untersagen,** wenn die persön-

Handwerkskammer setzt Fristen

liche oder fachliche Eignung nicht oder nicht mehr vorliegt, oder wenn eine bestimmte Ausbildungsstätte sich nach Art und Einrichtung als für die Berufsausbildung nicht mehr geeignet erweist. Vor der Untersagung sind die Beteiligten und die Handwerkskammer zu hören.

Berufsschulpflicht

Nach erfüllter allgemeiner Schulpflicht muß jeder junge Mensch, gleichgültig ob er eine Ausbildung aufnimmt oder als Jungarbeiter in das Berufsleben eintritt, die Berufsschule besuchen. Für den Berufsschulbesuch gelten in den einzelnen Bundesländern unterschiedliche Regelungen. Das Berufsbildungsgesetz konstatiert lediglich noch einmal zusammenfassend, daß der Lehrling am Berufsschulunterricht als unverzichtbarem Teil der Berufsausbildung teilnehmen und daß der Ausbildende ihn dafür freistellen muß. *12 Jahre*

Die Berufsschulpflicht dauert grundsätzlich drei Jahre, bei kürzeren Ausbildungszeiten aber mindestens zwei Schuljahre. Die Berufsschulpflicht kann auch über die Drei-Jahres-Grenze hinaus ausgedehnt werden, wenn das Ausbildungsverhältnis für einen längeren Zeitraum vereinbart wird. Wenn der Lehrling die Gesellenprüfung bestanden hat, endet die Berufsschulpflicht vorzeitig.

Lehrlinge, die ihre Berufsausbildung nach Vollendung des 18. Lebensjahres aufnehmen, sind in einigen Bundesländern zum Besuch der Berufsschule nicht mehr verpflichtet, jedenfalls aber dazu berechtigt. Der Ausbildende muß auch diese Lehrlinge für den Berufsschulbesuch freistellen. *In Bayern 21. Lebensjahr*
Der Ausbildende hat den Lehrling zum Besuch der Berufsschule anzumelden und darauf zu achten, daß der Unterricht auch tatsächlich besucht wird.

4.1.4 Meistertitel – Meisterprüfung (HwO, dritter Teil)

Der durch Ablegung einer Meisterprüfung erworbene Meistertitel hat im Handwerk eine alte Tradition. Die gesamte Handwerksordnung, in diesem Punkt nahezu unverändert seit 1953 in Kraft, beruht auf dem Grundgedanken, daß nur derjenige ein Handwerk selbständig im Rahmen eines stehenden Gewerbebetriebes ausüben darf, der die Meisterprüfung in diesem Handwerk bestanden oder seine Qualifikation in einer gleichwertigen Prüfung nachgewiesen hat. Die Bedeutung dieser **Berufszulassungsbeschränkung** liegt darin, daß hier das Grundrecht der freien Berufsausübung eingeschränkt wird. Das Bundesverfassungsgericht hat die verfassungsrechtliche Zulässigkeit 1961 geprüft und eindeutig klargestellt, daß der **große Befähigungsnachweis** mit den Grundgesetz vereinbar ist. Es besteht ein allgemeines Intersesse daran, den hohen Leistungsstandard des Handwerks durch besondere Zulassungsvoraussetzungen zu gewährleisten.

Eine in den fünf neuen Bundesländern am 3. 10. 1990 bestehende Berechtigung, ein Handwerk als stehendes Gewerbe selbständig zu betreiben, ist nach dem Einigungsvertrag bestehen geblieben. Entsprechendes gilt für die Berechtigung zum Einstellen oder zum Ausbilden von Lehrlingen in Handwerksbetrieben und zur Führung des Meistertitels.

Meistertitel

Die Bezeichnung Meister in Verbindung mit einem Handwerk darf nur führen, wer für dieses Handwerk die Meisterprüfung bestanden hat. Die unberechtigte Führung des Meistertitels ist strafbar.

Meisterprüfung

Die Meisterprüfung kann nur in einem Gewerbe abgelegt werden, das in der Anlage A zur Handwerksordnung aufgeführt ist. Durch die Meisterprüfung ist festzustellen, ob der Prüfling befähigt ist, einen **Handwerksbetrieb selbständig zu führen und Lehrlinge ordnungsgemäß auszubilden.** Der Prüfling hat insbesondere darzutun, daß er die in seinem Handwerk gebräuchlichen Arbeiten meisterhaft verrichten kann und die notwendigen Fachkenntnisse sowie die erforderlichen betriebswirtschaftlichen, kaufmännischen, rechtlichen und berufserzieherischen Kenntnisse besitzt (§ 46 Abs. 2 HwO)

Meisterprüfungsausschuß

Die Abnahme der Meisterprüfung erfolgt durch den fachlich und örtlich zuständigen Meisterprüfungsausschuß. Er besteht aus fünf Mitgliedern; für die Mitglieder sind Stellvertreter zu bestellen. Der Meisterprüfungsausschuß wird als staatliche Prüfungsbehörde am Sitz der Handwerkskammer errichtet. Die Ernennung der Mitglieder der Meisterprüfungsausschüsse erfolgt auf die Dauer von drei Jahren durch die höhere Verwaltungsbehörde.

Zulassung zur Meisterprüfung

Zur Meisterprüfung sind Personen zuzulassen, die eine Gesellenprüfung bestanden haben und in dem Handwerk, in dem sie die Meisterprüfung ablegen wollen, eine mehrjährige Tätigkeit als Geselle zurückgelegt haben oder zur Ausbildung von Lehrlingen in diesem Handwerk berechtigt sind.

Die Gesellenprüfung muß also nicht unbedingt in dem Handwerk nachgewiesen werden, in dem die Meisterprüfung abgelegt werden soll. Für die Gesellentätigkeit sollen nicht weniger als 3 Jahre und dürfen nicht mehr als 5 Jahre gefordert werden.

Ferner ist zur Meisterprüfung zuzulassen, wer in dem Handwerk, in dem die Meisterprüfung abgelegt werden soll, das Prüfungszeugnis über die vor einem Prüfungsausschuß der Industrie- und Handelskammer abgelegte Lehrabschlußprüfung besitzt und im übrigen die vorgenannten Voraussetzungen erfüllt.

Der **Besuch einer Fachschule** kann ganz oder teilweise, höchstens jedoch mit 3 Jahren, auf die Gesellentätigkeit angerechnet werden. Die Handwerkskammer kann auf Antrag eine auf mehr als 3 Jahre festgesetzte Dauer der Gesellentätigkeit bis auf 3 Jahre abkürzen und in Ausnahmefällen auch von den sonstigen Voraussetzungen ganz oder teilweise befreien.

Die Zulassung zur Meisterprüfung spricht der Vorsitzende des Meisterprüfungsausschusses aus. Hält der Vorsitzende die Zulassungsvoraussetzungen nicht für gegeben, so entscheidet der Meisterprüfungsausschuß.

Meisterprüfungsordnung

Die Handwerkskammern im Bundesgebiet haben auf Grund einer einheitlichen Beschlußvorlage, die mit den Vertretern der Wirtschaftsminister der Länder abgestimmt worden ist, jeweils für ihren Kammerbezirk eine **Meisterprüfungsordnung** beschlossen. Sie regelt das

Zulassungs- und Prüfungsverfahren. Die Gliederung der Meisterprüfung in vier Hauptteile ergibt sich aus § 46 Abs. 2 der Handwerksordnung.

Die Allgemeine Meisterprüfungsordnung (AMVO) sieht vor, daß die einzelnen Teile der Meisterprüfung **in beliebiger Reihenfolge zu verschiedenen Prüfungsterminen** abgelegt werden können. Die folgenden Prüfungsteile

Teil I – die praktische Prüfung (Meisterstück, Arbeitsprobe)

Teil II – die Prüfung der fachtheoretischen Kenntnisse

Teil III – die Prüfung der wirtschaftlichen und rechtlichen Kenntnisse

Teil IV – die Prüfung der berufs-
und arbeitspädagogischen Kenntnisse

können also jeder für sich abgelegt werden. Das Bestehen der Meisterprüfung setzt jedoch voraus, daß mit dem letzten Prüfungsteil innerhalb von 5 Jahren nach dem ersten Prüfungstag des ersten Prüfungsteiles begonnen wurde. In begründeten Fällen kann der Meisterprüfungsausschuß im Einverständnis mit der Handwerkskammer eine Fristverlängerung genehmigen.

Die Möglichkeit der abschnittsweisen Ablegung der Meisterprüfung stellt eine verfahrensmäßige Erleichterung dar. Zeitlich und stofflich abgeschlossen Einheiten können schon von der Vorbereitung her getrennt voneinander behandelt und im unmittelbaren Anschluß an den jeweiligen Kursus abgeprüft werden. Die einzelnen Teile der Meisterprüfung sind jedoch rechtlich nicht verselbständigt. Nach wie vor geht die Handwerksordnung zwingend davon aus, daß die einzelnen Teile der Meisterprüfung nur zusammengenommen **die Meisterprüfung** bilden.

Wenn einzelne Teile der Meisterprüfung von dem Prüfling bestanden sind, so gibt ihm das noch keine Berechtigung zur selbständigen Berufsausübung oder zur Ausbildung von Lehrlingen. Die Ausbildungsberechtigung in Handwerksberufen ist an die vollständige Meisterprüfung geknüpft.

Umstritten ist es, ob einzelne Teile der Meisterprüfung für sich angefochten oder wiederholt werden können. Wenn die Wiederholung einzelner Teile erst nach Ablegung der gesamten Meisterprüfung möglich wäre, würde der Prüfling gerade in einem Prüfungsteil, in dem er mit Schwierigkeiten zu kämpfen hat, Gefahr laufen, die im Augenblick des Nichtbestehens immerhin vorhandenen geringen Kenntnisse gänzlich zu vergessen, während er mit Ablegung der weiteren Prüfungsteile beschäftigt ist. Damit würde der Sinn dieser Regelung, Kenntnissse und Fertigungen immer dann abzuprüfen, wenn sie unmittelbar erworben und noch gegenwärtig sind, gerade bei schwachen Kandidaten nicht berücksichtigt. Die Rechtslage ist insofern noch ungeklärt.

Das gleiche gilt für die Frage, ob einzelne Teile der Meisterprüfung für sich im Wege der verwaltungsgerichtlichen Klage angefochten werden können. Da jedoch auch der Prüfungsbescheid über einen einzelnen Prüfungsteil gewisse rechtliche Auswirkungen etwa auf die weiteren Vorbereitungsmaßnahmen des Prüflings oder etwa auch im Zuge eines Ausnahmebewilligungsverfahrens zur Eintragung in die Handwerksrolle (§ 8 HwO) haben kann, wird man die gesonderte Anfechtung eines einzelnen Prüfungsteiles letztlich doch bejahen müssen.

Prüfungsanforderungen

Die **Prüfungsanforderungen in den Teilen I und II** bestimmen sich nach den für die einzelne Gewerbe der Anlage A zur Handwerksordnung erlassen Rechtsverordnungen(vgl. § 45 Nr. 2 HwO) oder, soweit noch keine neuen Verordnungen erlassen sind, nach den fachlichen Vorschriften für die Meisterprüfung in den einzelnen Handwerken. Soweit dort nichts bestimmt ist, entscheidet der Meisterprüfungsausschuß selbst über die Prüfungsanforderungen.

Für die **Prüfungsanforderungen in den Teilen III und IV** gelten die Bestimmungen der **Verordnung über gemeinsame Anforderungen in der Meisterprüfung im Handwerk vom 12. Dezember 1972 (AMVO).**

Die **Meisterprüfungsarbeit** (Hauptteil I) ist vom Meisterprüfungsausschuß so zu wählen, daß mit ihrer Herstellung keine mit dem Zweck der Meisterprüfung unvereinbaren Anforderungen und kein ungerechtfertigter Zeit- und Kostenaufwand verbunden sind. Die Meisterprüfungsarbeit

soll verwendbar sein. Der Meisterprüfungsausschuß kann die Anfertigung einer einheitlichen Meisterprüfungsarbeit in Klausur anordnen.
Wird dies nicht verlangt, so soll der Meisterprüfungsausschuß dem Vorschlag des Prüflings nach Möglichkeit stattgeben.

Rücktritt von der Prüfung

Der Prüfling kann bis zum Beginn der Meisterprüfung durch schriftliche
Erklärung von der Prüfung zurücktreten. In diesem Fall gilt die Meisterprüfung als nicht abgelegt. Die Meisterprüfung beginnt mit der Verteilung der
ersten Prüfungsaufgaben des ersten Prüfungsteiles und endet mit der Be-
kanntgabe des letzten Prüfungsergebnisses.

Tritt der Prüfling nach Beginn der Meisterprüfung zurück, so können bereits erbrachte, in sich abgeschlossene Prüfungsleistungen nur anerkannt
werden, wenn ein wichtiger Grund für den Rücktritt vorliegt. Ist dies nicht
der Fall, so gilt die Meisterprüfung als nicht bestanden.

Bewertung und Prüfungszeugnis

Die **Prüfungsleistungen** sind nach einem Punktsystem zu bewerten.
Soweit dies unzweckmäßig erscheint, ist die Bewertung nur nach Noten
vorzunehmen. Zum Bestehen der Meisterprüfung müssen in jedem
einzelnen der vier Prüfungsteile im rechnerischen Durchschnitt ausreichende Prüfungsleistungen erbracht sowie die für das Bestehen der
einzelnen Prüfungsteile vorgeschriebenen Mindestvoraussetzungen
erfüllt werden.

Das **Prüfungsergebnis** ist dem Prüfling unverzüglich nach Abschluß der
Meisterprüfung mitzuteilen. Wird die Meisterprüfung abschnittsweise
abgelegt, ist der Prüfling unverzüglich über das Prüfungsergebnis des
jeweiligen Abschnitts zu unterrichten und ihm eine Bescheinigung
darüber zu erteilen.

Zeugnis

Über das Bestehen der Meisterprüfung ist ein **Zeugnis gebührenfrei** auszustellen, aus dem die in den einzelnen Prüfungsteilen erzielten Prüfungs-
noten hervorgehen. Es wird von den Mitgliedern des Meisterprüfungsausschusses unterschrieben und von der Handwerkskammer beglaubigt.
Diese stellt auf Antrag auch einen Meisterbrief aus, in dem keine Prü-
fungsnoten auszugeben sind.

4.2. Für die Berufsbildung wesentliche Bestimmungen des Arbeits- und Sozialrechts

4.2.0. Arbeitsvertragsrecht des Auszubildenden

Die wesentlichen arbeitsrechtlichen Bestimmungen des Berufsausbildungsverhältnisses sind in den §§ 3 – 19 des Berufsbildungsgesetzes festgelegt (vgl. 4.1.1. ff). Soweit diese speziellen Regeln, die auf das besondere Wesen des Ausbildungsverhältnisses als Erziehungsverhältnis zugeschnitten sind, nichts Entgegenstehendes aussagen, findet auch das allgemeine Arbeitsrecht (vgl. Teil III 3.2.) Anwendung. Dabei wird immer zu beachten sein, daß sich im Berufsausbildungsverhältnis nicht Leistung und Gegenleistung in einem echten Austauschverhältnis gegenüberstehen. Der Lehrling leistet keine vollgültige Arbeit, die Ausbildungsvergütung ist demzufolge auch nur bedingt als Gegenleistung anzusehen.

Das allgemeine öffentliche Interesse an einer geordneten Berufsausbildung hat dazu geführt, daß der Staat durch das Berufsbildungsgesetz zwingende öffentlich-rechtliche Regeln aufgestellt hat, die im Zweifelsfall den von der Rechtsprechung entwickelten arbeitsrechtlichen Grundsätzen, dem geschriebenen Arbeitsrecht und dem vereinbarten Arbeitsrecht (Tarifrecht) vorgehen.

– Beispiel: *In § 5 BBiG wird eine ganze Reihe von Vereinbarungen, die sonst im Arbeitsrecht möglich und üblich sind, ausdrücklich für nichtig erklärt, sollten sie in den Berufsausbildungsvertrag aufgenommen werden.*

4.2.1. Der Auszubildende und das Betriebsverfassungsrecht

Das Betriebsverfassungsgesetz vom 15. Januar 1972 regelt die Zusammenarbeit zwischen Arbeitgebern und Arbeitnehmern im Betrieb. Wesentliche Organe der Betriebsverfassung sind Arbeitgeber, Betriebsrat, Betriebsversammlung und Jugend- und Auszubildendenvertretung. Ein Betriebsrat ist in einem Betrieb zu wählen, der in der Regel mindestens fünf ständige und wahlberechtigte Arbeitnehmer beschäftigt, von denen drei wählbar sein müssen.

Jugend- und Auszubildendenvertretung

In Betrieben, in denen in der Regel mindestens fünf Arbeitnehmer, die das 18. Lebensjahr noch nicht vollendet haben (jugendliche Arbeitnehmer) oder die zu ihrer Berufsausbildung beschäftigt sind und das 25. Lebensjahr noch nicht vollendet haben, werden Jugend- und Auszubildendenvertretungen gewählt. Wahlberechtigt ist der zuvorgenannte Personenkreis, wählbar sind alle Arbeitnehmer, die das 25. Lebensjahr noch nicht vollendet haben. Der Begriff der „zu ihrer Berufsausbildung beschäftigten Arbeitnehmer" umfaßt neben den Lehrlingen auch Praktikanten, Volontäre, Anlernlinge, Umschüler und Teilnehmer an berufsvorbereitenden Maßnahmen für jugendliche Arbeitslose, die in einem Betrieb ausgebildet werden, der von der Arbeitsverwaltung dafür Förderungsmittel erhält. Die Jugend- und Auszubildendenvertretung soll im Betrieb die Interessen der jugendlichen Arbeitnehmer und der zu ihrer Berufsausbildung Beschäftigten (Wahlberechtigten) vertreten. Sie kann zu allen Betriebsratssitzungen einen Vertreter entsenden. Werden Angelegenheiten behandelt, die besonders die Wahlberechtigten betreffen, so hat zu diesen Tagesordnungspunkten die gesamte Jugend- und Auszubildendenvertretung sowohl Teilnahmerecht als auch Stimmrecht. Die Jugend- und Auszubildendenvertretung kann Angelegenheiten ihres Interesses auf die Tagesordnung der nächsten Betiebsratssitzung setzen lassen. Finden in diesen Angelegenheiten Besprechungen zwischen Arbeitgeber und Betriebsrat statt, ist die Jugend- und Auszubildendenvertretung hinzuzuziehen. Werden wichtige Interessen der Wahlberechtigten beeinträchtigt, so können sogar Beschlüsse des Betriebsrates zum Zwecke der Verständigung für eine Woche ausgesetzt werden. In Betrieben mit in der Regel mehr als 50 jugendlichen Arbeitnehmern oder zu ihrer Berufsausbildung Beschäftigten werden für die Jugend- und Auszubildendenvertretung während der Arbeitszeit Sprechstunden eingerichtet.

Aufgaben der Jugend- und Auszubildendenvertretung

Die Jugend- und Auszubildendenvertretung hat folgende allgemeine Aufgaben:

1. Maßnahmen, die den jugendlichen Arbeitnehmern oder den zu ihrer Berufsausbildung Beschäftigten dienen, insbesondere Fragen der Berufsbildung, beim Betriebsrat zu beantragen.

2. Darüber zu wachen, daß die zu Gunsten der jugendlichen Arbeitnehmer und der zu ihrer Berufsausbildung Beschäftigten geltenden gesetzlichen und tarifvertraglichen Bestimmungen eingehalten werden.

3. Anregungen von jugendlichen Arbeitnehmern und den zu ihrer Berufsausbildung Beschäftigten in Fragen der Berufsausbildung beim Betriebsrat durchzusetzen.

Die Jugend- und Auszubildendenversammlung kann im Einvernehmen mit dem Betriebsrat vor oder nach einer Betriebsversammlung durchgeführt werden. Im Einvernehmen mit dem Betriebsrat und dem Arbeitgeber (d. h. mit Zustimmung von beiden) kann die Versammlung jedoch auch zu einem anderen Zeitpunkt einberufen und durchgeführt werden.

Schutz der Jugend- und Auszubildendenvertreter

Die Jugend- und Auszubildendenvertreter genießen hinsichtlich der Ausübung ihrer Tätigkeit, bei der sie nicht gestört oder behindert werden dürfen, denselben Schutz wie die Mitglieder des Betriebsrates. Für sie gelten folgende **kündigungsschutzrechtliche Bestimmungen:**

a) Will ein Arbeitgeber einen Auszubildenden, der Mitglied der Jugend- und Auszubildendenvertretung ist, nach Beendigung des Berufsausbildungsverhältnisses nicht weiter beschäftigen, so muß er dies drei Monate vor dessen Beendigung schriftlich mitteilen.

b) Auf Verlangen des Jugend- und Auszubildendenvertreters ist dieser nach Ablauf des Berufsausbildungsverhältnisses auf unbestimmte Zeit weiterzubeschäftigen.

c) Ist dieses für den Arbeitgeber unzumutbar, kann das Arbeitsgericht ihn von der Weiterbeschäftigungspflicht entbinden. Ein entsprechender Antrag ist innerhalb von zwei Wochen nach Beendigung des Berufsausbildungsverhältnisses beim Arbeitsgericht zu stellen.

4.2.2. Tarifvertragsrecht des Ausbildungsverhältnisses

Tarifverträge

werden zwischen den Gewerkschaften einerseits und einzelnen Arbeitgebern oder Arbeitgeberverbänden andererseits abgeschlossen. Die durch das Tarifvertragsgesetz gewährleistete Tarifautonomie gibt den Tarifpartnern das Recht, arbeitsrechtliche Fragen (insbesondere hinsichtlich der Löhne) ohne Einmischung des Staates zu klären.

Betriebsvereinbarungen

werden auf betrieblicher Ebene zwischen Arbeitgeber und Betriebsrat geschlossen. In dieser vertraglichen Regelung betrieblicher Arbeitsverhältnisse müssen auch die Interessen der jugendlichen Arbeitnehmer und der zu ihrer Berufsausbildung beschäftigten Arbeitnehmer hinreichend berücksichtigt werden.

4.2.3. Arbeitsförderungs- und Ausbildungsförderungsrecht

Rahmenvereinbarung zwischen Arbeitsverwaltung
und Kammern

Zwischen der Arbeitsverwaltung und den Handwerkskammern ist 1973 eine Rahmenvereinbarung abgeschlossen worden, die eine enge Zusammenarbeit zwischen diesen Institutionen vorsieht. Die Kammern als zuständige Stellen geben dem Arbeitsamt genaue Auskünfte über Ausbildungsbetriebe, insbesondere wenn diese die Ausbildung erstmals oder nach einer Pause von mehr als drei Jahren wieder aufnehmen wollen. Dadurch soll die Berufsberatung des Arbeitsamtes in die Lage versetzt werden, Jugendliche, die einen Ausbildungsplatz suchen, nur in einwandfreie Ausbildungsbetriebe zu vermitteln.

Berufsausbildungsbeihilfen für benachteiligte Azubi's

Hat ein Lehrling bei betrieblichen oder überbetrieblichen Ausbildungsmaßnahmen mit wirtschaftlichen Schwierigkeiten zu kämpfen, die den Fortgang seiner Ausbildung gefährden, so kann er einen Zuschuß für den Lebensunterhalt von der Arbeitsverwaltung bekommen (Rechtsgrundlage ist das Arbeitsförderungsgesetz von 1969).

Die Höhe des Zuschusses richtet sich nach dem Einkommen des Lehrlings, seines Ehegatten und seiner Eltern, außerdem danach, wo der Lehrling untergebracht ist, im oder außerhalb des Elternhauses oder in einem Jugendheim, und schließlich nach seinem Familienstand und seinem Alter. Unter Umständen gibt es ein zusätzliches Taschengeld sowie Zuschüsse für Lernmittel, Arbeitskleidung, Fahrtkosten, Lehrgangsgebühren u.ä.

Einzelheiten ergeben sich aus Broschüren der Bundesanstalt für Arbeit, die bei den Arbeitsämtern erhältlich sind.

Berufsausbildungsförderungsgesetz nicht wichtig Bafög

Die Förderungsmöglichkeiten nach diesem Gesetz können nur beim Besuch weiterführender, allgemeinbildender und berufsbildender Schulen in Anspruch genommen werden. Zuschüsse für die betriebliche Ausbildung der Lehrlinge werden nicht gewährt.

4.2.4. Jugendarbeitsschutzrecht

Das **Jugendarbeitsschutzrecht** und die auf Grund dieses Gesetzes erlassenen Rechtsvorschriften wollen den Jugendlichen vor allen Einflüssen bewahren, die seine körperliche, geistige und sittliche Entwicklung während der Arbeit oder Ausbildung im Betrieb gefährden könnten. Es wendet sich in erster Linie an die Adresse des Arbeitgebers.

Das Gesetz zum Schutze der arbeitenden Jugend
– **Jugendarbeitsschutzgesetz** – regelt vor allem die

- Höchstarbeitszeit

- Ruhepausen, Nachtruhe, Wochenendruhe

- Urlaub

- Beschäftigungsverbote und -beschränkungen

- Gesundheitliche Betreuung

- Aushänge

- Straf- und Bußgeldvorschriften

Geltungsbereich

Das Jugendarbeitsschutzgesetz gilt für die Beschäftigung von Personen, die noch nicht 18 Jahre als sind, als Lehrlinge, Praktikanten, Arbeiter, Angestellte o.ä.

Kind ist man bis zur Vollendung des 14. Lebensjahres und darüber hinaus, solange man der Vollzeitschulpflicht unterliegt. Die **Beschäftigung von Kindern** ist mit gewissen Ausnahmen (z.B. schulisches Betriebspraktikum, Landwirtschaft, Zeitungsaustragen) verboten.

Jugendlicher ist man zwischen Vollendung des 14. und der Vollendung des 18. Lebensjahres. **Jugendliche unter 15 Jahre** dürfen nur beschäftigt werden, wenn sie nicht mehr vollzeitschulpfichtig sind, und dann auch nur als Lehrling oder mit leichten Arbeiten bis zu 7 Stunden täglich und 35 Stunden wöchentlich.

Höchstarbeitszeit

Jugendliche dürfen nicht mehr als

> 8 Stunden täglich und
> 40 Stunden wöchentlich

beschäftigt werden.

Vor- und Nachholen von Arbeitszeit vor oder nach Feiertagen ist weiterhin innerhalb eines die Ausfalltage einschließenden 5-Wochen-Zeitraumes möglich. Die durchschnittliche Wochenarbeitszeit innerhalb dieses Zeitraumes darf jedoch 40 Stunden und die tägliche Arbeitszeit 8½ Stunden nicht überschreiten.

Wenn an einzelnen Werktagen weniger als 8 Stunden gearbeitet wird, z.B. Frühschluß am Freitag, können Jugendliche an den übrigen Arbeitstagen derselben Woche 8½ Stunden beschäftigt werden.

5-Tage-Woche

Jugendliche dürfen nur an 5 Tagen in der Woche beschäftigt werden.

Samstags-, Sonntags- und Feiertagsruhe

An Samstagen dürfen Jugendliche grundsätzlich nicht beschäftigt werden.

Zulässig ist die Beschäftigung z.B. in

- Krankenhäusern
- offenen Verkaufsstellen - *Verkäuferinnen*
- Bäckereien und Konditoreien
- Friseurbetrieben
- Gaststätten
- Reparaturwerkstätten
  für Kraftfahrzeuge

An Sonn- und Feiertagen dürfen Jugendliche ebenfalls nur in streng begrenzten Ausnahmefällen beschäftigt werden.

223

Höchstarbeitszeit bei Berufsschulpficht

Vor einem vor 9 Uhr beginnenden Unterricht darf der Jugendliche nicht beschäftigt werden. An einem Berufschultag pro Woche, mit mehr als 5 Unterrichtsstunden von 45 Minuten, darf der Jugendliche nicht mehr beschäftigt werden. Das heißt, daß er an allen weiteren Berufsschultagen pro Woche nach der Schule bis zur 8-Stunden-Grenze noch im Betrieb beschäftigt werden darf. Berufsschulwochen mit einem planmäßigen Blockunterricht von mindestens 25 Stunden an mindestens 5 Tagen zählen als 40stündige Arbeitswochen, wobei zusätzliche betriebliche Ausbildungsveranstaltungen bis zu 2 Stunden wöchentlich zulässig sind. Diese Regeln gelten auch für berufsschulpflichtige Volljährige.

1 Berufsschultag = 8 Std / 2 Berufsschultage = 1 × 8 Std = Normale Arbeitszeit

Freistellung für Prüfungen

Der Jugendliche ist für die Teilnahme an Prüfungen und obligatorischen außerbetrieblichen Ausbildungsmaßnahmen bei Fortzahlung der Vergütung freizustellen. Außerdem muß ihm der Arbeitstag, der der schriftlichen Prüfung unmittelbar vorangeht, freigegeben werden.

Wenn das 18 J nicht vollendet hat

Mehrarbeit

Mehrarbeit ist nicht zulässig. Die frühere Regelung über die Höhe der Mehrarbeitsvergütung ist entfallen. Wird z.B. ein Jugendlicher ausnahmsweise an einem Samstag beschäftigt, so ist diese Samstagsarbeit nicht etwa als Mehrarbeit zu vergüten, sondern durch Freistellung an einem anderen Tag auszugleichen. Ähnliches gilt für die ausnahmsweise Beschäftigung von Jugendlichen an Sonn- und Feiertagen und in dringenden Notfällen (z.B. Feuer oder Wassereinbruch).

Ruhepausen, Nachtruhe

Jugendliche dürfen nicht länger als 4½ Stunden hintereinander beschäftigt werden.

Bei 4½ bis zu 6 Stunden erhalten sie mindestens 30 Minuten Pause.

Bei mehr als 6 Stunden erhalten sie insgesamt mindestens 60 Minuten Pause.

Als Pausen zählen nur Arbeitsunterbrechungen von mindestens 15 Minuten.

Von 20 bis 6 Uhr dürfen Jugendliche nicht beschäftigt werden. Außerdem müssen zwischen Feierabend und dem Wiederbeginn am nächsten Tage mindestens 12 Stunden arbeitsfrei sein.

Ausnahmen gelten u.a. für **Bäckereien und Konditoreien;** dort dürfen Jugendliche über 16 Jahre ab 5 Uhr beschäftigt werden. In Bäckereien dürfen Jugendliche über 17 Jahre bereits ab 4 Uhr tätig sein.

Die Aufsichtsbehörde kann weitere Ausnahmen zulassen.

Urlaub

Für jedes Kalenderjahr haben Jungendliche Anspruch auf bezahlten Erholungsurlaub. Seine Dauer ist folgendermaßen nach dem Lebensalter gestaffelt:

- Zu Beginn des Kalenderjahres noch nicht 16 Jahre alt = 30 Werktage

- Zu Beginn des Kalenderjahres noch nicht 17 Jahre alt = 27 Werktage

- Zu Beginn des Kalenderjahres noch nicht 18 Jahre alt = 25 Werktage

über 18 Jahre = 18 Werktage

Werktage sind alle Kalendertage außer Sonn- und Feiertagen. Die normalen Samstage, die nicht Feiertage sind, zählen also als Urlaubstage.

Der erstmalige Anspruch auf den vollen Jahresurlaub entsteht nach der auch für Erwachsene geltenden Wartezeit von 6 Monaten.

Berufsschülern soll der Urlaub in den Schulferien gegeben werden. Wenn das aus zwingenden Gründen nicht möglich ist, erhält der Jugendliche für jeden Urlaubstag, an dem er zur Schule muß, einen zusätzlichen Urlaubstag. *Mindestens 14 Tage in den Ferien*

Im übrigen gelten auch für Jugendliche die Grundsätze des Bundesurlaubsgesetzes: $1/12$ des Jahresurlaubs für jeden vollen Monat bei Nichterfüllen der Wartezeit und bei Ausscheiden in der ersten Hälfte eines Kalenderjahres; auch bei Stellenwechsel nur ein voller Urlaubsanspruch pro Kalenderjahr; Übertragung ins nächste Jahr nur in Ausnahmefällen; abgesehen von zwingenden Gründen keine Erfüllung des Urlaubsanspruchs in Geld; keine Erwerbstätigkeit während des Urlaubs; Nichtanrechnung der durch Krankheit ausfallenden Urlaubstage. *Tage werden aufgerundet*

Beschäftigungsverbote und -beschränkungen

Jugendliche dürfen nicht beschäftigt werden:

– Mit Arbeiten, die ihre Leistungsfähigkeit übersteigen oder bei denen sie sittlichen Gefahren ausgesetzt sind

– Mit Akkordarbeit und sonstigen Arbeiten, bei denen durch ein gesteigertes Arbeitstempo ein höheres Entgelt erzielt werden kann

– In einer Arbeitsgruppe mit erwachsenen Arbeitnehmern, die mit tempoabhängigen Arbeiten beschäftigt sind; Ausnahmen gelten für Lehrlinge, soweit ihre Beschäftigung in solchen Gruppen für ihre Ausbildung notwendig ist, und für Jugendliche, die in diesem Beruf bereits eine Lehre abgeschlossen haben

– Mit Arbeiten, bei denen das Arbeitstempo nicht nur gelegentlich vorgeschrieben oder auf andere Weise erzwungen wird (Fließbandarbeit).

Verpflichtungen des Arbeitgebers zur Erhaltung der Arbeitskraft des Jugendlichen

Jugendliche sind vor den maschinellen Gefahren der Arbeitsstätte zu schützen und regelmäßig über Unfallgefahren zu belehren.

Körperliche Züchtigung ist verboten.

An Jungendliche unter 16 Jahren dürfen keine alkoholischen Getränke und Tabakwaren, an Jugendliche über 16 Jahren keine überwiegend branntweinhaltigen Genußmittel abgegeben werden.

Jugendliche, die in die häusliche Gemeinschaft ihres Arbeitgebers aufgenommen sind, müssen in sittlicher und gesundheitlicher Beziehung einwandfreie Unterkunft sowie ausreichende und gesunde Kost erhalten. Bei Erkrankung ist für die erforderliche Pflege und ärztliche Behandlung zu sorgen.

Jugendliche müßen mindestens 1/2 jährlich unterwiesen werden

Gesundheitliche Betreuung

Die Erhaltung der Gesundheit der berufstätigen Jugend gehört zu den wesentlichen Aufgaben einer modernen Gesundheits- und Sozialpolitik.

Zur Sicherung der Gesundheit der Jugendlichen hat der Gesetzgeber dem Arbeitgeber wichtige Verpflichtungen auferlegt:

- Mit der Beschäftigung eines Jugendlichen darf erst begonnen werden, wenn der Jugendliche eine ärztliche Bescheinigung über die Einstellungsuntersuchung vorlegt

- Die Untersuchung muß innerhalb der letzten 14 Monate erfolgt sein
  wegen BGJ's

- Vor Ablauf des ersten Beschäftigungsjahres hat der Jugendliche sich einer Nachuntersuchung zu unterziehen. Legt der Jugendliche die Bescheinigung darüber nicht rechtzeitig vor, so hat der Arbeitgeber binnen eines Monats nach Ablauf des ersten Beschäftigungsjahres die Personensorgeberechtigten hiervon schriftlich zu benachrichtigen. Wenn er die Bescheinigung nicht binnen zwei Monaten nach Ablauf des ersten Beschäftigungsjahres vorlegt, darf er nicht weiterbeschäftigt werden. Das Arbeits-/Ausbildungsverhältnis ist dann zwar nicht beendet, aber die Rechte und Pflichten ruhen. Gleichzeitig ist der Jugendliche bei der Krankenkasse abzumelden. Kündigung Der Arbeitgeber ist zur fristlosen Kündigung und zum Geltendmachen eines Schadensersatzanspruchs berechtigt

- Der Arbeitgeber ist verpflichtet, dem Jugendlichen die für die ärztlichen Untersuchungen erforderliche Freizeit zu gewähren

- Der Arbeitgeber hat die ärztlichen Bescheinigungen aufzubewahren und der Aufsichtsbehörde sowie der Berufsgenossenschaft auf Verlangen vorzuzeigen

- Die Kammer kann einen Lehrvertrag in die Lehrlingsrolle nur eintragen, wenn die Bescheinigung über die Erstuntersuchung vorliegt. Sie muß den Lehrvertrag aus der Lehrlingsrolle löschen, wenn die Bescheinigung über die Nachuntersuchung nicht spätestens mit der Anmeldung zur Zwischenprüfung vorgelegt wird.

Bei unklaren Befunden kann eine Nachuntersuchung angeordnet werden. Den negativen Befund eines Arztes kann der Arbeitgeber durch die Aufsichtsbehörde prüfen lassen.

Bei den Untersuchungen besteht freie Wahl des Arztes. Die Kosten der Untersuchung trägt das Land.

Enthält die Bescheinigung des Arztes Vermerke über Arbeiten, die die Gesundheit des Jugendlichen gefährden könnten, so darf der Jugendliche mit solchen Arbeiten nicht beschäftigt werden.

Aushänge

Arbeitgeber, die regelmäßig mindestens einen Jugendlichen beschäftigen, müssen einen Abdruck des Jugendarbeitsschutzgesetzes und die Anschrift der zuständigen Aufsichtsbehörde im Betrieb an geeigneter Stelle zur Einsicht auslegen oder aushängen. Wenn regelmäßig mindestens drei Jugendlichen beschäftigt werden, muß der Arbeitgeber einen Aushang über Beginn und Ende der regelmäßigen täglichen Arbeitszeit und der Pausen der Jugendlichen an geeingneter Stelle im Betrieb anbringen. Darüber hinaus haben Arbeitgeber Verzeichnisse der bei ihnen beschäftigten Jugendlichen unter Angabe des Vor- und Familiennamens, des Geburtsdatums und der Wohnanschrift zu führen, in denen das Datum des Beginns der Beschäftigung enthalten sein muß. Auf Verlangen sind der Aufsichtsbehörde (Gewerbeaufsichtsamt) die zur Erfüllung ihrer Aufgaben erforderlichen Angaben wahrheitsgemäß und vollständig zu machen und die genannten Verzeichnisse vorzulegen oder einzusenden.

Straftaten und Ordnungswidrigkeiten

Bei Übertretungen des Gesetzes sieht der Gesetzgeber erhebliche Strafen und Geldbußen vor. In besonders schweren Fällen können Freiheitsstrafen bis zu einem Jahr verhängt werden. In leichteren Fällen (bei Ordnungswidrigkeiten) sind Geldbußen bis zu 20.000 DM vorgesehen.

Viele vorsätzlich begangene Ordnungswidrigkeiten werden als Straftaten geahndet, wenn dadurch das Kind oder der Jugendliche in seiner Arbeitskraft oder Gesundheit gefährdet wird.

Weitere Rechtsfolgen sind:

- Unmittelbare zivilrechtliche Haftung

- Entziehung der Ausbildungsberechtigung in besonders schweren Fällen.

4.2.5. Unfallschutzrecht

Für die Auszubildenden gelten die **allgemeinen Unfallverhütungsvorschriften,** deren Einhaltung von den Berufsgenossenschaften überwacht wird. Die Auszubildenden sind bei den für ihren Ausbildungsbetrieb zuständigen Berufsgenossenschaften versichert.

Nach § 120 a GewO sind Unternehmer verpflichtet, die Arbeitsräume, Betriebsvorrichtungen, Maschinen und Gerätschaften unfallsicher einzurichten und zu unterhalten. Die Einhaltung dieser Bestimmung wird von den Gewerbeaufsichtsämtern überwacht.

§ 120 a GewO verpflichtet den Unternehmer ausdrücklich, den Betrieb so zu regeln, daß die Arbeiter gegen Gefahr für Leben und Gesundheit weitmöglichst geschützt sind. Dieser Regelung kann eine **Betriebsordnung** dienen, die der Lehrling gemäß § 9 Ziff. 4 BBiG zu beachten hat. In größeren Betrieben wird die Betriebsordnung als Betriebsvereinbarung abgeschlossen. Der Lehrling muß auch ungeschriebene, nur gewohnheitsmäßig im Betrieb zu beachtende Ordnungsvorschriften einhalten. Lehrlinge müssen auch besonders für sie erlassene Ordnungsregeln beachten, wenn diese sachlich begründet und durch die besonderen Umstände des Berufsausbildungsverhältnisses gerechtfertigt sind.

Nach den §§ 89, 91 des Betriebsverfassungsgesetzes wirkt der Betriebsrat bei der Bekämpfung von Unfallgefahren mit, indem er alle für den Unfallschutz zuständigen Behörden und Institutionen durch Anregungen, Beratung und Auskunft unterstützt. Gleiches gilt auch für die Jugend- und Auszubildendenvertretung in ihrem Verhältnis zu den jugendlichen Arbeitnehmern.

Arbeitgeber zahlt voll Beitrag

4.3 Rechtliche Beziehungen zwischen Ausbildenden, Ausbilder und Lehrling (Auszubildenden)

Der Ausbildende schließt den Berufsausbildungsvertrag mit dem Lehrling (Auszubildenden) bzw. dessen gesetzlichen Vertretern ab. Ausbildender und Lehrling sind also Vertragspartner. Der Ausbildende trägt die Verantwortung für die ordnungsgemäße Erfüllung des Ausbildungsvertrages. Der Ausbildende muß die **Einstellungsbefugnis** besitzen. Er braucht nicht selbst die **Ausbildungsbefugnis** aufzuweisen. Der Ausbildende kann die Durchführung der eigentlichen Ausbildung vielmehr einem **Ausbilder** übertragen, der seinerseits die Ausbildungsbefugnis durch eine Meisterprüfung oder eine entsprechende Qualifikation erworben hat.

Wie man sieht, unterscheidet das Gesetz (Berufsbildungsgesetz und Handwerksordnung insofern gleichlautend) die Einstellungsbefugnis von der Ausbildungsbefugnis und knüpft daran unterschiedliche Bedingungen.

4.3.0. Einstellungsbefugnis

Lehrlinge einstellen darf nur, wer persönlich geeinget ist. Persönlich nicht geeignet ist insbesondere, wer Kinder und Jugendliche gemäß § 25 Jugendarbeitsschutzgesetz nicht beschäftigen darf, weil er z. B. wegen eines Verbrechens zu einer Freiheitsstrafe von mindestens zwei Jahren oder wegen einer vorsätzlichen Straftat, die er unter Verletzung der Pflichten als Arbeitgeber, Ausbildender oder Ausbilder gegen Kinder oder Jugendliche begangen hat, zu einer Freiheitsstrafe von mehr als drei Monaten verurteilt worden ist.

Als persönlich ungeeignet gilt auch, wer wiederholt oder schwer gegen das Berufsbildungsgesetz oder die auf Grund des Berufsbildungsgesetzes erlassenen Vorschriften und Bestimmungen verstoßen hat.

Die Einstellungsbefugnis steht also jedem unbescholtenen Betriebsinhaber zu.

4.3.1. Ausbildungsbefugnis

Lehrlinge ausbilden darf nur, wer persönlich und fachlich geeignet ist. Fachlich geeignet ist, wer die Meisterprüfung in dem Handwerk, in dem ausgebildet werden soll, bestanden ~~und das 24. Lebensjahr vollendet hat~~.

Fachlich geeignet ist auch ein Diplomingenieur oder Ingenieur in demjenigen Handwerk, das der Fachrichtung seiner Abschlußprüfung entspricht, wenn er zugleich in diesem Handwerk die Gesellenprüfung oder eine entsprechende Abschlußprüfung bestanden hat oder mindestens vier Jahre praktisch tätig gewesen ist. Unter den gleichen Voraussetzungen kann auch den Absolventen anderer Ausbildungsstätten durch Rechtsverordnung die fachliche Eignung zuerkannt werden. Zudem kann die nach Landesrecht zuständige Behörde in Sonderfällen auch anderen Personen, die die zuvor aufgezählten Voraussetzungen nicht erfüllen, die fachliche Eignung nach Anhörung der Handwerkskammer widerruflich zuerkennen. In Handwerksbetrieben, die nach dem Tode des selbständigen Handwerkers für Rechnung des Ehegatten oder der berechtigten Erben fortgeführt werden, können bis zum Ablauf eines Jahres nach dem Tode des Ausbildenden auch solche Personen als für die Berufsausbildung fachlich geeignet gelten, die eine Meisterprüfung nicht abgelegt haben (z. B. ein langjährig im Betrieb beschäftigter Geselle). Auch diese müssen jedoch in dem Handwerk, in dem Lehrlinge ausgebildet werden sollen, die Gesellenprüfung oder eine entsprechende Abschlußprüfung bestanden haben oder mindestens vier Jahre selbständig oder als Werkmeister oder sonst in leitender Stellung tätig gewesen sein.

4.3.2. Ausbilder

Wer fachlich nicht geeignet ist oder wer selbst nicht ausbildet, darf Lehrlinge nur dann einstellen, wenn er einen Ausbilder bestellt, der persönlich und fachlich geeignet ist.

- Beispiel: *Eine GmbH, die ein Handwerk betreibt, hat einen entsprechenden Handwerksmeister als Betriebsleiter eingestellt. Im Betrieb der GmbH soll ein Lehrling ausgebildet werden. Der Berufsausbildungsvertrag muß mit der GmbH (einer sogenannten juristischen Person) abgeschlossen werden. Der Geschäftsführer der GmbH nimmt für diese die Einstellung vor. Die GmbH selbst ist Ausbildende. Sie übernimmt damit die rechtliche Verantwortung für eine ordnungsgemäße Berufsausbildung. Zum Ausbilder muß jedoch der betriebsleitende Handwerksmeister bestellt werden. Dieser muß persönlich und fachlich geeignet sein.*

Der betriebliche Ausbilder hat die Funktion, dem Lehrling die in dem Ausbildungsberufsbild und dem Ausbildungsrahmenplan festgelegten Kenntnisse und Fertigkeiten selbst unmittelbar zu vermitteln.

Der Ausbilder hilft dem Ausbildenden bei der Erfüllung des Berufsausbildungsvertrags, er ist insofern dessen **Erfüllungsgehilfe**. In dieser Eigenschaft befreit er den Ausbildenden nicht von seiner Verpflichtung, eine ordnungsgemäße Berufsausbildung sicherzustellen.

Der Ausbilder bereitet jedoch persönlich die Ausbildung vor und führt sie durch, nimmt die Aufsichtspflicht wahr, beurteilt den Lehrling und bewertet seine Leistung. Obgleich dies Pflichten sind, die er für den Ausbildenden, den Betrieb, wahrnimmt, sind dies doch zugleich höchstpersönliche Pflichten des Ausbilders selbst.

Verletzt der Ausbilder seine Aufsichtspflicht gegenüber dem minderjährigen Lehrling, so kann er selbst, möglicherweise neben dem Ausbildenden, haftbar gemacht werden. Die Beurteilung des Lehrlings und die Bewertung seiner Leistung ist darüber hinaus die alleinige Pflicht des Ausbilders, in die ihm der Ausbildende nicht hineinreden darf. Nur derjenige, der die Ausbildung durchführt und die dazu erforderliche Qualifikation besitzt, kann sich ein fachlich begründetes, persönlich zu vertretendes Urteil über den ihm anvertrauten Lehrling bilden.

Der bestellte Ausbilder muß auch darauf achten, daß die Ausbildungsstätte für die Ausbildung geeignet ist. Erkennt er Mängel, so hat er dem Ausbildenden gegenüber darauf hinzuwirken, daß diese Mängel abgestellt werden. Können Mängel der betrieblichen Einrichtung nicht abgestellt werden oder gestattet ein allzu spezialisiertes Produktionsprogramm keine lückenlose Ausbildung im gesamten Berufsbild, so trägt der Ausbilder selbst die Verantwortung dafür, daß dem Lehrling durch überbetriebliche oder fremdbetriebliche ergänzende Maßnahmen die fehlenden Kenntnisse und Fertigkeiten vermittelt werden.

Der Ausbilder muß in diesen Fällen zunächst immer in Zusammenarbeit mit dem Ausbildenden, seinem eigenen Arbeitgeber, für Abhilfe zu sorgen versuchen. Sind die Mängel nicht behebbar oder will der Ausbildende keine Abhilfe schaffen, muß sich der Ausbilder an die Kammer als zuständige Stelle wenden. Andernfalls läuft er selbst Gefahr, daß ihm bei nachweisbar schweren Mängeln in der von ihm geleiteten Ausbildung die Ausbildungsbefugnis entzogen wird. Dies gilt besonders dann, wenn wie im oben dargestellten Beispiel der Ausbildende (eine GmbH) selbst keine Ausbildungsbefugnis, sondern nur die Einstellungsbefugnis besitzt.

Programmierte Übungsfragen
mit Lösungen
Teil IV
Berufs- und Arbeitspädagogik

Grundfragen der Berufsbildung

Planung und Durchführung der Ausbildung

Der Jugendliche in der Ausbildung

Rechtsgrundlagen für die Berufsbildung

1. Grundfragen der Berufsbildung

1.0. Aufgaben und Ziele der Berufsbildung

1. Wie ist das „Duale System" historisch entstanden?

☐ a) Betriebliche und schulische Ausbildung entstanden zur gleichen Zeit

☐ b) Die schulische Ausbildung wurde erst später durch die praktische Ausbildung im Betrieb ergänzt

☐ c) Die schulische Ausbildung entwickelte sich ziemlich unabhängig von der betrieblichen Ausbildung erst später

☐ d) Die schulische Ausbildung wurde in genauer Abstimmung mit der betrieblichen Ausbildung als Ergänzung entwickelt

☐ e) Die schulische Ausbildung ist eine Folge des föderativen Systems in der Bundesrepublik nach dem 2. Weltkrieg

2. Wann wurden Berufsschulen für Lehrlinge bindend eingeführt?

☐ a) Im Mittelalter

☐ b) Im 18. Jahrhundert

☐ c) Vor dem ersten Weltkrieg

☐ d) Nach dem ersten Weltkrieg

☐ e) Nach dem zweiten Weltkrieg

3. Was unterscheidet eine betriebliche (produktionsgebundene) Ausbildung von einer schulischen Ausbildung?

☐ a) Die betriebliche Ausbildung ist durch eine größere Systematik gekennzeichnet

☐ b) Die betriebliche Ausbildung ist mehr auf die Selbständigkeit und Aktivität des Lehrlings ausgerichtet

☐ c) Die betriebliche Ausbildung vermittelt bessere Kenntnisse in der Fachtheorie

☐ d) Die betriebliche Ausbildung vermittelt Fertigkeiten, was in der Schule nicht möglich ist

☐ e) Die betriebliche Ausbildung ist eng mit der schulischen Ausbildung verknüpft

4. Was versteht man unter dem Begriff „intentionales Lernen"?

☐ a) Die Prägung des Lehrlings durch die Umwelt

☐ b) Gezielte Vermittlung von Fertigkeiten durch den Ausbilder

☐ c) Die Fortbildung nach der Berufsausbildung

☐ d) Vorschulische Erziehung

☐ e) Das ungezielte und unbewußte Lernen durch Nachahmung

5. **Was kennzeichnet eine Berufsaufbauschule?**

☐ a) Die Berufsaufbauschule wird unmittelbar nach Abschluß der Hauptschule besucht

☐ b) Die Berufsaufbauschule vermittelt die Fachhochschulreife

☐ c) Voraussetzung für den Besuch der Berufsaufbauschule ist eine erfolgreich abgeschlossene Berufsausbildung

☐ d) Die Berufsaufbauschule ist ein Teil der Berufsausbildung

☐ e) Die Berufsaufbauschule setzt den Realschulabschluß voraus

6. **Welche der unten aufgeführten Schulen ist den Fachschulen zuzurechnen?**

☐ a) Handelsschule

☐ b) Technikerschule

☐ c) Berufsaufbauschule

☐ d) Wirtschaftsgymnasium

☐ e) Fachoberschule

7. **Welche der nachfolgenden Aussagen ist zutreffend über die Notwendigkeit einer systematischen und planmäßigen Ausbildung?**

☐ a) Eine systematische Ausbildung ist nicht erforderlich, weil sich der Lehrling im Verlauf der Ausbildungszeit alle erforderlichen Fertigkeiten und Kenntnisse von den Gesellen erfragen und absehen kann

☐ b) Eine systematische Ausbildung während der gesamten Ausbildungsdauer ist erforderlich, weil sonst der umfangreiche Ausbildungsstoff nicht in dem erforderlichen Maß vermittelt und geübt werden kann

☐ c) Es genügt eine planmäßige Ausbildung bis zur Zwischenprüfung, weil in der zweiten Hälfte der Ausbildung der Lehrling schon ohne fremde Hilfe selbständig arbeiten kann

☐ d) Eine planmäßige Ausbildung ist nicht notwendig, weil der Lehrling in den Produktionsablauf des Betriebes eingebunden ist und somit mit allen für seinen Beruf wesentlichen Dingen in Berührung kommt

☐ e) Eine planmäßige und systematische Ausbildung ist nur notwendig in großen Handwerksbetrieben mit einer Vielzahl von Lernorten

8. Sie finden in der folgenden Aufzählung mehrere Schultypen. Welche der angegebenen Buchstabenkombinationen enthält nur berufliche Schulen?

    A. Berufsaufbauschule ·
    B. Hauptschule
    C. Berufsfachschule ·
    D. Fachoberschule ·
    E. Realschule
    F. Fachschule

- ☐ a) A B D E
- ☐ b) A C D F
- ☐ c) B C D E
- ☐ d) C D E F
- ☐ e) A B D F

9. **Welche Stelle hilft bei besonders schwierigen Fällen die berufliche Eignung zu ermitteln?**

- ☐ a) Der Ausbildungsberater der Handwerkskammer
- ☐ b) Der schulpsychologische Dienst der allgemeinbildenden Schule, von der der Bewerber kommt
- ☐ c) Der fachpsychologische Dienst des Arbeitsamtes in Verbindung mit der Berufsberatung
- ☐ d) Die für den Betrieb zuständige Gewerkschaftsvertretung
- ☐ e) Das Elternhaus in Zusammenarbeit mit dem Klassenlehrer

10. **Die schnellen Veränderungen der modernen Technik fordern größere Mobilität. Welche Folgerungen hat das für die Berufsausbildung?**

- ☐ a) Die manuellen Fertigkeiten gewinnen immer mehr an Bedeutung
- ☐ b) Die Ausbildung muß von Beginn an mehr spezialisiert werden
- ☐ c) Es kommt nur noch auf eine breit angelegte Grundausbildung an, Spezialkenntnisse sind nicht erforderlich
- ☐ d) Es müssen eine breite Grundausbildung und darauf aufbauende Spezialkenntnisse vermittelt werden
- ☐ e) Es werden in Zukunft nur noch geistige Fähigkeiten verlangt

11. **Welche Gründe sprechen für eine breit angelegte berufliche Grundbildung?**

- ☐ a) Die schnelle Entwicklung der Technik verlangt zur Erfüllung der Anforderungen an den Gesellen eine breite berufliche Grundausbildung

☐ b) Eine breit angelegte berufliche Grundausbildung führt immer zu einer geringeren Fachausbildung

☐ c) Eine breitere berufliche Grundausbildung ist Voraussetzung für eine Verkürzung der Berufsausbildung

☐ d) Eine breit angelegte berufliche Grundausbildung wird nur noch in der Stufenausbildung durchgeführt

☐ e) Eine breit angelegte berufliche Grundausbildung macht durch ihre Vielseitigkeit eine Spezialisierung überflüssig

1.1. Betrieb, überbetriebliche Ausbildungsmaßnahmen und berufliche Schulen als Ausbildungsstätten

1. Welche Aufgaben haben überbetriebliche Ausbildungsmaßnahmen?

☐ a) Sie sind überflüssig, denn es dürfen nur Ausbildungsbetriebe ausbilden, die den Ausbildungsrahmenplan erfüllen

☐ b) Sie sind errichtet worden, damit Zwischen- und Gesellenprüfungen abgehalten werden können

☐ c) Sie sind im Berufsbildungsgesetz bindend vorgeschrieben

☐ d) Nur Innungsmitglieder sind verpflichtet, ihre Lehrlinge in eine überbetriebliche Ausbildungsmaßnahme zu schicken

☐ e) Sie dienen der Anpassung der Ausbildung an die technische Entwicklung und tragen somit zur Intensivierung der Berufsausbildung bei

2. In welchen der folgenden Gesetze ist die Berufsschulpflicht geregelt?

☐ a) Im Schulgesetz des jeweiligen Bundeslandes

☐ b) Im Berufsbildungsgesetz

☐ c) In der Handwerksordnung

☐ d) Im Grundgesetz

☐ e) Im Jugendarbeitsschutzgesetz

1.2. Aufgabe, Stellung und Verantwortung des Ausbildenden und Ausbilders

1. Ein Ausbildender, der Lehrlinge einstellt, muß mindestens

☐ a) fachlich geeignet sein

☐ b) persönlich geeignet sein

☐ c) persönlich und fachlich geeignet sein

☐ d) berufs- und arbeitspädagogische Kenntnisse nachweisen

☐ e) die Meisterprüfung mit Erfolg abgelegt haben

2. **Ein Ausbildender ist <u>persönlich</u> nicht geeignet, wenn er**

☐ a) noch nicht 24 Jahre alt ist

☐ b) wiederholt gegen das Berufsbildungsgesetz verstoßen hat

☐ c) keine berufs- und arbeitspädagogischen Kenntnisse besitzt

☐ d) nicht die erforderlichen beruflichen Kenntnisse besitzt

☐ e) nicht mindestens 6 Jahre im entsprechenden Beruf tätig war

3. **Für die Untersagung des Einstellens und Ausbildens ist zuständig?**

☐ a) Die Handwerkskammer

☐ b) Das Arbeitsamt

☐ c) Das Gewerbeaufsichtsamt

☐ d) Die zuständige Innung

☐ e) Die nach Landesrecht zuständige Behörde

4. **Welche Aufgaben hat der Ausbildungsberater der Handwerkskammer wahrzunehmen?**

☐ a) Der Ausbildungsberater legt Umfang und Inhalt des betrieblichen Unterrichts fest

☐ b) Der Ausbildungsberater berät den Ausbildenden bei Betriebsgründung

☐ c) Er ist gegenüber dem Betriebsrat auskunftspflichtig

☐ d) Der Ausbildungsberater ist ein Organ der Handwerksinnung

☐ e) Der Ausbildungsberater überwacht die Einhaltung der Bestimmungen des Jugendarbeitsschutzgesetzes

5. **Welche Aufgaben hat der selbständige Handwerksmeister als Ausbilder?**

☐ a) Erstellung des Ausbildungsrahmenplans

☐ b) Mitarbeit an Ausbildungsordnungen

☐ c) Planung und Durchführung der Ausbildung

☐ d) Mitarbeit an den Rahmenlehrplänen der Berufsschule

☐ e) Übernahme des Lehrlings in den Betrieb als Geselle nach Beendigung der Berufsausbildung

6. **Welche der folgenden Beschreibungen kennzeichnen den verantwortungsbewußten Ausbilder?**

☐ a) Er konzentriert sich ganz auf die sachlichen Probleme der Ausbildung, für die persönlichen Belange des Lehrlings ist er nicht zuständig

☐ b) Widerstand und Trotz versucht er von vornherein zu unterbinden, damit dieses der Ausbildung hinderliche Verhalten keine weiteren Kreise zieht

☐ c) Er versucht die Lehrlinge zu befähigen, selbständig zu denken und mit kleinen Problemen selbst fertig zu werden

☐ d) Er ist darauf bedacht, die Lehrlinge zu entlasten und ihnen weitgehend Erleichterungen zu verschaffen

☐ e) Der Ausbilder muß darauf hinarbeiten, daß sich der Lehrling ihm weitgehend anpaßt

7. **Welche Aussagen über das Verhältnis Ausbilder–Lehrling beschreiben eine wünschenswerte Verbindung?**

☐ a) Der Ausbilder sollte möglichst schnell eine enge persönliche Beziehung zu seinem Lehrling aufbauen

☐ b) Der Ausbilder sollte sich selbst als nachahmenswertes Vorbild darstellen

☐ c) Der Ausbilder sollte sich bemühen, daß der Lehrling selbständig mitarbeitet und bereit ist, Verantwortung zu übernehmen

☐ d) Der Ausbilder sollte eng mit den Eltern zusammenarbeiten, damit sich die Erziehungsvorstellungen angleichen

☐ e) Wenn ein Ausbilder einen Lehrling besonders sympathisch findet, sollte er in jedem Fall dieses Gefühl unterdrücken

2. Planung und Durchführung der Ausbildung

2.0. Zielsetzung

1. Welche Aufgabe hat die betriebliche Ausbildung?

☐ a) Sie hat nur Fertigkeiten zu vermitteln, Kenntnisse werden in der Berufsschule angeeignet.

☐ b) Sie hat die fachlichen Fertigkeiten und Kenntnisse zu vermitteln und für deren Anwendung in der Praxis zu sorgen.

☐ c) Berufserfahrung soll der Auszubildende erst nach der Lehre sammeln.

☐ d) Verhaltensweisen werden bei der betrieblichen Ausbildung nicht vermittelt, weil das Aufgabe der Eltern ist, die für die Erziehung zuständig sind.

☐ e) Die überbetriebliche Unterweisung zählt nicht zur betrieblichen Ausbildung.

2. Welche Aussagen bestimmen den Wert der Arbeit nicht?

☐ a) Arbeit beansprucht den ganzen Menschen. Bei der menschlichen Arbeit ist eine seelische, körperliche und geistige Beziehung festzustellen.

☐ b) Nur geistige Arbeit ist interessant, körperliche Arbeit wird immer als Last empfunden.

☐ c) Besonders in der handwerklichen Ausbildung kann man in der Arbeit und ihren Ergebnissen den Menschen sehen, der diese Arbeit leistet.

☐ d) Arbeit dient nicht nur der Selbsterhaltung, sie ist gestaltendes Element für die Persönlichkeitsentfaltung eines Menschen.

☐ e) Wenn die Menschen bei der Arbeit mitdenken dürfen, werden sie dadurch motiviert.

2.1. Der Ausbilder – entscheidender Träger der Berufsausbildung

1. Welche Aussage beschreibt nicht die Aufgabe des Ausbilders?

☐ a) Der Ausbilder muß im Lehrberuf Fachmann sein, pädagogisches Geschick spielt bei der betrieblichen Ausbildung keine Rolle.

☐ b) Der Ausbilder ist für die ihm anvertrauten Jugendlichen ein Leitbild und sollte deshalb bestrebt sein, vorbildliches Verhalten zu zeigen.

☐ c) Der mit der Ausbildungsleistung verbundene Ruf des Betriebes ist zweitrangig.

☐ d) Der Ausbilder hat auch die Aufgabe, die Interessen der Ausbildung gegenüber der Geschäftsleitung und bei den übrigen Mitarbeitern zu vertreten.

☐ e) Er soll darauf achten, daß Lehrlinge von Gesellen nicht für Hilfstätigkeiten
ausgenützt werden.

2. Wofür ist der Ausbilder im Rahmen seiner Aufgabe nicht verantwortlich?

☐ a) Er trägt Verantwortung für eine erfolgreiche Ausbildung.

☐ b) Er trägt Verantwortung gegenüber der Gesellschaft.

☐ c) Er trägt Verantwortung gegenüber dem Ausbildungsbetrieb.

☐ d) Die Eigenkapitalausstattung des Betriebes.

☐ e) Er ist Berater des Auszubildenden, eventuell auch im privaten Bereich.

2.2. Der Auszubildende – der Lehrling

1. Kann man die Eignung eines Bewerbers aus dem Schulzeugnis erkennen?

☐ a) Zeugnisse sind ein wichtiges Beurteilungsmerkmal, man sollte sie aber
nicht überbewerten.

☐ b) Ein Ausbildungsbetrieb sollte sich bei der Eignungsprüfung nur nach dem
Zeugnis richten.

☐ c) Mangelnder Kontakt des Bewerbers mit den Lehrern ist für die Aussagen
im Zeugnis unbedeutend.

☐ d) Für technische Berufe sind Leistungen in Mathematik unbedeutend.

☐ e) Nur wenn man mehrere Schulzeugnisse miteinander vergleicht, sind sie
aussagefähig.

**2. Welche Bedeutung hat das Vorstellungsgespräch
für die Eignungsfeststellung?**

☐ a) Ein Vorstellungsgespräch zu führen ist wenig sinnvoll, weil man nur durch
einen Test die Eignung feststellen kann.

☐ b) Das Vorstellungsgespräch ist nur dann zweckmäßig, wenn man in strenger
Form schwierige Fragen stellt, weil man dann erkennt, ob der Bewerber
Probleme lösen kann.

☐ c) Das Vorstellungsgespräch ist ein wertvolles und aufschlußreiches Verfahren für die Eignungsprüfung.

☐ d) Der Ausbilder sollte keine offenen Fragen stellen, weil dann der Bewerber
zuviel redet.

☐ e) Die Probezeit allein bietet verläßliche Aussagen zur Eignungsfeststellung.

2.3. Ausbildungsinhalte

1. Welche Bedeutung hat die Ausbildungsordnung für die betriebliche Ausbildungsplanung?

☐ a) Die Ausbildungsordnung ist für den Betrieb nur bindend, wenn er einen eigenen betrieblichen Ausbildungsplan erstellt.

☐ b) Sie soll die Anpassung der Berufsausbildung an die technische und wirtschaftliche Entwicklung gewährleisten.

☐ c) Im Ausbildungsrahmenplan sind die Fertigkeiten festgelegt, im Ausbildungsberufsbild die Kenntnisse.

☐ d) Nur ein Ausbilder, der keine Ideen hat, muß sich an die Ausbildungsordnung halten.

☐ e) Über die Zwischenprüfung ist in der Ausbildungsordnung nichts ausgesagt.

2. Was beinhaltet die Ausbildungsordnung nicht?

☐ a) Die Prüfungsanforderungen.

☐ b) Die Ausbildungsdauer.

☐ c) Das Ausbildungsberufsbild und den Ausbildungsrahmenplan.

☐ d) Bußgeldvorschriften bei schlechter Ausbildung.

☐ e) Führung des Berichtsheftes.

2.4. Die betriebliche Ausbildungsplanung

1. Ist bei der Ausbildung in einem Handwerksbetrieb Planung notwendig?

☐ a) Es ist zweckmäßig und empfehlenswert für einen Handwerksbetrieb, eine eigene betriebsspezifische Ausbildungsplanung zu betreiben.

☐ b) Ausbildungsplanung bedeutet für einen Handwerksbetrieb Zeitvergeudung.

☐ c) Der Ausbildungsrahmenplan der jeweiligen Ausbildungsordnung ist völlig ausreichend.

☐ d) Im betrieblichen Ausbildungsplan werden Erfolgskontrollen nicht festgelegt.

☐ e) Der Termin der Zwischenprüfung wird in der Planung nicht berücksichtigt.

2. **Was muß der betriebliche Ausbildungsplan enthalten?**

☐ a) Alle Fertigkeiten und Kenntnisse, die im Ausbildungsrahmenplan des betreffenden Berufes festgelegt sind.

☐ b) Nur die Fertigkeiten, die im betrieblichen Arbeitsprozeß vorkommen, sind aufzuzeichnen.

☐ c) Kenntnisse sind für den betrieblichen Ausbildungsplan ohne Bedeutung.

☐ d) Den Ausbildungsstoff zu gewichten, ist wenig sinnvoll, weil alle Fertigkeiten und Kenntnisse gleichbedeutend sind.

☐ e) Der Ausbildungsstoff soll für den Lernenden verständlich dargestellt werden.

3. **Welche Gesichtspunkte sind für die zeitliche Ausbildungsplanung zu beachten?**

☐ a) Quartalsmäßig festgelegte Ausbildungsabschnitte machen den Ausbildungsverlauf übersichtlich und überschaubar.

☐ b) Zeiten der überbetrieblichen Unterweisung werden im Plan nicht festgehalten.

☐ c) Wiederholungsstunden zur Stoffvertiefung sind überflüssig.

☐ d) Betriebliche Besonderheiten sollte man bei der Ausbildungsplanung nicht beachten, weil sie den Lehrling nur verwirren können.

☐ e) Die zeitliche Planung soll den Ausbildungsstoff gewichten.

4. **Welche Überlegung zählt zur methodischen Ausbildungsplanung?**

☐ a) Abstimmung mit den Lehrplänen der Berufsschule.

☐ b) Den Lehrling rechtzeitig zum selbständigen Arbeiten anleiten.

☐ c) Urlaubszeit, verkürzte Lehrzeit und Erfolgskontrolle einplanen.

☐ d) Den Termin der Zwischenprüfung beachten.

☐ e) Fertigkeiten und Kenntnisse sachlogisch gliedern.

5. **Darf der Ausbilder in der betrieblichen Ausbildung geeignete Personen einsetzen, die ihn bei der Unterweisung unterstützen?**

☐ a) Nein, das darf er nicht, er muß die Ausbildung selbst durchführen.

☐ b) Je nach Zufall darf er Gesellen für die Ausbildung einsetzen.

☐ c) Nur im Betrieb tätige Gesellen unterweisen, weil sie die Praxis genau kennen. Der Ausbilder trägt nur die Verantwortung.

d) Ja, er sollte die für die Ausbildung eingesetzten Gesellen über die jeweiligen Lernziele genau informieren.

e) Wenn die Gesellen bereits die Ausbildereignungsprüfung abgelegt haben.

6. Welche Aussage beschreibt nicht die methodische Ausbildungsplanung?

a) Es sollten die bestmöglichen Ausbildungsorte und Abteilungen ausgewählt werden.

b) Schöpferische Fähigkeiten sollen geweckt werden, weil sie Erfolgserlebnisse schaffen.

c) Der Grundsatz vom Bekannten zum Unbekannten ist wichtig.

d) Allgemeine Grundsätze für die methodische Ausbildungsplanung spielen keine Rolle.

e) Wenn der Ausbilder Gesellen mit Ausbildungsaufgaben betraut, soll er sie über die Ziele genau informieren.

2.5. Lernen in der Ausbildung

1. Welche Definition trifft für den Begriff des „Lernens" zu?

a) Lernen heißt, Erfahrungen sammeln.

b) Durch Lernen bekommt man Berufserfahrung.

c) Lernen heißt, sich etwas Neues aneignen.

d) Lernen führt zur Verhaltensänderung.

e) Lernen bedeutet, der Auszubildende tut etwas.

2. Welche Auswahlantwort beschreibt den Begriff des Verhaltens?

a) Verhalten sagt nur, ob ein Mensch freundlich ist.

b) Verhalten bezieht sich nur auf körperliche Bewegungsvorgänge.

c) Verhalten sind alle wahrnehmbaren Äußerungen eines Menschen.

d) Verhaltenseigenschaften zu vermitteln, ist Aufgabe der Eltern.

e) Verhalten beschreibt kognitive Lernziele.

3. Was ist ein Lerngegenstand?

a) Lerngegenstand ist das Neue, das ein Lernender sich aneignet.

b) Lerngegenstand ist gleichbedeutend wie Lernergebnis.

☐ c) Lerngegenstand ist nur eine Verhaltensänderung.

☐ d) Lerngegenstände sind begrenzt auf Fertigkeiten.

☐ e) Fertigkeiten und Kenntnisse zusammen ergeben einen Lerngegenstand.

4. Wovon hängen Lernbereitschaft und Lernfähigkeit bei einem Menschen ab?

☐ a) Hauptsächlich von seiner Begabung.

☐ b) Die Intelligenz eines Menschen ist von seinen Erbanlagen abhängig.

☐ c) Lernreize beeinflussen die Lernbereitschaft, nicht die Lernfähigkeit.

☐ d) Sie sind abhängig von der Begabung, vom Alter und von der Umwelt.

☐ e) Lernbereitschaft wird weitestgehend von der Umwelt beeinflußt.

5. Welche Aussage beschreibt das schöpferische Lernen?

☐ a) Schöpferisch Lernende wollen den Lösungsweg selbst finden, bei ihnen ist die Frage- und Impulstechnik lernfördernd.

☐ b) Schöpferisches Lernen ist gleichbedeutend wie der Begriff „soziales Lernen".

☐ c) Schöpferisches Lernen umfaßt nur die Fertigkeit.

☐ d) Nur wer unbewußt lernt, kann auch schöpferisch lernen.

☐ e) Schöpferisches Lernen erfordert keine Erfolgskontrolle.

6. Wann kann man sagen, das Lernziel „Messen mit einem Instrument" wurde erreicht?

☐ a) Wenn der Auszubildende weiß, wozu ein Meßinstrument dient.

☐ b) Wenn er weiß, wie ein bestimmtes Meßinstrument funktioniert.

☐ c) Wenn er an mehreren Werkstücken die erforderlichen Messungen mit dem Instrument selbständig durchführen kann.

☐ d) Wenn der Lernende an einem Werkstück eine bestimmte Messung durchführen kann.

☐ e) Wenn er die Funktion des Meßinstrumentes in der Zwischenprüfung aufzählen kann.

7. Welche Aussagen beschreiben den Lerntyp „Problem lösen lernen" nicht?

☐ a) Der Lernende begegnet einem Problem, er stellt eine Lücke im Können fest.

☐ b) Der Lernende empfindet eine Lücke als Mangel, es werden dynamische Kräfte entwickelt, die auf Lösung des Problems drängen.

☐ c) Der Lernende befaßt sich mit einem Problem und erkennt die Schwierigkeiten.

☐ d) Ein Lernender begegnet einem Problem, das er verdrängt, weil er es nicht
lösen kann.

☐ e) Der Lernende kann die Lösung des Problems plötzlich erkennen.

8. Was ist ein Lernziel?

☐ a) Darunter versteht man nur operationalisierte Lernziele.

☐ b) Man sollte dem Lernenden nur Grobziele setzen, weil er dann mehr Bewe-
gungsfreiheit hat.

☐ c) Ein Lernziel ist das angestrebte, erwünschte, beabsichtigte Lernergebnis.

☐ d) Lernziel und Lernergebnis bedeuten das gleiche.

☐ e) Richtziele genügen für eine handwerkliche Ausbildung, weil sie sich besser auf den praktischen Arbeitsablauf ausrichten lassen.

9. Was versteht man unter einem kognitiven Lernziel?

☐ a) Es zielt auf Bewegungen des Menschen ab und erfordert bestimmte
Verhaltensformen.

☐ b) Es ist auf geistige und gefühlsmäßige Verhaltensweisen ausgerichtet.

☐ c) Kognitive Lernziele sind meistens Grobziele.

☐ d) Es läßt sich nur sehr schwer messen.

☐ e) Es zielt auf die Vermittlung von Kenntnissen ab.

10. Wann hat ein Lernender die Lernzielstufe der Reorganisation erreicht?

☐ a) Wenn er einen Arbeitsvorgang ganz gesehen hat und diesen nachmachen
kann.

☐ b) Wenn er eine bestimmte Fertigkeit in gleicher Reihenfolge wiedergeben
kann.

☐ c) Wenn der den Aufbau der 4-Stufen-Methode kennt.

☐ d) Wenn er das Gelernte verstandsmäßig erfaßt hat und es mit eigenen Worten wiedergeben kann.

☐ e) Die Reorganisationsstufe folgt nach der Reproduktion und führt automatisch zum Transfer.

11. Die Lernzielstufe des Transfer ist erreicht, wenn ein Lernender

☐ a) grundlegende Verbesserungsvorschläge machen kann.

☐ b) das Gelernte auf andere, aber noch ähnliche Situationen anwenden kann

- [ ] c) nur wenn er erlernte Fertigkeiten übertragen kann.
- [ ] d) einen Arbeitsvorgang beherrscht, aber Einzelheiten nicht erklären kann.
- [ ] e) den Phasenverlauf des Lernprozesses genau kennt, ist die Transferstufe erreicht.

12. Welche Aussage beschreibt den Phasenverlauf des Lernprozesses nach Correl richtig?

- [ ] a) Lösung finden, Schwierigkeiten erkennen, behalten und einüben.
- [ ] b) Lernstadium, Stadium der Problemfindung, Gestaltungs- und Übungsstadium.
- [ ] c) Motivation, Lokalisierung und Präzisierung des Lernproblems, Aufzeigen erster Lösungsmöglichkeiten, überprüfen der logischen Richtigkeit, Bewährung in der realen Situation.
- [ ] d) Motivation, Lokalisierung des Problems, aufzeigen erster Lösungsmöglichkeiten, überprüfen der logischen Richtigkeit, Bewährung in der realen Situation.
- [ ] e) Motivieren, durchdenken des Problems, erkennen und üben.

13. Was bedeutet bei Correl die Lernphase „Lokalisierung und Präzisierung" des Lernproblems?

- [ ] a) Nur wenn der Ausbilder das Lernproblem aufzeigt, kann es der Lehrling lokalisieren.
- [ ] b) Der Lernende befaßt sich mit einem Problem und findet durch Abgrenzung und genaue Fassung dessen Umfang und Schwierigkeiten.
- [ ] c) Der Lernende ist motiviert und probiert, ob eine erdachte Lösung in der Praxis durchführbar ist.
- [ ] d) Je genauer ein Ausbilder das Lernproblem beschreibt, um so schneller kann es der Lehrling lokalisieren.
- [ ] e) Nach der Motivation erfolgt bei Correl die Lernphase „Lokalisierung und Präzisierung" des Lernproblems, anschließend Aufzeigen erster Lösungsmöglichkeiten.

14. Was versteht man unter Lernmotivation?

- [ ] a) Sie wird eingeteilt in primäre und in sekundäre Lernmotive.
- [ ] b) Wer primär motiviert ist, lernt gründlicher.
- [ ] c) Sie ist abhängig von der richtigen Art des Lehrens.
- [ ] d) Sie ist der Antrieb, der Anreiz zum Lernen.
- [ ] e) Sie ist der Beweggrund, der nur das Lernenwollen auslöst.

15. Ist Motivation eine wichtige Voraussetzung für den Lernerfolg?

☐ a) Lernen ist schon erfolgreich, wenn der Ausbilder gut erklärt.

☐ b) Wenn der Ausbilder gut motiviert ist, ist selbstverständlich auch der Lehrling lernbereit.

☐ c) Nur ein günstiges Lernklima entscheidet über den Lernerfolg.

☐ d) Für das Lernen sind Lernhilfen notwendig.

☐ e) Für den Lernerfolg kommt es entscheidend darauf an, daß der Antrieb für das Lernen vom Lernenden selbst ausgeht.

16. Genügt es, wenn der Lernende zu Beginn eines Lernvorganges motiviert ist?

☐ a) Nein, denn die Motivation hat auch Lenkungsfunktion, sie muß das Lernen-Wollen erhalten.

☐ b) Motivbündelung ist wichtig, dann wird der Lernvorgang auch erfolgreich beendet.

☐ c) Gewohnheitsmotive allein genügen.

☐ d) Ja, denn entscheidend ist für den Lernerfolg allein die Antriebsfunktion.

☐ e) Nur bei sekundären Motiven hat die Motivation auch eine Lenkungsaufgabe.

17. Der Ausbilder sollte bestrebt sein, bei Lernvorgängen primäre Motive zu wecken und zu fördern.
Welche der folgenden Motivarten sind den primären zuzuordnen?

☐ a) Lernen aus Druck und Zwang.

☐ b) Lernen aus Angst vor Mißerfolg.

☐ c) Ein interessanter Lerngegenstand.

☐ d) Das Problem reizt.

☐ e) Beides, c und d sind zutreffend.

18. Geeignete Lernhilfen sind:

☐ a) Neugier wecken.

☐ b) Erfolgserlebnisse schaffen.

☐ c) Den Lernenden überfordern, damit er sich mehr anstrengt.

☐ d) Beide Antworten, a und b sind richtig.

☐ e) Alle Lernenden gleich behandeln, damit sich keiner benachteiligt fühlt.

2.6. Das Lehren in der betrieblichen Ausbildung

1. **Lehren steht im Dienste des Lernens. Welche Grundvoraussetzungen sind für erfolgreiches Lehren erforderlich?**

☐ a) Allein entscheidend ist, daß der Ausbilder den Lehrstoff gründlich darbietet.

☐ b) Der Ausbilder muß vorrangig dafür sorgen, daß der Lernende aus eigenem Willen, von innen heraus lernen will.

☐ c) Lehren sollte grundsätzlich nur theoretisch erfolgen.

☐ d) Lehren tut der Ausbilder, lernen der Auszubildende.

☐ e) Lehren ist absolute Voraussetzung für lernen.

2. **Soll der Ausbilder bestimmte Lehr- und Unterweisungsgrundsätze beachten?**

☐ a) Sie sind ohne Bedeutung, das Unterweisen ergibt sich aus dem täglichen Arbeitsanfall.

☐ b) Ja, denn aus ihnen ist der zweckmäßige methodische Weg für eine erfolgreiche Ausbildung zu erkennen.

☐ c) Der Grundsatz der Aktivitätsförderung kann den Lehrling verwirren.

☐ d) Der Grundsatz der Selbsttätigkeit darf nur bei schöpferischen Lehrlingen angewendet werden.

☐ e) Unterweisungsgrundsätze lenken von systematischer Ausbildung ab.

3. **Welche Maßnahme des Ausbilders dient dem Grundsatz der Erfolgssicherung?**

☐ a) Nach Vermittlung einer bestimmten Fertigkeit läßt der Ausbilder den Lehrling diese in der Praxis selbständig anwenden und überprüft die Ausführung.

☐ b) Er prüft, ob der Lehrling einen gezeigten Arbeitsvorgang reproduzieren kann, das genügt ihm.

☐ c) Er beschäftigt den Lehrling in der Ausbildungsecke und läßt ihn dort gründlich üben, in den Fertigungsablauf soll er erst nach der Gesellenprüfung eingesetzt werden.

☐ d) Der Grundsatz der Erfolgssicherung ist bei der Ausbildung unwichtig, entscheidend ist allein der Grundsatz der Entsprechung.

☐ e) Erfolgssicherung ist nur bei Kenntnissen notwendig.

4. **Worin unterscheiden sich darbietendes und erarbeitendes Lehrverfahren?**

☐ a) Es besteht kein wesentlicher Unterschied, beide fördern das Lernen.

☐ b) Das darbietende Lehrverfahren ist besser, weil dabei der Ausbilder gründlich erklärt.

☐ c) Darbietendes Lehrverfahren ist möglich durch Vormachen, Vortragen, Vorführen.

☐ d) Erarbeitendes Lehren sollte man nur für schöpferische Lerntypen anwenden.

☐ e) Beim darbietenden Lehrverfahren ist der Ausbilder hauptsächlich aktiv, beim erarbeitenden wird der Lernende bewußt in das Lehrgeschehen eingebunden.

5. **Welcher der folgenden Begriffe gehört nicht zu den Unterweisungsgrundsätzen?**

☐ a) Zielklarheit

☐ b) Aktivitätsförderung

☐ c) Lernhilfen

☐ d) Praxisnähe

☐ e) Anschaulichkeit

6. **Besteht ein Zusammenhang zwischen dem Phasenverlauf des Lernprozesses und der 4-Stufen-Methode?**

☐ a) Ja, weil die 4-Stufen-Methode an den Phasenverlauf des Lernprozesses angepaßt ist.

☐ b) Nein, es sind zwei von einander unabhängige Verfahren.

☐ c) Die 4-Stufen-Methode unterscheidet sich nur in der ersten Stufe vom Phasenverlauf des Lernprozesses.

☐ d) Ein Lernprozeß beginnt mit der Motivation, bei der 4-Stufen-Methode ist es unbedeutend, ob der Lehrling motiviert ist.

☐ e) Ja, aber nur weil beide Methoden mit Üben und Festigen enden.

7. **Ein Ausbilder beschreibt seinem Lehrling ein Lernziel und zeigt ihm das dazu erforderliche Material und Werkzeug. Anschließend läßt er den Lehrling selbständig auch ohne Kontrolle üben. Entspricht dieser Weg der 4-Stufen-Methode?**

☐ a) Nein, weil er mehrere Stufen nicht beachtet hat.

☐ b) Ja, wenn der Ausbilder Fehler rechtzeitig korrigiert.

☐ c) Nein, weil der Lehrling erst mit Werkzeug und Material üben soll, wenn der Ausbilder den Arbeitsvorgang vorgemacht und Hemmungen beseitigt hat.

☐ d) Nein, weil die vier Stufen Vorbereiten, Erarbeiten und Nachmachen lassen, Üben und Festigen heißen.

☐ e) Ja, wenn der Lehrling schöpferisch lernen kann.

8. Lohnt sich in der betrieblichen Ausbildung Gruppenarbeit?

☐ a) Nein, denn sie erfordert viel Zeit und bringt wenig.

☐ b) Ja, durch sie kann die Fähigkeit und Bereitschaft zur Kooperation, zur gegenseitigen Hilfe und zur Teamarbeit besonders gefördert werden.

☐ c) Sie fördert die Aktivität des einzelnen und motiviert die Teilnehmer gut.

☐ d) Beides, b und c sind zutreffend.

☐ e) Gruppenarbeit ist im Handwerksbetrieb nicht möglich.

9. Warum ist die Vier-Stufen-Methode für die Arbeitsunterweisung besonders geeignet?

☐ a) Sie ist angelehnt an den Phasenverlauf des Lernprozesses und berücksichtigt die besondere Situation des Lernenden.

☐ b) Durch sie wird der Lernende systematisch auf einen bestmöglichen Lösungsweg geführt und der Lernerfolg abgesichert.

☐ c) Sie ist wenig geeignet, weil sie umständlich in der Anwendung und sehr zeitraubend ist.

☐ d) Nur Antwort b ist richtig.

☐ e) Beides, a und b sind zutreffend.

10. Welche Handlungen des Ausbilders zählen nicht zur Stufe des Vorbereitens?

☐ a) Auf Unfallgefahren bei einem Vorgang hinweisen.

☐ b) Den Arbeitsvorgang in Teilschritte zerlegen.

☐ c) Das Lernziel festlegen und die Aufgabe beschreiben.

☐ d) Interesse wecken, Hemmungen abbauen.

☐ e) Alle erforderlichen Werkzeuge und Materialien bereitlegen.

11. Wie kann man das Interesse des Lehrlings für eine bestimmte Fertigkeit wecken?

☐ a) Nur durch Intervall-Training.

☐ b) Wenn man die Fertigkeit zunächst ohne Worte vormacht und anschließend ihre Bedeutung für die Praxis aufzeigt.

☐ c) Indem man auf Bekanntes aufbaut, den neuen Vorgang genau beschreibt und seine Bedeutung in der Praxis aufzeigt.

☐ d) Ihn streng auffordern, genau zuzuhören.

☐ e) Ihm deutlich sagen, was passiert, wenn er nicht aufpaßt.

12. Was ist eine Arbeitszergliederung?

☐ a) Das Zerlegen eines praktischen Arbeitsvorganges in einzelne Teilschritte.

☐ b) Sie ist nur eine Orientierungshilfe für ein schrittweises Vorgehen.

☐ c) Sie beschreibt die betriebliche Ausbildungsplanung.

☐ d) Arbeitszergliederung und zeitliche Ausbildungsplanung sind dasselbe.

☐ e) Wenn der Ausbilder einzelne Teilschritte genau beschreibt, erkennt er auch ihre Schwierigkeiten besser.

13. Soll der Ausbilder in der Stufe des Nachmachenlassens dabei sein?

☐ a) Es ist nicht notwendig, weil er den Vorgang ja bereits vorgemacht hat.

☐ b) Ja, denn er hat zwei wichtige Aufgaben zu erfüllen: evtl. Hilfe anzubieten und bei Lernzielgefährdung korrigierend einzugreifen.

☐ c) Er sollte sich in dieser Stufe entfernen, weil er sonst den Lernenden irritieren könnte.

☐ d) Ja, damit er den Lehrling gleich zu einer schnellen Arbeitsweise erziehen kann.

☐ e) Ja, er soll den Lehrling üben lassen.

14. Kann eine Arbeitszergliederung dem Ausbilder für seine Unterweisungstätigkeit pädagogischen Nutzen bringen?

☐ a) Das Erstellen einer Arbeitszergliederung ist zeitaufwendig, damit ist der Nutzen fraglich.

☐ b) Sie erleichtert es dem Ausbilder, sich in die Lage des Lernenden zu versetzen.

☐ c) Sie ist für den Lehrling ein wichtiges Ausbildungsmittel, für den Ausbilder ist sie weniger von Bedeutung.

☐ d) Sie bringt nur dann pädagogischen Nutzen, wenn sie schriftlich abgefaßt ist.

☐ e) Eine Arbeitszergliederung kann die Vier-Stufen-Methode ersetzen.

15. Wie soll eine Arbeitszergliederung aufgebaut sein?

☐ a) Man erteilt zuerst einen Lernauftrag und führt dann ein Lehrgespräch.

☐ b) Wie mache ich es und warum tue ich es.

☐ c) Vormachen, nachmachen, üben und festigen.

☐ d) Nur Kernpunkte und Begründungen sind wichtig.

☐ e) Nach den Fragen: Was mache ich?, Wie mache ich es?, Warum mache ich es?

16. **Ausbildungsmittel unterstützen das Lehren und Lernen in der Ausbildung. Was kann man mit ihrer Hilfe erreichen?**

☐ a) Nur visuelle Ausbildungsmittel können das Lernen unterstützen.

☐ b) Man darf bei einer Arbeitsunterweisung nur ein Ausbildungsmittel einsetzen.

☐ c) Bei einem Arbeitsvorgang ist es gleichgültig, welche und wieviele Ausbildungsmittel man einsetzt.

☐ d) Unsichtbares sichtbar machen, das Lernen abwechslungsreicher gestalten.

☐ e) Für eine Ausbildung im Handwerk ist nur die Arbeitszergliederung ein geeignetes Ausbildungsmittel.

17. **Warum sind Ausbildungserfolgskontrollen so wichtig?**

☐ a) Sie stellen fest, ob und wieweit vorgegebene Ausbildungs- und Lernziele auch tatsächlich erreicht worden sind.

☐ b) Beides, a) und d) sind richtig.

☐ c) Sie sind eigentlich gar nicht notwendig, weil der Ausbilder als Fachmann bei der Unterweisung keine Fehler macht.

☐ d) Sie können dem Lernenden Erfolgserlebnisse vermitteln, wirken motivierend und zeigen ihm, ob er auf dem richtigen Weg ist.

☐ e) Sie zeigen nur dem Ausbilder, ob seine Unterweisungsmethoden erfolgreich sind.

18. **Wie sollen Ausbildungserfolgskontrollen durchgeführt werden?**

☐ a) Nach einem Soll-Ist-Vergleich.

☐ b) Möglichst streng, um den Auszubildenden zu einer Verhaltensänderung bewegen zu können.

☐ c) Sie sind immer subjektiv, deshalb sollte man ihnen keine große Bedeutung beimessen.

☐ d) Man sollte sie geheim durchführen, um den Auszubildenden nicht zu verärgern.

☐ e) Mit dem Auszubildenden soll man nicht darüber sprechen, weil man dadurch Motivationen abbauen könnte.

19. **Welche Feststellungen sind für das Beurteilen und Bewerten in der betrieblichen Ausbildung richtig?**

☐ a) Beurteilen und Bewerten sollte systematisch und möglichst gerecht und objektiv gestaltet werden.

☐ b) Zwischen Punktsystemen und Beurteilungsbogen gibt es keinen Unterschied.

☐ c) Beurteilt werden Leistungen im Bereich der Fertigkeiten und Kenntnisse sowie das Verhalten.

☐ d) Ohne besondere Bedeutung, weil man auch so erkennen kann, ob jemand fleißig ist und richtig arbeitet.

☐ e) Beides a) und c) sind richtig.

20. **Welche der folgenden Aussagen über typische Beurteilungsfehler kennzeichnen den Überstrahlungsfehler?**

☐ a) Der Ausbilder ist stets bemüht, gerecht und objektiv zu beurteilen.

☐ b) Der Ausbilder beurteilt die Leistungen aller Lehrlinge mehr oder weniger gleich.

☐ c) Der Ausbilder beurteilt alle Auszubildenden zu gut, um ihnen nicht weh zu tun.

☐ d) Der Ausbilder beurteilt seine Lehrlinge nach einem besonderen Ereignis und orientiert sich immer wieder daran. Das Ereignis kann eine schlechte oder gute Leistung sein.

☐ e) Überstrahlungsfehler = Kontrastfehler.

3. Der Jugendliche in der Ausbildung

3.0. Zielsetzung

1. Soll sich der Ausbilder in der Meistervorbereitung psychologische und führungstechnische Grundlagen erarbeiten?

☐ a) Führungstechnik kann man nicht lernen, das ist nur eine Frage der Begabung.

☐ b) Die Persönlichkeitsentfaltung eines Jugendlichen kann man in der betrieblichen Ausbildung kaum fördern.

☐ c) Wenn es der Ausbilder versteht, sich auf die besondere Situation des Jugendlichen in seiner Entwicklung einzustellen, wird er auch erfolgreich sein.

☐ d) Das Eingehen auf die Jugend ist zwar zu empfehlen, aber für eine erfolgreiche Ausbildung unbedeutend, da es nur auf gründliches Unterweisen ankommt.

☐ e) Die individuelle Situation eines Jugendlichen kann man im Betrieb nicht erkennen, deshalb kann man sie auch nicht berücksichtigen.

2. Ist eine jugendgemäße Berufsausbildung vorteilhaft und notwendig?

☐ a) Der Ausbilder ist für den Jugendlichen ein funktionales Leitbild, das genügt.

☐ b) Je genauer ein Ausbilder entwicklungstypische Erscheinungs- und Verhaltensformen erkennt und darauf eingeht, um so eher kann er das Vertrauen des Jugendlichen gewinnen.

☐ c) Klischeevorstellungen über Jugendliche und Pauschalurteile über Jugendverhalten sind zwar nicht zu empfehlen, aber sie stören das Lernen beim Jugendlichen nicht.

☐ d) Der Ausbilder sollte immer streng und gerecht sein, dann wird er auch anerkannt.

☐ e) Bei klaren Arbeitsanweisungen gibt es keine lernpsychologischen Barrieren.

3. Worin unterscheiden sich die Begriffe „Entwicklung" und „Reifung"?

☐ a) Der Entwicklungsstand eines Auszubildenden ist nur durch die Erbanlagen gekennzeichnet.

☐ b) Angeborene Merkmale sind für den Entwicklungsstand ohne Bedeutung, nur erworbene Merkmale sind entscheidend.

- [ ] c) Mit Entwicklung bezeichnet man einen Prozeß fortschreitender Veränderungen, körperlicher und verhaltensmäßiger Merkmale sowie viele Eigenschaften eines Menschen. Als Reifung bezeichnet man den Entwicklungsbereich, der unabhängig von Umwelteinflüssen abläuft.
- [ ] d) Reifung wird nur durch Lernen gesteuert.
- [ ] e) Die beiden Begriffe beinhalten in etwa das gleiche.

3.1. Mensch und Umwelt

1. Wird die Entwicklung eines Menschen von seiner Umwelt beeinflußt?

- [ ] a) Entscheidend ist, mit welchen Erbanlagen ein Mensch geboren wird, die Umwelt kann wenig daran ändern.
- [ ] b) Er befindet sich ständig in einer lebendigen Auseinandersetzung mit seiner Umwelt und wird von ihr wesentlich beeinflußt.
- [ ] c) Allein im Kindesalter wird er durch die Erziehung beeinflußt.
- [ ] d) Es kommt darauf an, ob sich ein Mensch überhaupt von seiner Umwelt beeinflussen läßt.
- [ ] e) Entscheidend ist die subjektive Umwelt.

2. Ein Mensch besteht aus drei Anlagenbereichen. Wie stehen diese zueinander?

- [ ] a) Die körperlichen, seelischen und geistigen Anlagen bilden eine Einheit und stehen zueinander in Beziehung.
- [ ] b) Nur die geistigen Anlagen steuern die Entwicklung eines Menschen.
- [ ] c) Die Anlagenbereiche sind von einander abhängig, sie beeinflussen sich aber nicht gegenseitig.
- [ ] d) Nur ein Einfluß auf die seelischen Anlagen führt zu Reaktionen in anderen Bereichen.
- [ ] e) Die körperlichen Anlagen werden nur dann von den seelischen Anlagen beeinflußt, wenn ein Mensch krank ist.

3. Wie läßt sich der Charakter eines Menschen beschreiben?

- [ ] a) Er ist die spezielle Eigenart, die Wesensart der menschlichen Seele im Zusammenspiel der Anlagenbereiche.
- [ ] b) Ein Mensch wird nur von seinen trieblichen Anlagen und Neigungen gesteuert.
- [ ] c) Der Charakter zeigt nur, ob ein Mensch leidenschaftlich ist.

☐ d) Charakter ist nur geprägt durch Stimmung und Gefühle, Entschlüsse und Handlungen gehören nicht dazu.

☐ e) Nicht alle Menschen haben einen Charakter.

4. **Welche der nachfolgenden Aussagen beschreiben geistige Anlagen?**

☐ a) Entschlüsse, Affekte und Stimmungen.

☐ b) Leistungsvermögen, Geschicklichkeit und Laune.

☐ c) Gemüt, Gefühlsregungen, Gedächtnis und Neigungen.

☐ d) Entscheidungen, Geschicklichkeit, Stimmungen.

☐ e) Entschlüsse, Gedächtnis und Handeln.

5. **Welche Rolle spielen die Bedürfnisse im menschlichen Leben?**

☐ a) Bedürfnisse sind Antriebe und Beweggründe zum Handeln, zum Tun.

☐ b) Jeder Mensch hat nur Grundbedürfnisse.

☐ c) Jugendliche haben in der Entwicklung keine besonderen Bedürfnisse, sie werden ausschließlich vom Geselligkeits- und Sexualtrieb gesteuert.

☐ d) Wieviele Bedürfnisse der Mensch hat, entscheidet die Bedürfnispyramide.

☐ e) Bedürfnisse sind bei Mädchen stärker ausgeprägt als bei Jungen.

3.2. Das Wirken der Umwelteinflüsse auf den Jugendlichen

1. **Welche der folgenden Aussagen über Umwelteinflüsse ist richtig?**

☐ a) Der Entwicklungsprozeß eines Menschen und die Entfaltung seiner Persönlichkeit werden durch die auf ihn einwirkende Umwelt wesentlich geprägt.

☐ b) Nur im Jugendalter wird ein Mensch von seiner Umwelt beeinflußt.

☐ c) Es gibt keinen Unterschied zwischen einer objektiven und subjektiven Umwelt.

☐ d) Erwachsene lassen sich von der Umwelt kaum beeinflussen.

☐ e) Der betriebliche Umwelteinfluß ist stärker als der in der Freizeit.

2. **Welche Faktoren zählen nicht zum privaten Einflußbereich des Jugendlichen?**

☐ a) Klima und Landschaft.

☐ b) Elternhaus und Familie.

☐ c) Kirche und Politik.

☐ d) Hobby und Bekannte.

☐ e) Medien und Urlaub.

3. **Was ist für die Einflüsse des Elternhauses auf den Jugendlichen zutreffend?**

☐ a) In der Jugendentwicklung hat sich der Jugendliche bereits vom Elternhaus gelöst, es kann ihn nicht mehr beeinflussen.

☐ b) Es ist bedeutsam, ob ein Jugendlicher als Einzelkind oder im Kreis von mehreren Geschwistern aufwächst.

☐ c) Die Einstellung der Eltern zur Ausbildung spielt keine Rolle.

☐ d) Nur Geschwister können den Jugendlichen in seiner Entwicklung noch beeinflussen, die Eltern haben nichts mehr zu sagen.

☐ e) Ob die Eltern getrennt leben, ist für die Entwicklung des Jugendlichen unbedeutend.

4. **Ist die Behauptung, die Berufsschule könne den Jugendlichen nicht mehr beeinflussen, richtig?**

☐ a) Ja, weil der Zeitanteil des Berufsschulunterrichts zu kurz ist.

☐ b) Ja, denn Berufsschullehrer vermitteln nur Kenntnisse, keine Verhaltensweisen.

☐ c) Nein, denn es wirken soziale Beziehungen, das Zusammenleben in Gruppen und evtl. Konflikte zwischen Lehrern und Schülern spürbar auf das Verhalten des Jugendlichen ein.

☐ d) Nur wenn der Berufsschulunterricht zu schematisch ist, erfolgt ein Einfluß.

☐ e) Wie die Schüler einer Klasse zueinander stehen, ist für den Einfluß unbedeutend.

5. **Welche der folgenden Aussagen ist für den Einfluß der Medien zutreffend?**

☐ a) Nachteilig auf Einstellungen und Interessen des Jugendlichen kann sich die Werbung in Medien auswirken.

☐ b) Einseitige Informationen in den Medien können den Prozeß der politischen Meinungsbildung des Jugendlichen nicht wesentlich beeinflussen.

☐ c) Presse, Rundfunk und Fernsehen dienen immer der Information.

☐ d) Das Fernsehen kann den Jugendlichen nur durch das Telekolleg positiv beeinflussen, weil es dabei berufliches und Allgemeinwissen vermittelt.

☐ e) Mit den Einflußmöglichkeiten der Massenmedien soll sich der Ausbilder nicht befassen, weil sie für die Ausbildung ohne Bedeutung sind.

6. **Welche Aussagen beschreiben das Betriebsklima?**

☐ a) Das Betriebsklima wird ausschließlich vom richtigen Führungsstil bestimmt.

☐ b) Wenn sich die Mitarbeiter untereinander verstehen, ist das Betriebsklima optimal, das Verhalten der Vorgesetzten ist dafür nicht entscheidend.

☐ c) Für ein gutes Betriebsklima ist allein die gerechte Entlohnung entscheidend.

☐ d) Betriebsklima zeigt an, wie sich in einem Betrieb die zwischenmenschlichen Beziehungen der arbeitenden Menschen untereinander gestalten und wie das Verhältnis der Vorgesetzten zu den unterstellten Mitarbeitern ist.

☐ e) Am besten kann sich das Betriebsklima bei einem laissez-faire Führungsstil entfalten.

7. **Welche personalen Einflußfaktoren können auf den Jugendlichen bei der Ausbildung im Betrieb einwirken?**

☐ a) Nur der Ausbilder, weil er für ihn ein funktionales Leitbild ist.

☐ b) Nur die gleichaltrigen Mitlehrlinge, weil er sich mit ihnen ein einem ständigen Eingliederungs- und Anpassungsprozeß befindet.

☐ c) Alle im Betrieb tätigen Personen – Inhaber, Gesellen, Mitlehrlinge und Ausbilder.

☐ d) Der Jugendliche allein entscheidet, ob er sich von jemandem beeinflussen läßt.

☐ e) Die Mitlehrlinge, weil gleichrangig, beeinflussen das Verhalten des Jugendlichen nicht.

8. **Wie würden Sie als verantwortlicher Ausbilder jemandem antworten, der behauptet: „Die sachliche betriebliche Umwelt beeinflußt das Lernen nicht"?**

☐ a) Stimmt nicht, denn wenn der Auszubildende mit interessanten, abwechslungsreichen, selbständigen und verantwortlichen Aufgaben betraut wird, wirkt das motivierend auf seine Lernbereitschaft.

☐ b) Nur die Beschaffenheit des Arbeitsplatzes kann die Lernbereitschaft des Jugendlichen beeinflussen.

☐ c) Monotone Arbeitsverrichtungen zählen nicht zur sachlichen betrieblichen Umwelt.

☐ d) Nur wenn Lehrlinge alte Werkzeuge erhalten, erfolgt ein Einfluß.

☐ e) Wie die Arbeitsräume ausgestattet sind, ist für die Beeinflussung unbedeutend.

3.3. Der Jugendliche im Entwicklungsprozeß

1. Worin unterscheiden sich die Begriffe Entwicklung und Reifung?

☐ a) Entwicklungsstand eines Auszubildenden ist nur durch die Erbanlagen gekennzeichnet.

☐ b) Reifung wird nur durch Lernen gesteuert.

☐ c) Angeborene Merkmale sind für den Entwicklungsstand ohne Bedeutung, nur erworbene Merkmale sind entscheidend.

☐ d) Mit Entwicklung bezeichnet man einen Prozeß fortschreitender Veränderungen körperlicher und verhaltensmäßiger Merkmale. Als Reifung bezeichnet man den Entwicklungsbereich, der weitgehend unabhängig von Umwelteinflüssen abläuft.

☐ e) Die beiden Begriffe beinhalten in etwa das gleiche.

2. Was besagt der Begriff „Status" nicht?

☐ a) Er wird ausschließlich bei Erwachsenen verwendet.

☐ b) Der Status eines Menschen zeigt an, wo und wie er in der Gesellschaft und seiner Umwelt dasteht.

☐ c) Er sagt auch, wie der Mensch sich selbst in der Gemeinschaft sieht und wie er von ihr gesehen wird.

☐ d) Er drückt aus, wie bewußt jemand seinen Standort einnimmt und behauptet.

☐ e) Es gibt Menschen, die mit ihrem Status unzufrieden sind.

3. Wie läßt sich das Jugendalter bestimmen und abgrenzen?

☐ a) Die Jugendlichen haben einen abgeleiteten Status.

☐ b) Jugendalter stellt sich als Übergangsphase dar, es beginnt nach Abschluß der Kindheit und endet mit dem Eintritt in das Erwachsenenalter.

☐ c) Jugendalter läßt sich nur gegenüber der Kindheit abgrenzen.

☐ d) Kinder befinden sich bereits in einer Übergangsphase.

☐ e) In der Adoleszenz haben Jugendliche bereits einen Lernstatus.

4. Welches der folgenden Merkmale trifft nicht für die Vorpubertät zu?

☐ a) Starkes Längenwachstum.

☐ b) Orientierung an Leitbildern.

☐ c) Geistige Entwicklung hinkt nach.

☐ d) Unausgeglichen und launisch.

☐ e) Stürmisches Aufbrechen.

5. **Welche Aussage trifft für die körperliche Entwicklung des Jugendlichen zu?**

☐ a) In der Adoleszenz wird der Jugendliche zunehmend selbständig.

☐ b) In der Pubertät setzt erneut ein beschleunigtes Wachstum ein.

☐ c) In der Vorpubertät wird die Körpergestalt disharmonisch.

☐ d) In der Vorpubertät tritt ein beschleunigtes körperliches Wachstum ein, die geistige Entwicklung hinkt nach.

☐ e) Der Körper des Jugendlichen wächst in allen Entwicklungsphasen harmonisch.

6. **Wie äußert sich die Adoleszenz als Jugendentwicklungsphase im geistig-seelischen Bereich nicht?**

☐ a) Relative Kontaktarmut.

☐ d) Bereitschaft zur Übernahme von Verantwortung im sozialen Bereich.

☐ c) Aufbau eines eigenen Weltbildes.

☐ d) Steigendes Selbstwertgefühl.

☐ e) Zunehmende Sachbezogenheit.

3.4. Jugend und Gesellschaft

1. **Kann der Ausbilder das Hineinwachsen des Jugendlichen in die Gesellschaft unterstützen?**

☐ a) Nein, der Jugendliche will selbständig planen und entscheiden, er braucht keine Hilfe.

☐ b) Der Ausbilder soll versuchen, in der betrieblichen Ausbildung das Unabhängig- und Selbständigwerden des Jugendlichen zu fördern.

☐ c) Die Übertragung von kleinen Aufgaben stärkt das Selbstbewußtsein beim Jugendlichen nicht.

☐ d) Der soziale Entwicklungsverlauf eines Jugendlichen wird nur von der privaten Umwelt bestimmt.

☐ e) Jugendliche lassen sich von den Eltern nichts mehr sagen.

2. **Was ist Hauptursache dafür, daß Jugendliche sich gern durch besondere Erscheinungsbilder wie Kleidung und Haartracht von den Erwachsenen absetzen?**

☐ a) Sie haben eine besondere Vorliebe für neue Geschmacksrichtungen.

☐ b) Sie wollen zeigen, daß sie über viel Geld verfügen.

☐ c) Das ist ein Zeichen für zunehmenden Sittenverfall in unserer Gesellschaft.

☐ d) Jugendliche wollen damit einen Generationskonflikt auslösen.

☐ e) Es sind für dieses Alter typische Selbstgestaltungstendenzen.

3.5. Gruppenverhalten von Jugendlichen

1. Was ist typisch für eine Gruppe?

☐ a) Daß alle Mitglieder annähernd gleich alt sind.

☐ b) Daß alle Mitglieder die gleichen Interessen haben.

☐ c) Daß alle Mitglieder eine Einheit bilden und Fremde nicht aufnehmen.

☐ d) Daß die Mitglieder ein „Wir"-Gefühl entwickeln.

☐ e) Daß alle den gewählten Gruppensprecher anerkennen.

2. An welchen Merkmalen ist eine formelle Gruppe zu erkennen?

☐ a) Gruppenziel und Rollen sind festgelegt, Normen ergeben sich von selbst.

☐ b) Bei ihr sind Gruppenziel, die Rollen der Mitglieder und die Normen im Gruppenleben festgelegt.

☐ c) Nur formelle Freizeitgruppen sind für die Ausbildung im Betrieb von Bedeutung.

☐ d) Eine Bande ist eine formelle Gruppe.

☐ e) In formellen Gruppen gibt es keine Rollenkonflikte.

3. Wann entsteht ein Rollenkonflikt?

☐ a) Nur dann, wenn sich der Ausbilder in das Gruppenleben der Lehrlingsgruppe einmischt.

☐ b) Nur dann, wenn der Ausbilder einen Lehrling als Gruppensprecher eigenmächtig bestimmt, von dem er sich ein strenges Durchgreifen erwartet.

☐ c) Er entsteht dann, wenn das tatsächliche Verhalten eines Mitgliedes von der Sollerwartung abweicht.

☐ d) Rollenkonflikte gibt es nur in Gruppen, die kein festes Ziel verfolgen.

☐ e) In einen Rollenkonflikt kann nur der Ausbilder kommen.

4. Was ist ein Soziogramm?

☐ a) Die Darstellung der Beziehungen der einzelnen Gruppenmitglieder untereinander nach Sympathie und Antipathie.

☐ b) Es wird festgestellt, ob die Gruppe ein schwarzes Schaf hat.

☐ c) Es besagt nur, ob es Abweichler in der Gruppe gibt.

☐ d) Es zeigt an, ob die Lehrlinge einer Gruppe ihrem Ausbilder sympathisch sind.

☐ e) Ein Soziogramm läßt sich für eine Lehrlingsgruppe nicht feststellen.

5. **Bilden alle Lehrlinge eines Betriebes eine formelle Gruppe?**

☐ a) Es kommt entscheidend darauf an, ob sie in die Lehrlingsgruppe eintreten wollen.

☐ b) Nur diejenigen Lehrlinge, die der Ausbilder offiziell in die Gruppe aufnimmt.

☐ c) Ja, denn bei ihnen sind Gruppenziel, Rollen und Normen eindeutig festgelegt.

☐ d) Nur wenn alle Beschäftigten im Betrieb damit einverstanden sind, können die Lehrlinge eine formelle Gruppe bilden.

☐ e) Die Lehrlinge eines Betriebes bilden dann eine formelle Gruppe, wenn sie ständig miteinander arbeiten.

3.6. Führung und Betreuung von Jugendlichen

1. **Ist es möglich, das Wesen eines jungen Menschen zu erkennen?**

☐ a) Nein, weil gerade junge Menschen sich im Entwicklungsstadium befinden, ihr Wesen kann man kaum erfahren.

☐ b) Es ist möglich, das individuelle Verhalten eines anvertrauten Jugendlichen weitgehend zu erforschen, indem man ihn beobachtet, mit ihm spricht und über sein konkret gelebtes Verhalten nachdenkt.

☐ c) Der Jugendliche will sich grundsätzlich in seinem Wesen nicht öffnen.

☐ d) Nur wenn der Ausbilder kumpelhaft mit dem Jugendlichen umgeht, kann er auch sein Wesen erfahren.

☐ e) Für den Umgang mit Jugendlichen ist es unbedeutend, ob man ihr Wesen erfahren kann.

2. **Wie läßt sich der Erziehungsauftrag des Ausbilders bestimmen?**

☐ a) Der Ausbilder hat keinen Erziehungsauftrag.

☐ b) Der Ausbilder soll dem Jugendlichen beim Erlernen seines Berufes Gestaltungsmöglichkeiten bieten, damit er seine Kräfte einsetzen und entwickeln und der Beruf dadurch für ihn einen besonderen Wert und tiefen Sinn bekommen kann.

☐ c) Einen eigentlichen Erziehungsauftrag hat der Ausbilder nicht, er soll sich lediglich um das Vermitteln der Fertigkeiten und Kenntnisse kümmern.

☐ d) Die meisten Jugendlichen lassen sich durch den Ausbilder nicht mehr erziehen.

☐ e) Wenn sich der Jugendliche bereits in der Ausbildung befindet, ist es für seine Erziehung durch den Ausbilder zu spät.

3. Der Ausbilder ist ein Leitbild für den Jugendlichen. Welche Folgerung sollte er daraus ziehen?

☐ a) Keine, weil er nicht unbedingt feststellen kann, ob er für den Jugendlichen auch freigewähltes Leitbild ist.

☐ b) Er ist funktionales Leitbild für den Jugendlichen und sollte deshalb stets bemüht sein, solche Verhaltensweisen vorzuleben, die im Sinne einer guten Erziehung nachahmenswert sind.

☐ c) Nur charakterschwache Jugendliche sehen im Ausbilder ein Leitbild.

☐ d) Nur wenn der Ausbilder für den Jugendlichen auch freigewähltes Leitbild ist, muß er aufpassen, daß er sich nicht falsch verhält.

☐ e) Was der Ausbilder dem Jugendlichen an Verhalten vorlebt, ist für dessen Entwicklung unbedeutend.

4. Obwohl jeder Mensch ein Individuum ist, kann man feststellen, daß es Menschen gibt, die sich ähnlich verhalten. Welche der folgenden Aussagen beschreibt den ökonomisch ausgerichteten Menschen?

☐ a) Er ist überwiegend nach innen gekehrt und wirkt oft scheu.

☐ b) Er ist stark nach außen gerichtet und sehr mitteilsam.

☐ c) Er fragt sich bei seinen Handlungen, wie das ein anderer empfindet, wie er darauf reagiert.

☐ d) Er orientiert sein Tun und Handeln an Ergebnissen, für ihn ist wichtig, welchen Nutzen er aus einer Situation und bei einem Handeln ziehen kann.

☐ e) Er ist ein Egoist.

5. Kann man dem Jugendlichen in der Ausbildung schon Verantwortung übertragen?

☐ a) Ja, denn sie kann Freude an der Arbeit wecken, und wenn damit keine Überforderung verbunden ist, Erfolgserlebnisse schaffen.

☐ b) Nein, weil der Lehrling während der Ausbildung noch keine Verantwortung übernehmen darf.

☐ c) Verantwortung darf ein junger Mensch erst nach der Gesellenprüfung übernehmen.

☐ d) Zuviel Verantwortung führt automatisch zu Lernschwierigkeiten.

☐ e) Jugendliche wollen keine Verantwortung übernehmen.

6. **Welche der folgenden Aussagen beschreibt eine Konfliktsituation?**

☐ a) Ein Lehrling bemüht sich vergeblich, eine ihm gezeigte Fertigkeit zuverlässig auszuführen.

☐ b) Man unterscheidet Zielkonflikte und Entscheidungskonflikte.

☐ c) Konflikte und Spannungen, die zwischen den Generationen in allen Lebensbereichen des Jugendlichen auftreten können.

☐ d) Konflikte entstehen nur in Gruppen.

☐ e) Eine Konfliktsituation ist der Generationskonflikt.

7. **Wie können Erziehungsschwierigkeiten entstehen?**

☐ a) Sie entstehen überwiegend aus Konfliktsituationen, und zwar aus dem Entscheidungskonflikt und dem Zielkonflikt.

☐ b) Nur wenn der Ausbilder versagt, entstehen Erziehungsschwierigkeiten.

☐ c) Der Ausbilder hat keinen entscheidenden Einfluß, Erziehungsschwierigkeiten entstehen ausschließlich im Elternhaus.

☐ d) Aus Frustration können keine Erziehungsschwierigkeiten entstehen.

☐ e) Erziehungsschwierigkeiten sind ausschließlich anlagebedingt.

8. **Um Erziehungsschwierigkeiten beseitigen zu können, gibt es einige Grundregeln, die der Ausbilder beachten sollte.**
   Wie lautet die logische Schrittfolge?

☐ a) Feststellen des Sachverhaltes, Ermittlung der möglichen Ursachen und Zusammenhänge, Behandlung und Lösung des Problems, Entscheidung und Maßnahmen, Erfolgskontrollen.

☐ b) Erst Ursachen ermitteln, dann Entscheidungen treffen und anschließend das Problem lösen.

☐ c) Eine Erfolgskontrolle ist nicht erforderlich, da ein Lehrling sein Verhalten nach einem gut geführten Kritikgespräch immer ändern wird.

☐ d) Nur die Behandlung und Lösung des Erziehungsproblems ist notwendig, an den Ursachen kann man ohnedies nichts mehr ändern.

☐ e) Ermittlung der möglichen Ursachen, Zusammenhänge, Behandlung und Lösung des Problems, Entscheidung und Maßnahmen, Erfolgskontrolle.

9. **Was ist Frustration?**

☐ a) Das vergebliche Bemühen, etwas Bestimmtes zu erreichen oder zu bewirken.

☐ b) Sie ist nur gegeben, wenn der Jugendliche anschließend aggressiv wird.

☐ c) Frustration entsteht nur aus Zielkonflikten.

☐ d) Frustriert können nur introvertierte Lehrlinge werden.

☐ e) Frustration ist gleichzusetzen mit Resignation.

3.7. Führungsverhalten des Ausbilders

1. Der Begriff Autorität steht in enger Verbindung mit dem Begriff Führung. Was trifft zu?

☐ a) Beliebtheit und Tüchtigkeit bestimmen die Autorität des Führenden.

☐ b) Wenn der Ausbilder beliebt ist, wird er immer von den anvertrauten Jugendlichen anerkannt.

☐ c) Wenn der Ausbilder fachlich besonders tüchtig ist, besitzt er immer Autorität.

☐ d) Führungspersönlichkeit ist stets gleichzusetzen mit Autorität.

☐ e) In der Orientierungsphase wirkt der Ausbilder als Leitbild für den Jugendlichen und ist schon dadurch anerkannte Autorität.

2. Welche der folgenden Aussagen ist falsch?
Eine Jugendgruppe ...

☐ a) kann partnerschaftlich oder autoritär geführt werden.

☐ b) kann in ihrer inneren Beziehung eine feste oder lockere Form aufweisen.

☐ c) wird von Gleichaltrigen gewählt, weil sie dort Geborgenheit suchen.

☐ d) kann bei allen Mitgliedern Gruppensolidarität bewirken.

☐ e) kennt keine Rollenkonflikte.

3. Worin besteht der wesentliche Unterschied zwischen der autoritären und der laissez-faire Führung?

☐ a) Es besteht kein wesentlicher Unterschied, beide Führungsstile sind gleich gut, man sollte sie aber in der Ausbildung möglichst nicht anwenden.

☐ b) Der autoritäre Führungsstil ist durch eine deutliche Über- und Unterordnung gekennzeichnet, durch Befehl und Gehorsam. Der laissez-faire Führungsstil läßt klare Führungsprinzipien und Führungstechniken vermissen; er ist durch eine gewisse Gleichgültigkeit der Führung gekennzeichnet, die man mit Führungsschwäche gleichsetzen kann.

☐ c) Laissez-faire Führung ist besser als autoritäre, weil sie dem Jugendlichen Entscheidungsfreiheit läßt und ihn allein dadurch zum Mitdenken anspornt.

☐ d) Nur der autoritäre Führungsstil ist in der Ausbildung zu empfehlen, weil hier hart durchgegriffen wird.

☐ e) Autoritäre Führung unterscheidet sich von der kooperativen.

4. **Wann praktiziert der Ausbilder einen partnerschaftlichen Führungsstil?**

☐ a) Wenn er alle Lehrlinge gleich behandelt.

☐ b) Wenn er die guten Lehrlinge besonders fördert, damit sich die anderen dadurch angespornt fühlen.

☐ c) Wenn er seine fachliche Überlegenheit weniger in den Vordergrund stellt.

☐ d) Wenn er funktionales Leitbild ist.

☐ e) Wenn er allen anvertrauten Lehrlingen empfiehlt, sich an seinem Verhalten zu orientieren.

5. **Wie reagieren Sie als Ausbilder auf arrogantes Verhalten eines Auszubildenden?**

☐ a) Sie begegnen ihm mit besonderer Strenge.

☐ b) Sie beachten ihn nicht mehr.

☐ c) Sie mahnen ihn in einem Kritikgespräch ab.

☐ d) Sie stellen ihm schwierige Aufgaben.

☐ e) Sie stellen ihm leichte Aufgaben, um ihn wieder für sich zu gewinnen.

6. **Wann muß der Ausbilder ein Kritikgespräch führen?**

☐ a) Immer sofort nach einem Anerkennungsgespräch.

☐ b) Wenn ein Lehrling in der Grundausbildung die Feile falsch hält.

☐ c) Immer dann, wenn die Lernleistung oder das Verhalten eines Lehrlings spürbar nicht den an ihn gestellten Anforderungen entspricht und dadurch das gesamte Ausbildungsziel gefährdet ist.

☐ d) Bei jeder geringfügigen Verhaltensstörung.

☐ e) Wenn der Lehrling an einem Tag lernunwillig ist.

7. **Wie sollen Anerkennungs- und Kritikgespräche geführt werden?**

☐ a) Die Gespräche sollen sachbezogen geführt werden, weitere Gesichtspunkte sind nicht zu beachten.

☐ b) Vor allem das Kritikgespräch soll in strenger Form durchgeführt werden, damit der Auszubildende sein Fehlverhalten auch einsieht.

☐ c) Beide Gespräche sollen unter vier Augen, sachbezogen und rechtzeitig geführt werden.

☐ d) Anerkennungsgespräche sollen persönlichkeitsbezogen geführt werden, weil sie dann besser wirken.

☐ e) Eine partnerschaftliche Atmosphäre ist nur für das Anerkennungsgespräch empfehlenswert.

8. **Das Kritikgespräch ist ein schwieriges und von beiden Gesprächspartnern unangenehm empfundenes Gespräch. Der Ausbilder sollte deshalb beim Ablauf auf bestimmte Regeln achten. Wie lautet die logisch aufgebaute Gliederung?**

- [ ] a) Gegendarstellung anhören, Kontakt schaffen und entscheiden.

- [ ] b) Kontakt schaffen, den Sachverhalt vortragen, Gegendarstellung anhören, beurteilen und entscheiden, Kontakt wieder herstellen.

- [ ] c) Eine bestimmte Reihenfolge ist nicht erforderlich, das ergibt sich von selbst aus dem Gesprächsverlauf.

- [ ] d) Einen Lehrling im Kritikgespräch anzuhören, ist nicht erforderlich, weil der Ausbilder aus seiner beruflichen Erfahrung Umfang und Ursache des Problems bereits kennt.

- [ ] e) Die Gliederung ergibt sich automatisch nach dem Einstieg.

9. **Welchen Fehler beim Üben von Kritik sollte der Ausbilder vermeiden?**

- [ ] a) Den Lehrling vor Gesellen zurechtweisen.

- [ ] b) Unter vier Augen im Büro mit dem Lehrling ein Kritikgespräch führen.

- [ ] c) Am Lehrling über einen beauftragten Gesellen Kritik üben.

- [ ] d) Zunächst versuchen, die Ursachen zu ermitteln, um anschließend ein Kritikgespräch führen zu können.

- [ ] e) Die Antworten a) und c) sind zutreffend.

10. **Welche Feststellungen sind für die gesundheitliche Betreuung des Jugendlichen zutreffend?**

- [ ] a) Der Ausbilder kann Unfälle dadurch vermeiden, daß er seinen Lehrlingen klare Arbeitsanweisungen gibt und regelmäßig Lehrgespräche über Unfallverhütung im Betrieb durchführt.

- [ ] b) Über eine sinnvoll genutzte Freizeit soll der Ausbilder mit dem Lehrling nicht sprechen, weil das den Lehrling in seiner Freiheit beeinträchtigt.

- [ ] c) Bei seiner Unterweisungstätigkeit sollte der Ausbilder unbedingt die Leistungskurve beachten, weil dann der Lehrling automatisch motiviert ist.

- [ ] d) Über- oder Unterforderung beim Lehrling sind für die gesundheitliche Betreuung unbedeutend.

- [ ] e) In Fragen der Gesundheit läßt sich ein Lehrling nicht reinreden, der Ausbilder soll ihn deshalb auch nicht zu einem gesundheitsfördernden Verhalten erziehen.

4. Rechtsgrundlagen für die Berufsbildung

4.1. Grundlegende Bestimmungen

1. Welches der nachstehenden Gesetze enthält die Verfassung der Bundesrepublik Deutschland?

- ☐ a) Bürgerliches Gesetzbuch
- ☐ b) Grundgesetz vom 23. 5. 1949
- ☐ c) Verfassungsgerichtsgesetz
- ☐ d) Verwaltungsverfahrensgesetz
- ☐ e) Strafgesetzbuch

2. Aus welchen drei Elementen besteht ein Staat?

- ☐ a) Staatsform, Staatsvolk, Staatsverwaltung
- ☐ b) Staatsgebiet, Staatsvolk, Staatsanwaltschaft
- ☐ c) Staatsgebiet, Staatsvolk, Staatsgewalt
- ☐ d) Staatsbürgerschaft, Staatsverwaltung, Staatsfinanzen
- ☐ e) Staatseigentum, Staatsflagge, Staatsvolk

3. Wie nennt man einen Staat, in dem nur eine Nation lebt?

- ☐ a) Nationalitätenstaat
- ☐ b) Nationalstaat
- ☐ c) Nationalismus
- ☐ d) Nationalmannschaft
- ☐ e) Nationalökonomie

4. Was bedeutet Demokratie?

- ☐ a) Volksherrschaft
- ☐ b) Freistaat
- ☐ c) Gleichberechtigung
- ☐ d) Herrschaft weniger Aristokraten
- ☐ e) schrankenlose Freiheit

5. **Wie untergliedert man die Grundrechte des Staatsbürgers?**

☐ a) Menschenrechte, Elternrechte, Erbrecht

☐ b) Bürgerliches Recht, Strafrecht, Verwaltungsrecht

☐ c) Freiheitsrechte, Unverletzlichkeitsrechte, soziale Grundrechte

☐ d) Asylrecht, Völkerrecht, Bundesrecht

☐ e) Kinderrechte, Elternrechte, Familienrecht

6. **Was versteht man unter „Freiheit der Berufswahl"?**

Das Recht,

☐ a) sich innerhalb eines Berufsfeldes ohne Einschränkung zu spezialisieren

☐ b) Vorschläge der Berufsberatung des Arbeitsamtes abzulehnen

☐ c) jeden Beruf ausüben zu können

☐ d) Beruf und Arbeitsplatz frei wählen zu können

☐ e) einen Beruf ohne Einhaltung gesetzlicher Bestimmungen ausüben zu können

7. **Wer ist das Staatsoberhaupt der Bundesrepublik Deutschland?**

☐ a) Der Bundesratspräsident

☐ b) Der Bundestagspräsident

☐ c) Der Bundespräsident

☐ d) Der Bundeskanzler

☐ e) Der Bundesbankpräsident

8. **Welches ist das oberste gesetzgebende Organ der Bundesrepublik Deutschland?**

☐ a) Die Bundesversammlung

☐ b) Der Reichstag

☐ c) Der Landtag

☐ d) Der Bundestag

☐ e) Der Bundesgerichtshof

9. **Welche Funktion hat der Bundesrat?**

☐ a) Er beschließt die Bundesgesetze

☐ b) Er kontrolliert die Bundesregierung

☐ c) Er wählt den Bundeskanzler

☐ d) Er wirkt an der Gesetzgebung und Verwaltung des Bundes mit

☐ e) Er wählt den Bundespräsidenten

10. Wer ist der Chef der Bundesregierung?

☐ a) Der Bundeskanzler

☐ b) Der Bundespräsident

☐ c) Der Ministerpräsident

☐ d) Der Bundesratspräsident

☐ e) Der Bundestagspräsident

11. Welches ist nach dem Berufsbildungsgesetz die zuständige Stelle für die Berufsausbildung im Handwerk?

☐ a) Die Innung

☐ b) Die Kreishandwerkerschaft

☐ c) Die Handwerkskammer

☐ d) Der Landrat

☐ e) Die Industrie- und Handelskammer

12. Welche Eigenart hat das Berufsausbildungsverhältnis?

☐ a) Es ist ein reines Arbeitsverhältnis

☐ b) Es ist ein rein öffentlich-rechtliches Verhältnis, wie die Überwachung durch die Handwerkskammer zeigt

☐ c) Es ist ein Arbeitsrechtsverhältnis mit erziehungsrechtlichem (= öffentlich-rechtlichem) Einschlag

☐ d) Es ist ein gemischt öffentlich-rechtliches und privat-rechtliches Verhältnis

☐ e) Das Berufsausbildungsverhältnis kann wegen seiner vielen Besonderheiten rechtlich nicht eingeordnet werden

13. Der Ausbildungsvertrag darf nicht enthalten:

☐ a) Vereinbarung, daß der Lehrling nach Beendigung der Berufsausbildung drei Jahre im Betrieb weiterarbeiten muß

☐ b) Sachliche und zeitliche Gliederung der Berufsausbildung

☐ c) Vergütungsregelung

☐ d) Dauer des Urlaubs

☐ e) Voraussetzungen, unter denen das Berufsausbildungsverhältnis gekündigt werden kann

14. Was gehört nicht zu den wesentlichen Pflichten des Ausbildenden?

- [ ] a) Den Lehrling charakterlich zu fördern
- [ ] b) Darauf zu achten, daß der Lehrling äußerlich immer einen gepflegten Eindruck macht
- [ ] c) Den Lehrling zum Berufsschulunterricht und zur Führung der Berichtshefte anzuhalten
- [ ] d) Dem Lehrling eine angemessene Vergütung zu zahlen
- [ ] e) Dem Lehrling kostenlos alle Ausbildungsmittel zur Verfügung zu stellen

15. Wie lange muß der Ausbildende die Vergütung fortzahlen, wenn der Lehrling krank ist?

- [ ] a) 14 Tage
- [ ] b) 4 Wochen
- [ ] c) 6 Wochen
- [ ] d) 8 Wochen
- [ ] e) überhaupt nicht, weil der Ausbildende die Krankheit der Lehrlings nicht zu vertreten hat

16. Welche der nachfolgenden Tätigkeiten gehört zu den Pflichten des Lehrlings?

- [ ] a) Pflege der von ihm benutzten Werkzeuge und Maschinen
- [ ] b) Pflege der Werkhalle, in der die Ausbildung stattfindet
- [ ] c) Pflege des Autos, das der Ausbildende dienstlich benutzt
- [ ] d) Pflege der von den Gesellen benutzten Werkzeuge
- [ ] e) Aufräumen der von allen benutzten Pausenräume

17. Was gilt für die Probezeit im Ausbildungsverhältnis?

- [ ] a) Sie muß mindestens 1 Monat und darf höchstens 3 Monate dauern
- [ ] b) Sie braucht nicht vereinbart zu werden
- [ ] c) Sie kann ein halbes Jahr dauern
- [ ] d) Sie verlängert sich automatisch um den Zeitraum von Fehlzeiten
- [ ] e) Der Ausbildende kann auf die Vereinbarung der Probezeit einseitig verzichten

18. Wann darf der Auszubildende den Berufsausbildungsvertrag ohne weiteres auflösen?

- [ ] a) Während der ersten drei Monate
- [ ] b) Während der vereinbarten Probezeit
- [ ] c) Wenn der Ausbildende den Urlaub nicht während der Zeit gewährt, die der Lehrling wünscht
- [ ] d) Wenn er während der Ausbildungszeit erkrankt
- [ ] e) Wenn er die Ausbildungsvergütung für zu niedrig hält

19. Wann ist eine Kündigung des Berufsausbildungsverhältnisses aus wichtigem Grund unwirksam?

- [ ] a) Wenn sie nur mündlich ausgesprochen wird
- [ ] b) Wenn sie ohne Einhaltung der Kündigungsfrist erfolgt
- [ ] c) Wenn die Tatsachen, die der Kündigung zugrunde liegen, dem zur Kündigung Berechtigten länger als eine Woche bekannt sind
- [ ] d) Wenn sie bei Minderjährigen gegenüber den gesetzlichen Vertretern erfolgt
- [ ] e) Wenn das Kündigungsschreiben länger als drei Seiten ist, weil es dadurch unverständlich wird

20. Wann kann der Ausbildende oder der Auszubildende Schadenersatz bei vorzeitiger Lösung des Berufsausbildungsverhältnisses nach Ablauf der Probezeit verlangen?

- [ ] a) Wenn der andere den Grund für die Auflösung zu vertreten hat; dies gilt nicht, wenn der Auszubildende die Berufsausbildung aufgibt oder sich für eine andere Berufstätigkeit ausbilden lassen will
- [ ] b) Wenn der Ausbildende seinen Betrieb aufgibt und für den Auszubildenden keinen Ausbildungsplatz für seine weitere Berufsausbildung findet
- [ ] c) Wenn der Auszubildende die Berufsausbildung aufgibt oder sich für eine andere Berufstätigkeit ausbilden lassen will
- [ ] d) Wenn im Berufsausbildungsvertrag eine diesbezügliche Vereinbarung getroffen wurde
- [ ] e) Schadenersatzpflicht besteht nicht

21. Müssen alle Ausbildungsstreitigkeiten erst vor dem Ausschuß für Lehrlingsstreitigkeiten der zuständigen Innung verhandelt werden?

- [ ] a) Nur wenn der Ausbildungsbetrieb Innungsmitglied ist
- [ ] b) Nur wenn es sich um eine Streitigkeit aus einem bestehenden Ausbildungsverhältnis handelt

☐ c) Nur, wenn beide Parteien zustimmen

☐ d) Nur, wenn der Lehrling zustimmt

☐ e) Nur, wenn der Ausbildende zustimmt

22. Wird der Auszubildende nach bestandener Gesellenprüfung stillschweigend weiterbeschäftigt, so

☐ a) gilt ein Arbeitsverhältnis auf unbestimmte Zeit als begründet

☐ b) darf der Betrieb zunächst noch bis zum Ende der vereinbarten Ausbildungszeit die Ausbildungsvergütung (statt Gesellenlohn) fortzahlen

☐ c) kann der Betrieb mit einer Frist von 4 Wochen kündigen

☐ d) kann der Betrieb mit einer Frist von 6 Wochen kündigen

☐ e) kann der Betrieb innerhalb eines Jahres nicht mehr kündigen

23. Wer kann den Antrag auf vorzeitige Zulassung zur Gesellenprüfung stellen?

☐ a) Der Berufsschullehrer

☐ b) Der Lehrling, aber nur mit Zustimmung des Ausbildenden

☐ c) Der Lehrling

☐ d) Der Ausbildende, aber nur mit Zustimmung des Lehrlingswartes

☐ e) Der Lehrling, aber nur mit Zustimmung des Lehrlingswartes

24. Sind Zwischenprüfungen wichtig?

☐ a) Nein, denn das Ergebnis hat keinen Einfluß auf das Ausbildungsverhältnis

☐ b) Ja, sie zeigen den Leistungsstand und geben einen ersten Überblick über Erfolge oder Versäumnisse der Ausbildung

☐ c) Ja, denn ohne bestandene Zwischenprüfung wird man nicht zur Gesellenprüfung zugelassen

☐ d) Ja, denn bei nicht bestandener Zwischenprüfung kann der Ausbildende ohne Angabe von Gründen kündigen

☐ e) Ja, denn bei nicht bestandener Zwischenprüfung kann der Ausbildende die Ausbildungsvergütung kürzen

25. In der Gesellenprüfung werden gewertet

☐ a) die Leistungen in der Berufsschule

☐ b) die Leistungen während der Prüfung

☐ c) die Berichtshefte

☐ d) die betrieblichen Leistungen

☐ e) die überbetrieblichen Leistungen

26. Wie sind die Gesellenprüfungsausschüsse besetzt?

☐ a) Mit mindestens fünf Mitgliedern

☐ b) Mit mindestens vier Mitgliedern

☐ c) Mit mindestens sechs Mitgliedern

☐ d) Mit einer gleichen Anzahl von selbständigen Handwerkern und Gesellen sowie mindestens einem Berufsschullehrer

☐ e) Mit einer gleichen Anzahl von selbständigen Handwerkern, Gesellen und Berufsschullehrern

27. Wer berät die Bundesregierung in grundsätzlichen Fragen der Berufsbildung?

☐ a) Die Handwerkskammern

☐ b) Das Bundesinstitut für Berufsbildung

☐ c) Der Bundesrat

☐ d) Der Deutsche Industrie- und Handelstag (DIHT)

☐ e) Der Deutsche Handwerkskammertag (DHKT)

28. Auf welcher Ebene gibt es keinen Berufsbildungsausschuß mit beratenden Funktionen?

☐ a) Auf Innungsebene

☐ b) Auf Kammerebene

☐ c) Auf Landesebene

☐ d) Auf Bundesebene

☐ e) Auf EG-Ebene

29. Das Berufsausbildungsverhältnis muß in die Lehrlingsrolle eingetragen werden,

☐ a) wenn der Ausbildende eine einschlägige Meisterprüfung abgelegt hat

☐ b) wenn der Ausbildende einen Ingenieurtitel besitzt und eine Ausbilder-Eingungsprüfung abgelegt hat

☐ c) wenn der Aubildende nicht nur fachlich, sondern auch persönlich geeignet ist und auch die Ausbildungsstätte den Anforderungen entspricht

☐ d) wenn der Ausbildende zwar selbst nicht fachlich geeignet ist, aber einen fachlich geeigneten Ausbilder bestellt

☐ e) wenn der Ausbildende Mitglied der Innung ist

30. **Unter welchen Voraussetzungen darf der Ausbildungsberater in den Ausbildungsbetrieb kommen?**

☐ a) Unangemeldet, unaufgefordert und auch gegen den Willen des Ausbildenden

☐ b) Nur angemeldet oder vom Ausbildenden aufgefordert

☐ c) Vom Lehrling aufgefordert, aber nur mit Zustimmung des Ausbildenden

☐ d) Vom Lehrling aufgefordert, aber nur mit Zustimmung des Lehrlingswartes

☐ e) Unangemeldet, unaufgefordert, aber nur in Begleitung des Berufsschullehrers

4.2. Für die Berufsausbildung wesentliche Bestimmungen des Arbeits- und Sozialrechts

1. **Darf ein Lehrling auf eigenen Wunsch hin im Akkord beschäftigt werden?**

☐ a) Er soll in Ruhe ausgebildet werden; er darf seine Arbeitskraft nicht im Sinne eines Austausches von Leistung und Gegenleistung verkaufen

☐ b) Wenn die Erziehungsberechtigten zustimmen

☐ c) Ja, denn im Akkord lernt er die Ernstsituation seines künftigen Berufes am besten kennen

☐ d) Ja, wenn der Ausbildende dies für erforderlich hält

☐ e) Ja, denn der Lehrling weiß am besten, was für ihn gut ist

2. **Für welche Betriebe sieht das Betriebsverfassungsgesetz eine Jugend- und Auszubildendenvertretung vor?**

☐ a) In allen Betrieben

☐ b) Wenn mindestens 10 Arbeitnehmer beschäftigt werden

☐ c) Wenn in der Regel mindestens fünf unter 18 Jahre alte Arbeitnehmer oder unter 25 Jahre alte Lehrlinge beschäftigt werden

☐ d) Wenn mindestens 10 Lehrlinge beschäftigt werden

☐ e) Wenn unter 18 Jahre alte Arbeitnehmer und unter 25 Jahre alte Lehrlinge in gleicher Anzahl beschäftigt werden

3. **Muß ein Lehrling, der Jugend- und Auszubildendenvertreter war, nach Beendigung des Ausbildungsverhältnisses weiter beschäftigt werden?**

☐ a) Ja, auf sein Verlangen

☐ b) Ja, auch wenn dies für den Arbeitgeber nicht zumutbar ist

☐ c) Nein, ein Jugend- und Auszubildendenvertreter genießt im Gegensatz zu erwachsenen Betriebsratsmitgliedern keinerlei Schutz

☐ d) Ja, aber nur mit Zustimmung der zuständigen Gewerkschaft

☐ e) Ja, aber nur, wenn vorher die Handwerkskammer gehört wurde

4. Können Ausbildungsvergütungen tarifvertraglich festgelegt werden?

☐ a) Nein, welche Vergütung angemessen ist, setzt die Handwerkskammer fest

☐ b) Nein, es gelten die Empfehlungen der Arbeitgeberverbände

☐ c) Ja, es können tarifvertragliche Regelungen getroffen werden

☐ d) Nein, für Ausbildungsvergütungen ist ausschließlich der Bundesarbeitsminister zuständig

☐ e) Nein, Tarifverträge gelten grundsätzlich nicht für Lehrlinge

5. Warum ist die Berufsberatung durch das Arbeitsamt sinnvoll?

☐ a) Weil dadurch Nachwuchsmangel in bestimmten Wirtschaftszweigen beseitigt werden kann

☐ b) Weil die Jugendlichen über ihre persönliche Eignung und über Berufschancen neutral beraten werden und so zu einer echten Berufswahl kommen; vor schlechten Ausbildungsbetrieben werden sie gewarnt

☐ c) Weil nur der psychologische Beratungsdienst des Arbeitsamtes erkennen kann, für welchen Beruf sich ein Jugendlicher eignet

☐ d) Weil das Arbeitsamt auch bestimmt, wo man nach Abschluß der Berufsausbildung beschäftigt wird.

☐ e) Weil Berufswahl und Berufslenkung nicht voneinander zu trennen sind

6. Welche Absichten verfolgt der Gesetzgeber mit dem Jugendarbeitsschutzgesetz?

☐ a) Eine Überforderung der Jugendlichen durch übermäßigen Arbeitseinsatz soll verhindert werden

☐ b) Gefährdung der Produktion durch fachlich unqualifizierte Jugendliche sollen ausgeschlossen werden

☐ c) Der Jugendliche soll seine Arbeitskraft auch in der Freizeit schützen und sie nicht durch übermäßigen Alkoholgenuß o.ä. gefährden

☐ d) Der Jugendliche soll so spät wie möglich mit der Ernstsituation des Arbeitsalltags vertraut gemacht werden

☐ e) Der Jugendliche soll so lange wie möglich allgemeinbildende Schulen besuchen

7. Das Jugendarbeitsschutzgesetz gilt

☐ a) für Lehrlinge, Praktikanten und Volontäre, die noch nicht 18 Jahre alt sind

☐ b) für Arbeiter und Angestellte, die noch nicht 21 Jahre alt sind

☐ c) für Schüler in allgemeinbildenden Schulen, die noch nicht 16 Jahre alt sind

☐ d) für Schüler an Fachoberschulen, die noch nicht 20 Jahre alt sind

☐ e) zum Schutz der Jugendlichen in der Öffentlichkeit

8. Wer ist Jugendlicher im Sinne des Gesetzes?

☐ a) Wer nicht mehr Kind ist und das 22. Lebensjahr noch nicht vollendet hat

☐ b) Wer nicht mehr Kind ist und das 21. Lebensjahr noch nicht vollendet hat

☐ c) Wer nicht mehr Kind ist und das 20. Lebensjahr noch nicht vollendet hat

☐ d) Wer nicht mehr Kind ist und das 19. Lebensjahr noch nicht vollendet hat

☐ e) Wer nicht mehr Kind ist und das 18. Lebensjahr noch nicht vollendet hat

9. Wer ist Kind im Sinne des Gesetzes?

☐ a) Wer noch nicht 14 Jahre alt ist

☐ b) Wer noch nicht 15 Jahre alt ist

☐ c) Wer noch nicht 16 Jahre alt ist

☐ d) Wer noch nicht 16½ Jahre alt ist

☐ e) Wer noch nicht 17 Jahre alt ist

10. Was wissen Sie über die zulässige Dauer der Beschäftigungszeit?

☐ a) Von dem Grundsatz: 8-Stunden-Tag und 40-Stunden-Woche gibt es zum Schutze der Jugendlichen keine Ausnahmen

☐ b) Jugendliche dürfen freitags früher entlassen und dafür montags bis donnerstags 8½ Stunden beschäftigt werden

☐ c) Jugendliche über 17 Jahre dürfen bis zu 48 Stunden in der Woche arbeiten

☐ d) Wenn Jugendliche freitags früher entlassen werden, dürfen sie am Montag auch 9 Stunden arbeiten

☐ e) Jugendliche über 16 Jahre dürfen bis zu 45 Stunden in der Woche arbeiten

11. Gibt es Bestimmungen über die Dauer der Ruhepausen?

☐ a) Die Dauer der Pausen ist den Betrieben freigestellt

☐ b) Die Dauer der Pausen kann im Berufausbildungsvertrag individuell vereinbart werden

☐ c) Bei einer Arbeitszeit von mehr als 6 Stunden müssen die Ruhepausen mindestens 45 Minuten betragen

☐ d) Bei einer Arbeitszeit von viereinhalb bis zu sechs Stunden müssen die Ruhepausen mindestens 30 Minuten und bei längerer Arbeitszeit 60 Minuten betragen

☐ e) Die Pausen müssen unmittelbar am Anfang oder am Ende der Arbeitszeit liegen, damit der Arbeitsprozeß nicht unnötig unterbrochen wird

12. Hat der Jugendliche Anspruch auf zusammenhängenden Urlaub?

☐ a) Der Arbeitgeber ist berechtigt, den Urlaub abschnittsweise zu geben, wenn die Auftragslage des Betriebes dies erforderlich macht

☐ b) Der Urlaub soll zusammenhängend gegeben werden

☐ c) Der Urlaub soll möglichst zu Beginn des Schuljahres gegeben werden, damit Versäumtes dann besser nachgeholt werden kann

☐ d) Der Urlaub soll abschnittsweise gegeben werden, da sonst eine kontinuierliche Ausbildung nicht gewährleistet ist

☐ e) Der Urlaub soll zusammenhängend gegeben werden, aber auf keinen Fall während der Berufsschulferien

13. Welche der folgenden Bestimmungen über die gesundheitliche Betreuung sind zutreffend?

☐ a) Spätestens bis zum Ende der Probezeit muß der Jugendliche die Bescheinigung über eine ärztliche Untersuchung vorlegen

☐ b) Vor Beginn der Beschäftigung hat der Jugendliche die Bescheinigung über eine ärztliche Untersuchung vorzulegen

☐ c) Vor Ablauf des zweiten Beschäftigungsjahres hat der Jugendliche sich einer Nachuntersuchung zu unterziehen

☐ d) Die Bescheinigung über eine ärztliche Untersuchung darf nicht älter als 6 Monate sein

☐ e) Auf eine Nachuntersuchung kann im Einvernehmen mit der Handwerkskammer verzichtet werden

4.3. Rechtliche Beziehungen zwischen dem Ausbildenden, dem Ausbilder und dem Lehrling (Auszubildenden)

1. Wer darf Lehrlinge einstellen?

☐ a) Wer persönlich geeignet ist

☐ b) Wer sich für einen guten Ausbilder hält

☐ c) Wer fachlich geeignet ist

☐ d) Wer mindestens fünf Gesellen beschäftigt

☐ e) Wer Innungsmitglied ist

2. Darf ein Handwerksbetrieb, der in der Form einer GmbH betrieben wird, Lehrlinge einstellen?

☐ a) Nein, eine juristische Person kann nicht persönlich oder fachlich geeignet sein

☐ b) Ja, eine GmbH kann in der Person ihres Geschäftsführers die persönliche Eignung nachweisen

☐ c) Nein, eine GmbH darf keinen Meister als Ausbilder einstellen, kann also nie fachlich geeignet sein

☐ d) Ja, weil eine GmbH durch das Stammkapital die Zahlung der Ausbildungs- vergütung sicherstellt

☐ e) Ja, wenn der Geschäftsführer mindestens 40 Jahre alt ist

3. Wer besitzt die Ausbildungsbefugnis?

☐ a) Wer persönlich und fachlich geeignet ist und das 24. Lebensjahr vollendet hat

☐ b) Wer fachlich geeignet ist und das 24. Lebensjahr vollendet hat

☐ c) Jeder 24 Jahre alte Ingenieur oder Handwerksmeister

☐ d) Wer persönlich geeignet ist und das 24. Lebensjahr vollendet hat

☐ e) Wer mindestens 15 Jahre in seinem Betrieb praktisch tätig ist

4. Welche Rolle spielt der vom ausbildenden Betrieb bestellte Ausbilder?

☐ a) Der bestellte Ausbilder trägt die ausschließliche Verantwortung für die Ausbildung

☐ b) Der Ausbilder tut nur, was der ausbildende Betrieb ihm vorschreibt

☐ c) Der Ausbilder ist Erfüllungsgehilfe des Einstellungsbetriebes und nimmt bei der Ausbildung zugleich höchst persönliche Unterweisungs- und Erzie- hungspflichten wahr

☐ d) Der Ausbilder hat gegen jede Anweisung des Ausbildenden ein Veto-Recht

☐ e) Der bestellte Ausbilder trägt die Verantwortung nur bis zur Zwischen-prüfung, danach ist der Ausbildende zuständig

5. **Was kann der angestellte Ausbilder gegen betriebliche Ausbildungsmängel tun?**

☐ a) Er kann dem Ausbildenden Weisungen erteilen

☐ b) Er kann die Handwerkskammer benachrichtigen

☐ c) Er kann die Ausbildung einfach einstellen

☐ d) Er kann nichts gegen die Mängel unternehmen

☐ e) Er kann wegen der betrieblichen Ausbildungsmängel fristlos kündigen

RICHTIGE ANTWORTEN

Berufs- und arbeitspädagogische Kenntnisse

1. Grundfragen der Berufsbildung

1.0. Aufgaben und Ziele der Berufsbildung

1.	c	5.	c	9.	c
2.	d	6.	b	10.	d
3.	b	7.	b	11.	a
4.	b	8.	b		

1.1. Betriebe, überbetriebliche Ausbildungsmaßnahmen und berufliche Schulen als Ausbildungsstätten

1. e
2. a

1.2. Aufgabe, Stellung und Verantwortung des Ausbildenden und Ausbilders

1.	b	5.	c
2.	b	6.	c
3.	e	7.	c
4.	b		

2. Planung und Durchführung der Ausbildung

2.0. Zielsetzung

1. b
2. b

2.1. Der Ausbilder – entscheidender Träger der Berufsausbildung

1. c
2. d

2.2. Der Auszubildende – der Lehrling

1. a
2. c

2.3. Ausbildungsinhalte

1. b
2. d

2.4. Die betriebliche Ausbildungsplanung

1. a	4. b
2. a	5. d
3. a	6. d

2.5. Lernen in der Ausbildung

1. c	7. d	13. b
2. c	8. c	14. d
3. a	9. e	15. e
4. d	10. d	16. a
5. a	11. b	17. e
6. c	12. c	18. d

2.6. Das Lehren in der betrieblichen Ausbildung

1. b	6. a	11. c	16. d
2. b	7. a	12. a	17. b
3. a	8. d	13. b	18. a
4. e	9. e	14. b	19. e
5. c	10. b	15. e	20. d

3. Der Jugendliche in der Ausbildung

3.0. Zielsetzung
1. c
2. b
3. c

3.1. Mensch und Umwelt
1. b	4. e
2. a	5. a
3. a	

3.2. Das Wirken der Umwelteinflüsse auf den Jugendlichen
1. a	4. c	7. c
2. a	5. a	8. a
3. b	6. d	

3.3. Der Jugendliche im Entwicklungsprozeß
1. d	3. b	5. c
2. a	4. b	6. a

3.4. Jugend und Gesellschaft
1. b
2. e

3.5. Gruppenverhalten von Jugendlichen
1. d	4. a
2. b	5. c
3. c	

3.6. Führung und Betreuung von Jugendlichen
1. b	4. d	7. a
2. b	5. a	8. a
3. b	6. a	9. a

3.7. Führungsverhalten des Ausbilders
1. a	5. d	9. e
2. e	6. c	10. a
3. b	7. c	
4. c	8. b	

4. Rechtsgrundlagen für die Berufsbildung

4.1. Grundlegende Bestimmungen

1. b	9. d	17. a	25. b
2. c	10. a	18. b	26. d
3. b	11. c	19. a	27. b
4. a	12. c	20. a	28. e
5. c	13. a	21. b	29. c
6. d	14. b	22. a	30. a
7. c	15. c	23. c	
8. d	16. a	24. b	

4.2. Für die Berufsausbildung wesentliche Bestimmungen des Arbeits- und Sozialrechts

1. a	5. b	9. a	13. b
2. c	6. a	10. b	
3. a	7. a	11. d	
4. c	8. e	12. b	

4.3. Rechtliche Beziehungen zwischen dem Ausbildenden, dem Ausbilder und dem Lehrling (Auszubildenden)

1. a	3. a	5. b
2. b	4. c	

Anlage A zu dem Gesetz zur Ordnung des Handwerks
– Handwerksordnung –

Verzeichnis der Gewerbe, die als Handwerk betrieben werden können
(§ 1 Abs. 2)

Nr.

I. Gruppe der Bau- und Ausbaugewerbe

1 Maurer
2 Beton- und Stahlbetonbauer
3 Feuerungs- und Schornstein-
  bauer
4 Backofenbauer
5 Zimmerer
6 Dachdecker
7 Straßenbauer
8 Wärme-, Kälte- und
  Schallschutzisolierer
9 Fliesen-, Platten- und
  Mosaikleger
10 Betonstein- und Terrazzohersteller
11 Estrichleger
12 Brunnenbauer
13 Steinmetzen und Steinbildhauer
14 Stukkateure
15 Maler und Lackierer
16 Kachelofen- und
   Luftheizungsbauer
17 Schornsteinfeger

II. Gruppe der Elektro- und Metallgewerbe

18 Metallbauer
19 Chirurgiemechaniker
20 Karosserie- und Fahrzeugbauer
21 Maschinenbaumechaniker
22 Werkzeugmacher
23 Dreher
24 Zweiradmechaniker
24a Kälteanlagenbauer
25 Büroinformationselektroniker
26 Kraftfahrzeugmechaniker
27 Kraftfahrzeugelektriker

Nr.

28 Landmaschinenmechaniker
29 Feinmechaniker
30 Büchsenmacher
31 Klempner
32 Gas- und Wasserinstallateure
33 Zentralheizungs- und
   Lüftungsbauer
34 Kupferschmiede
35 Elektroinstallateure
36 Elektromechaniker
37 Fernmeldeanlagenelektroniker
38 Elektromaschinenbauer
39 Radio- und Fernsehtechniker
40 Uhrmacher
41 Graveure
42 Ziseleure
43 Galvaniseure und Metallschleifer
44 Gürtler und Metalldrücker
45 Zinngießer
46 Metallformer und Metallgießer
47 Glockengießer
48 Schneidwerkzeugmechaniker
49 Goldschmiede
50 Silberschmiede
51 Gold-, Silber- und
   Aluminiumschläger

III. Gruppe der Holzgewerbe

52 Tischler
53 Parkettleger
54 Rolladen- und Jalousiebauer
55 Bootsbauer
56 Schiffbauer
57 Modellbauer
58 Wagner
59 Drechsler (Elfenbeinschnitzer)

Nr.

60 Schirmmacher
61 Holzbildhauer
62 Böttcher
63 Bürsten- und Pinselmacher
64 Korbmacher

IV. Gruppe der Bekleidungs-, Textil- und Ledergewerbe

65 Herrenschneider
66 Damenschneider
67 Wäscheschneider
68 Sticker
69 Stricker
70 Modisten
71 Weber
72 Seiler
73 Segelmacher
74 Kürschner
75 Hut- und Mützenmacher
76 Handschuhmacher
77 Schuhmacher
79 Gerber
80 Sattler
81 Feintäschner
82 Raumausstatter

V. Gruppe der Nahrungsmittelgewerbe

83 Bäcker
84 Konditoren
85 Fleischer
86 Müller
87 Brauer und Mälzer
88 Weinküfer

VI. Gruppe der Gewerbe für Gesundheits- und Körperpflege sowie der chemischen und Reinigungsgewerbe

89 Augenoptiker
90 Hörgeräteakustiker
91 Orthopädiemechaniker und Bandagisten

Nr.

93 Orthopädieschuhmacher
94 Zahntechniker
95 Friseure
96 Textilreiniger
97 Wachszieher
99 Gebäudereiniger

VII. Gruppe der Glas-, Papier-, keramischen und sonstigen Gewerbe

100 Glaser
101 Glasveredler
102 Feinoptiker
103 Glasapparatebauer
103a Thermometermacher
104 Glas- und Porzellanmaler
105 Edelsteinschleifer
105a Edelsteingraveure
106 Fotografen
107 Buchbinder
108 Buchdrucker: Schriftsetzer; Drucker
109 Steindrucker
110 Siebdrucker
111 Flexografen
112 Chemigrafen
113 Stereotypeure
114 Galvanoplastiker
115 Keramiker
116 Orgel- und Harmoniumbauer
117 Klavier- und Cembalobauer
118 Handzuginstrumentenmacher
119 Geigenbauer
119a Bogenmacher
120 Metallblasinstrumenten- und Schlagzeugmacher
121 Holzblasinstrumentenmacher
122 Zupfinstrumentenmacher
123 Vergolder
124 Schilder- und Lichtreklamehersteller
125 Vulkaniseure und Reifenmechaniker

Zuordnung der Ausbildungsberufe
zu einem Berufsfeld
gemäß §2 Abs.1 der
Berufsgrundbildungsjahr-Anrechnungs-Verordnung

I. Berufsfeld: Wirtschaft und Verwaltung

A. Schwerpunkt: Absatzwirtschaft und Kundenberatung

1. Bankkaufmann
2. Buchhändler
3. Einzelhandelskaufmann
4. Fachkaufmann im Radiohandel
5. Kaufmann im Eisenbahn- und Straßenverkehr
6. Kaufmann im Groß- und Außenhandel
7. Kaufmann in der Grundstücks- und Wohnungswirtschaft
8. Kaufmann im Zeitungs- und Zeitschriftenverlag
9. Kaufmannsgehilfe im Hotel- und Gaststättengewerbe
10. Luftverkehrskaufmann
11. Musikalienhändler
12. Reiseverkehrskaufmann
13. Schiffahrtskaufmann
14. Speditionskaufmann
15. Tankwart
16. Verkäufer(in)
17. Versicherungskaufmann
18. Werbekaufmann

B. Schwerpunkt: Bürowirtschaft und kaufmännische Verwaltung

1. Bürogehilfin
2. Bürokaufmann
3. Datenverarbeitungskaufmann
4. Industriekaufmann
5. Seegüterkontrolleur
6. Werkgehilfin (Schmuckwarenindustrie, Taschen- und Armbanduhren)
7. Zahnlagerist

II. Berufsfeld: Metalltechnik

A. Schwerpunkt: Fertigungs- und spanende Bearbeitungstechnik

1. Aufbereiter im Bergbau
2. Automateneinrichter
3. Bergmechaniker
4. Betriebsschlosser
5. Bohrer
6. Bohrwerkdreher
7. Büchsenmacher
8. Chirurgiemechaniker/Industrie
9. Chirurgiemechaniker/Handwerk
10. Drahtwarenmacher
11. Drahtzieher
12. Dreher (Eisen und Stahl)
13. Dreher/Handwerk
14. Federmacher
15. Feinmechaniker/Industrie
16. Feinmechaniker/Handwerk
17. Feinoptiker
18. Flugtriebwerkmechaniker
19. Flugzeugmechaniker
20. Fräser
21. Hobler
22. Kunststoffschlosser
23. Maschinenbauer (Mühlenbauer)
24. Maschinenschlosser
25. Mechaniker/Industrie
26. Mechaniker (Nähmaschinen-, Zweiradmechaniker)
27. Messerschmied
28. Metallschleifer
29. Modellschlosser
30. Prägewalzengraveur
31. Revolverdreher
32. Scherenmonteur
33. Schleifer
34. Schloß- und Schlüsselmacher
35. Stahlformenbauer
36. Stahlgraveur
37. Systemmacher (Gewehr)
38. Technischer Zeichner
39. Universalfräser
40. Universalhärter
41. Universalhobler
42. Universalschleifer
43. Verpackungsmittelmechaniker
44. Walzendreher
45. Werkzeugmacher/Industrie
46. Werkzeugmacher/Handwerk

B. Schwerpunkt: Installations- und Metallbautechnik

1. Bauschlosser
2. Blechschlosser
3. Feinblechner
4. Gas- und Wasserinstallateur
5. Hochdruckrohrschlosser
6. Hüttenfacharbeiter
7. Kälteanlagenbauer
8. Kessel- und Behälterbauer
9. Klempner (Kühlerhersteller, Kühlerreparateure)

10. Kupferschmied Industrie
11. Kupferschmied/Handwerk
12. Metallflugzeugbauer
13. Rohrinstallateur
14. Rolladen- und Jalousiebauer
15. Rohrnetzbauer
16. Schalenschmied
    (Kupferhammerschmied)
17. Schiffbauer/Industrie

18. Schiffbauer/Handwerk
19. Schlosser (Blitzableiterbauer)
20. Schmelzschweißer
21. Schmied/Industrie
22. Schmied/Handwerk
23. Stahlbauschlosser
24. Zentralheizungs-
    und Lüftungsbauer

C. Schwerpunkt: Kraftfahrzeugtechnik

1. Karosseriebauer
2. Kraftfahrzeugelektriker
3. Kraftfahrzeugmechaniker
4. Kraftfahrzeugschlosser
   (Instandsetzung)

5. Landmaschinenmechaniker
6. Mechaniker
   (Nähmaschinen-,
   Zweiradmechaniker)
7. Vulkaniseur

III. Berufsfeld: Elektrotechnik

1. Büromaschinenmechaniker
2. Elektroanlageninstallateur
3. Elektrogerätemechaniker
4. Elektroinstallateur
5. Elektromaschinenbauer
6. Elektromaschinenmonteur
7. Elektromaschinenwickler
8. Elektromechaniker
9. Energieanlagenelektroniker
10. Energiegeräteelektroniker

11. Feingeräteelektroniker
12. Fernmeldeelektroniker
13. Fernmeldeinstallateur
14. Fernmeldemechaniker
15. Funkelektroniker
16. Informationselektroniker
17. Meß- und Regelmechaniker
18. Nachrichtengerätemechaniker
19. Radio- und Fernsehtechniker
20. Wärmestellengehilfe

IV. Berufsfeld: Bautechnik

1. Ausbaufacharbeiter
2. Backofenbauer
3. Baustoffprüfer

4. Bauzeichner
5. Beton- und Stahlbetonbauer
6. Betonstein- u. Terrazzohersteller

7. Betonwerker
8. Brunnenbauer
9. Dachdecker
10. Estrichleger
11. Feuerungs-
    und Schornsteinbauer
12. Fliesen-, Platten-
    und Mosaikleger
13. Gleisbauer
14. Hochbaufacharbeiter
15. Isoliermonteur

16. Kanalbauer
17. Klebeabdichter
18. Maurer
19. Rohrleitungsbauer
20. Straßenbauer
21. Stukkateur
22. Tiefbaufacharbeiter
23. Trockenbaumonteur
24. Wärme-, Kälte- und Schall-
    schutzisolierer (Isoliermonteur)
25. Zimmerer *BGJ'Schule*

wird voll angerechnet
,, gleich 2. Jahr bezahlt
BGJ'Schule im 1. Jahr

V. Berufsfeld: Holztechnik

1. Böttcher
2. Bootsbauer/Handwerk
3. Fahrzeugstellmacher
4. Holzflugzeugbauer
5. Holzmechaniker

6. Modellbauer
7. Modelltischler
8. Schiffszimmerer
9. Tischler *BGJ -Schule*
10. Wagner

VI. Berufsfeld: Textiltechnik und Bekleidung

1. Bekleidungsfertiger
2. Bekleidungsschneider
3. Damenschneider

4. Herrenschneider
5. Modistin
6. Wäscheschneider

VII. Berufsfeld: Chemie, Physik und Biologie

A. Schwerpunkt: Laboratoriumstechnik

1. Biologielaborant
2. Chemielaborant
3. Chemielaborjungwerker
4. Edelmetallprüfer
5. Lacklaborant

6. Physiklaborant
7. Textillaborant
   (Chemisch-technisch)
8. Werkstoffprüfer

B. Schwerpunkt: Produktionstechnik

1. Chemiebetriebsjungwerker
2. Chemiefacharbeiter
3. Galvaniseur

4. Stoffprüfer (Chemie)
   (Glas-, Keramische Industrie
   sowie Steine und Erden)

VIII. Berufsfeld: Drucktechnik

A. Schwerpunkt: Druckvorlagen und Druckformherstellung

1. Chemigraf
2. Druckformhersteller
3. Druckvorlagenhersteller
4. Flexograf
5. Formstecher

6. Notenstecher
7. Reprograf
8. Schriftsetzer
9. Stempelmacher
10. Stereotypeur

B. Schwerpunkt: Drucktechnik und Druckverarbeitung / Buchbinderei

1. Buchbinder
2. Drucker
3. Siebdrucker

4. Steindrucker
5. Tapetendrucker

IX: Berufsfeld: Farbtechnik und Raumgestaltung

1. Fahrzeugpolsterer
2. Lackierer (Holz und Metall)
3. Maler und Lackierer
4. Parkettleger
5. Polsterer
6. Raumausstatter

7. Schaufenstergestalter/
   Schauwerbegestalter
8. Schilder- und
   Lichtreklamehersteller
9. Vergolder

X. Berufsfeld: Gesundheit *)

XI. Berufsfeld: Körperpflege

1. Friseur

XII. Berufsfeld: Ernährung und Hauswirtschaft

A. Schwerpunkt: Gastgewerbe und Hauswirtschaft

1. Hotel- und Gaststättengehilfin/ Fachgehilfe im Gastgewerbe
2. Kellner(in)/Restaurantfachmann, Hotelfachmann
3. Koch (Köchin)

B. Schwerpunkt: Back- und Süßwarenherstellung

1. Bäcker
2. Bonbonmacher
3. Gewerbegehilfin im Bäckerhandwerk
4. Gewerbegehilfin im Konditorhandwerk
5. Konditor
6. Konfektmacher
7. Verkäuferin im Nahrungsmittelhandwerk

C. Schwerpunkt: Fleischverarbeitung

1. Fleischer
2. Gewerbegehilfin im Fleischerhandwerk
3. Verkäuferin im Nahrungsmittelhandwerk

XIII. Berufsfeld: Agrarwirtschaft

A. Schwerpunkt: Tierischer Bereich *)

B. Pflanzlicher Bereich

1. Florist

---

*) Kein Ausbildungsberuf aus dem Bereich der gewerblichen Wirtschaft zugeordnet.

Weitere Anrechnungsverordnungen: Für die Landwirtschaft ist am 20. Juli 1979 eine Berufsgrundbildungsjahr-Anrechnungs-Verordnung erlassen worden.

Erläuterung
der wichtigsten
Fachausdrücke und Fremdwörter

Abstrakt
begrifflich, nur gedacht,
ungegenständlich

Abstraktion
Herausheben wesentlicher Merkmale, Erhebung zum Begrifflichen,
Verallgemeinerung

Abstraktionsfähigkeit
Fähigkeit, unanschaulich zu denken (z. B. begrifflich, mathematisch)

Adoleszenz
Jugendalter, insbesondere der Lebensabschnitt nach beendeter Pupertät

Affekt
Gemütsbewegung, stärkere Erregung, oft mit Ausschaltung von Hemmungen

Affinität
Verwandtschaft, ursächlicher Zusammenhang von Tatsachen

Aggression
feindseliges Verhalten; oft ist es Reaktion auf eine Frustration, die sich gegen die Verursacher, unbeteiligte Personen (Aggressionsverschiebung) oder gegen Gegenstände richtet

aggressiv
angriffslustig, herausfordernd

Akzeleration
Entwicklungsbeschleunigung bei Jugendlichen

allergisch
überempfindlich

alternativ
wahlweise, zwischen verschiedenen Möglichkeiten wechselnd

Analogie
Entsprechung, Ähnlichkeit,
Übereinstimmung

analysieren
zergliedern, zerlegen, auflösen

Anomalie
Regelwidrigkeit, Abweichung von der Norm

Arbeitspädagogik
Teilgebiet der Erziehungswissenschaft, das sich mit der Entfaltung des persönlichen Leistungsvermögens und der Persönlichkeitsentwicklung durch die berufliche Tätigkeit befaßt

asozial
gemeinschaftsunfähig, die Gemeinschaft schädigend

auditiv
d. Hören betreffend, gehörsmäßig

audio-visuelle Lehrmittel
Lehrmittel, die durch Bild und Ton veranschaulichen, z. B. Lehrfilme, Dia-Reihen in Verbindung mit Tonbändern usw.

Automatisierung
a) Durch häufige Wiederholung von Arbeits- und sonstigen Bewegungen bewirkte Verringerung der Mitwirkung des Willens und Bewußtseins. So werden z. B. bewußte Willkürbewegungen zu automatisierten Bewegungen
b) Umstellung der Fabrikation auf sich selbst regelnde Maschinen

autoritäre Erziehung
Erziehungsstil, der einseitig auf Zwang, Unterordnung und Unterdrückung beruht

Autorität
auf Leistungen, fachlichem Können, charakterlicher Integrität und sozialer Einstellung beruhende Wertschätzung einer Person

Berufspädagogik
Teilgebiet der Erziehungswissenschaft, Theorie der Berufsbildung

Definition
Begriffsbestimmung

Demonstrationsmittel
Lehrmittel zur Veranschaulichung abstrakter Begriffe oder schwer verständlicher Arbeitsvorgänge

Denkimpuls
Anreiz, Anstoß zum Denken

Diagnose
Erkennen und Benennen des physischen oder psychischen Zustandes eines Individuums

Diagramm
Darstellung errechneter Werte in einem Koordinatensystem

Didaktik
Unterrichtslehre, Teilgebiet der Erziehungswissenschaften. Planung und Organisation von Lernprogrammen

differenzieren
trennen, unterscheiden

Diskrepanz
Unstimmigkeit, Zwiespalt

divergent
auseinandergehend, in verschiedener Richtung verlaufend

dominativer Erziehungsstil
beherrschender Erziehungsstil

dynamisch
auf einer Kraft beruhend, in Bewegung befindlich

egozentrisch
ichbezogen, das eigene Ich in den Mittelpunkt stellend

elementar
grundlegend, urwüchsig, einfach

Emanzipation
Befreiung aus einem Zustand der Abhängigkeit, Verselbständigung, Gleichstellung

emotional
gefühlsmäßig

Energiepotential
anlagebedingte Tatkraft, Willenskraft

Entwicklungspsychologie
Teilgebiet der Psychologie; befaßt sich mit der seelischen Entwicklung von Individuen, Klassen und Völkern

Ethos
moralische Gesinnung, sittliche Lebensgrundsätze

Exploration
diagnostisches Gespräch, Untersuchung durch Befragung

Frustration
Behinderung eines zielstrebigen Verhaltens, Erlebnis wirklicher oder vermeintlicher Benachteiligung, enttäuschte Erwartung, erlittene Ungerechtigkeit

Funktionale Erziehung
Formung der Persönlichkeit durch gemeinsame Arbeit oder Lebensumstände. Keine gezielten, beabsichtigten Erziehungsmaßnahmen

Gruppe
Zahl von Individuen mit vielfältigen sozialen Beziehungen. Gegenseitige Beeinflussung und Steuerung

Horror
Abscheu, Schauder, Entsetzen

Hypophyse
Hirnanhangdrüse

Identifikation
das Sichgleichsetzen mit einer anderen Person, Nachahmung

Ideologie
Vorstellungen und Ideen einer gesellschaftlichen Gruppe. Abwertend eine weltfremde Theorie

Individualpsychologie
Teilgebiet der Psychologie, das sich mit der Besonderheit der einzelnen Person befaßt

Infantilismus
Zurückbleiben der seelischen und körperlichen Entwicklung auf einer kindlichen Stufe, oft infolge hormonaler Störungen

Initiative
Entschlußkraft, Unternehmungsgeist

Instabil
unbeständig

Integration
Zusammenfassung seelischer und sozialer Komponenten zu einer Einheit

Intentionale Erziehung
beabsichtigte Erziehung

Kognition
Erkenntnis, Untersuchung

Kohäsion
innerer Zusammenhalt

komplex
zusammengefaßt, vieles umfassend

konkretisieren
veranschaulichen, verdeutlichen

konstruktiv
folgerichtig, aufbauend

konsultieren
Rat einholen, zu Rate ziehen

konvergent
zusammenlaufend

konvergieren
zusammenlaufen

Kooperation
Zusammenarbeit

Koordinatensystem
mathematisches System, um die Lage eines Punktes mit Hilfe von Koordinaten (Achsen) zu bestimmen

koordinieren
beiordnen, aufeinander abstimmen

kreativ
schöpferisch

labil
veränderlich, leicht aus dem Gleichgewicht kommend

Medien
Mittel der Information, Hilfsmittel, Lehrmittel, z. B. audio-visuelle Hilfsmittel, Schulfunk, Schulfernsehen usw.

Medienverbund
Verbindung mehrerer Medien (z. B. die Verbindung von Rundfunk oder Fernsehen mit Begleitheften und Begleitseminaren)

Methode
planmäßiges Vorgehen, um ein Ziel zu erreichen

Methodik
Lehrweise, Unterrichtsweise

Mobilität
Beweglichkeit, Fähigkeit und Bereitschaft zum Berufswechsel

Monoberufe
Berufe, die sich nicht in ein Berufsfeld einordnen lassen

Motiv
Beweggrund eines Verhaltens, Antrieb, Ursache, Leitgedanke

Motivation
die Beweggründe des Willens

motivieren
die Bereitschaft wecken, Fähigkeiten und Fertigkeiten zu aktivieren

Motorik
Gesamtheit der Bewegungsabläufe des menschlichen Körpers

Pädagogik
Erziehungslehre, Erziehungswissenschaften

Physiognomie
äußere Erscheinung eines Lebewesens, insbesondere der Gesichtsausdruck

Polyvalenz (berufliche)
Fähigkeit eines Berufstätigen vielseitig tätig zu sein. Voraussetzung für die Mobilität

pragmatisch
sachlich, auf Tatsachen beruhend

primär
zuerst vorhanden oder entstanden, wesentlich, vordringlich

Prinzip
Grundsatz, Ursprung

Prognose
Vorhersage eines Verlaufs

projektive Tests
durch ihren Aufforderungscharakter veranlassen sie zur Darstellung, zum Ausdruck des Erlebens

psychisch
seelisch

Psychohygiene
Lehre vom Schutz der seelischen Gesundheit

Psychologie
Lehre vom bewußten und unbewußten Seelenleben

Pubertät
Zeit der Geschlechtsreife

rational
vernünftig, aus der Vernunft stammend, die Vernunft betreffend

rationell
ordnungsgemäß, zweckmäßig

Realismus
wirklichkeitsnahe Einstellung

repräsentativ
für eine Gruppe oder die Allgemeinheit charakteristisch (bei statistischen Erhebungen)

rezeptiv
aufnehmend, z. B. durch die
Sinnesorgane

Sanktion
Zwangsmaßnahme, Bestätigung

Satellit
Mond der Planeten, verächtlich
für Gefolgsmann, Helfershelfer

sozial
die Gesellschaft, die Gemeinschaft betreffend; menschlich,
hilfsbereit

Sozialisation
Prozeß der Anpassung an die Forderungen der sozialen Umgebung

Sozialpsychologie
Teilgebiet der Psychologie, betr.
die sozialen Beziehungen zwischen den Menschen

Soziogramm
graphische Darstellung der sozialen Beziehungen innerhalb einer
Gruppe

Soziometrie
Verfahren der Sozialpsychologie
zur Erfassung der Gruppenstruk-
tur hinsichtlich der Sympathie
und der Antipathie-Beziehungen

stabil
beständig, dauerhaft, fest

standardisieren
nach einem Muster
vereinheitlichen

statisch
ruhend, die Statik betreffend

Status
Stellung in einem Gefüge sozialer
Beziehungen, Zustand, Bestand,
Stand

stimulieren
anregen, anreizen, ermuntern

Struktur
Gefüge, Aufbau,
innere Gliederung

strukturieren
mit einer Struktur versehen

subjektiv
persönlich, einseitig, parteiisch

Subkultur
Gruppen-Kulturen (z. B. von
Klassen, Jugendlichen) innerhalb
einer Gesellschaft

synchron
gleichlaufend, gleichzeitig

Transfer
Übertragung; Fähigkeit, erworbene Kenntnisse in anderen Situationen anzuwenden

T.W.J. – Training within Industry
Ausbildung im Betrieb, in Ameri-
ka entwickeltes System der Mit-
arbeiterschulung

unterschwellig
unterhalb der Wahrnehmungs-
schwelle (bei schwachen Reizen)

vegetatives Nervensystem
Nervensystem, das dem Willen
nicht unterliegt

Vitalität
Lebenskraft, Lebensfülle

Stichwortverzeichnis

Abschlußprüfung 75, 205 f

Adoleszenz 144

Aktivitätsförderung 98

AMVO 10 ff, 215

Anerkennung 71, 177

Antriebsfunktion 93

Arbeitsförderungsgesetz 221

Arbeitskraft 33

Arbeitsleistung 33

Arbeitsmarkt 34

Arbeitsplatz 42

Arbeitsunterweisung 102

Arbeitszergliederung 111 ff

Assoziationslernen 86

Aufgaben des Ausbilders 54

Aufgaben der Berufsbildung 15 ff

Aufstieg 32

Ausbildender 53, 230

Ausbilder 53 f, 61, 158, 231 f

Ausbildungsbefugnis 231

Ausbildungsberater 43, 55, 210

Ausbildungsberufsbild 71

Ausbildungsdauer 71, 196

Ausbildungsförderungsrecht 221

Ausbildungsinhalt 69

Ausbildungsmittel 114

Ausbildungsordnung 70, 209

Ausbildungsplanung 73, 76 ff

Ausbildungsplatz 42

Ausbildungsrahmenplan 55, 72

Ausbildungsvergütung 198 f

Ausbildungsvertrag 196, 202

Ausbildungsziel 196

Außerbetriebliche
Ausbildungsmaßnahmen 37

Auszubildender 53, 64, 200 ff

Befähigungsnachweis 212

Begabung 128 ff

Begriffslernen 86

Berichtsheft 75

Berufliche Fortbildung 19, 195

Berufliche Umschulung 19, 195

Berufsaufbauschule 49

Berufsausbildung 18 f, 39 ff, 195

Berufsausbildungsbeihilfen 221

Berufsausbildungsförderungsgesetz 221

Berufsausbildungssysteme 35 ff

Berufsausbildungsvertrag 196, 202

Berufsberatung 34, 64

Berufsbildende Schulen 44

Berufsbildungsausschuß 209

Berufsbildungsgesetz 70, 195 ff

Berufsbildungsrecht 188

Berufserfahrung 58, 69

Berufsfachschule 48 f

Berufsfeld 47, 289 ff

Berufsgrundbildungsjahr (BGJ) 47, 289 ff

Berufs-Informations-Zentren (BIZ) 34

Berufsoberschule 50

Berufsschule 36, 44 f, 135

Berufsschulpflicht 199, 211, 224

Beschäftigungsbeschränkungen 226

Betriebliche Ausbildungsplanung 76 ff

Betriebsklima 137

Betriebsordnung 229

Betriebspraktikum 65

Betriebsrat 42

Betriebsvereinbarungen 220

Betriebsverfassungsgesetz 218

Beurteilung und Bewertung 117 ff, 179

Bildung 15 ff

Blockunterricht 46

Bundesinstitut für Berufsbildung 208

Bundeskanzler 194

Bundesminister 194

Bundespräsident 193

Bundesrat 194

Bundesregierung 194

Bundesstaat 192

Bundestag 193

Bundesversammlung 193

Chancengleichheit 29 f

Choleriker 160

Demokratie 191

Duales System 35

Durchlässigkeit 31

Eignung des Ausbildenden 53

Eignung des Ausbilders 53

Eignung des Auszubildenden 66

Eignungsprüfung 67

Einfluß der Familie 135

Einflußfaktoren 138 f

Einstellungsbefugnis 230

Entwicklungsprozeß 140 ff

Erbanlagen 123 ff

Erfolgskontrolle 115, 161, 167

Erfüllungsgehilfe 232

Erziehungsmittel 161 f

Europäische Gemeinschaft 40

Fachakademie 50

Fachbildung 69

Fachhochschule 51

Fachoberschule 49

Fachschule 50, 213

Fähigkeiten 128 ff

Feiertagsruhe 223

Freiheitsrechte 192

Freizeitgestaltung 183

Führungskraft 62

Führungsstil 170 ff

Funktion des Rechts 184

Funktionale Bildung 18 f

Generationskonflikt 147 f

Gesamtschule 27

Gesellenprüfung 75, 205 f

Gesellenprüfungsausschüsse 206 f

Gesundheitliche Betreuung 226 f

Gewohnheitsrecht 187

Grundgesetz 189 ff

Grundrechte 192 f

Grundschule 25

Gruppenarbeit 103 ff

Gruppenverhalten 149 ff
Gymnasium 25

Handwerksentwicklung 22
Handwerkskammer 22, 195, 208
Handwerksordnung 22, 195, 206
Hauptschule 25
Hochschulen 50 f
Höchstarbeitszeit 223 f
Horizontales Schulsystem 26 ff

Integration 24
Integrierte Gesamtschule 27
Intentionale Bildung 18

Jugendarbeitsschutzgesetz 33, 222
Jugendarbeitsschutzrecht 222 ff
Jugend- und
Auszubildendenvertretung 42, 218 f

Kammerebene 208 f
Kettenlernen 86
Kollegs 25
Kontakte 197 f
Kontrastfehler 119
Kreativität 90
Kritik 178 ff
Kündigungsrecht 201
Kündigungsschutz 219

Lehrgespräch 102 f
Lehrling 53, 64, 156, 200
Lehrlingsrolle 209
Lehrlingswart 55

Lehrlingswerbung 64
Lehrverfahren 100 f
Leistungsbeurteilung 117 ff
Leistungskurve 182
Leistungsmotivation 95
Lenkungsfunktion 93
Lernarten 85
Lernauftrag 103
Lernhilfen 96
Lernort 35 f, 42
Lernprozeß 91 f
Lernschwierigkeiten 96
Lernziele 88
Lernzielstufen 90
Logikfehler 119

Medien 136
Meisterprüfung 41, 207, 212 ff
Meisterprüfungsordnung 213 f
Meistertitel 212
Mehrarbeit 224
Melancholiker 160
Menschentypen 159
Milde-Fehler 118
Mobilität 92
Monosystem 35
Motivation 93

Nachtruhe 224
Niederlassungsfreiheit 41

Öffentliches Recht 187 f
Ordnungswidrigkeiten 228

Phlegmatiker 160
Planung der Ausbildung 76 f
Primäre Motive 94
Privatrecht 188
Probezeit 68, 198, 200
Prüfungsanforderungen 75, 215
Prüfungsergebnis 216
Pubertät 144

Realschule 25
Rechtsformen 186 ff
Rechtsstaat 191
Regellernen 87
Reifung 123 f
Republik 190
Ruhepausen 224

Sanguiniker 160
Schadensersatz 202
Schulabschlüsse 30
Schulsysteme 24 ff
Sekundäre Motive 94
Selbstbildung 19
Sonderschule 25
Sozialstaat 192
Soziogramm 152 f
Staatsform 190
Status 141, 151
Stufenausbildung 37 f, 106 ff

Tarifverträge 220
Technische Hochschule 57

Telekolleg 50
Tertiärer Bereich 51

Überbetriebliche Ausbildung 42 f, 69
Übungskurve 110
Umschulung 19, 69, 195
Umwelteinflüsse 123 f, 133 f
Unfallschutzrecht 229
Unfallverhütung 182, 229
Ungelernte 46
Untersagungsverfahren 210
Unterscheidungslernen 86
Unterweisungsgrundsätze 98 f
Unverletzlichkeitsrechte 192
Urlaub 196, 225

Verhaltensstörungen 135
Vertikales Schulsystem 24 f
Vier-Stufen-Methode 106 ff
Vollversammlung 208
Vorpubertät 143
Vorstellungsgespräch 67

Weiterbildung 50, 69
Wert der Arbeit 59 f
Wissenschaftliche Hochschule 50

Zeugnis 199, 216
Ziel der
betrieblichen Ausbildung 58
Zulassung zur Meisterprüfung 213
Zwischenprüfung 75, 79, 204

Das Gesamtwerk umfaßt:

Buch 1: Rechnungswesen
Wirtschaftslehre
Rechts- und Sozialwesen

Buch 2: Berufs- und
Arbeitspädagogik

FELDHAUS VERLAG
Postfach 73 02 40, 2000 Hamburg 73